教师职业道德与专业发展

王 丹 主编
霍东娇 王佳丽 副主编

清华大学出版社
北京

内 容 简 介

本书以教师职业道德为主线,系统阐述了教师专业发展的各个方面,旨在帮助初入职教师全面了解并积极参与自身的专业发展过程。全书共十二章;第一至第六章聚焦职业道德的概述、原则、规范、修养与评价,并讨论一般问题,为初入职教师职业发展提供指导;第七至第十二章聚焦教师专业发展的视角,系统阐述教师发展的基本概念、内涵、特征、意义、途径及方法。

本书知识体系严谨,内容翔实,案例丰富,既适合作为教师专业发展的自学教材,也可以作为相关领域的研究参考。本书可为初入职教师的发展提供有力的支持,帮助他们顺利度过职业初期的困惑和挑战,迈向更为成功的教师生涯。

本书封面贴有清华大学出版社防伪标签,无标签者不得销售。
版权所有,侵权必究。举报:010-62782989,beiqinquan@tup.tsinghua.edu.cn。

图书在版编目(CIP)数据

教师职业道德与专业发展 / 王丹主编. --北京:清华大学出版社,2025.1. --ISBN 978-7-302-67976-9

Ⅰ. G451

中国国家版本馆 CIP 数据核字第 2025S18P71 号

责任编辑:吴梦佳
封面设计:傅瑞学
责任校对:刘 静
责任印制:丛怀宇

出版发行:清华大学出版社
网　　址:https://www.tup.com.cn,https://www.wqxuetang.com
地　　址:北京清华大学学研大厦 A 座
邮　　编:100084
社 总 机:010-83470000
邮　　购:010-62786544
投稿与读者服务:010-62776969,c-service@tup.tsinghua.edu.cn
质量反馈:010-62772015,zhiliang@tup.tsinghua.edu.cn
课件下载:https://www.tup.com.cn,010-83470410
印 装 者:涿州汇美亿浓印刷有限公司
经　　销:全国新华书店
开　　本:185mm×260mm
印　　张:13.75
字　　数:331 千字
版　　次:2025 年 1 月第 1 版
印　　次:2025 年 1 月第 1 次印刷
定　　价:49.00 元

产品编号:103675-01

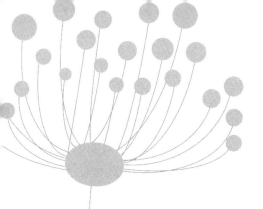

前言

党的二十大报告提出,要加强师德师风建设,培养高素质教师队伍,助力教育强国、人才强国。加强师风师德建设要注重培养教师职业道德,培养高素质教师队伍旨在加强教师的专业发展。教师职业道德与专业发展是一个长期的、需要持续跟进和研究的动态的发展过程。教师职业道德与专业发展的研究对象是新手教师和师范生,研究内容是教师职业道德与专业发展的理论性与实践性。

近年来,社会的快速发展对教师提出了更高的要求,导致许多新手教师跟不上、跟不紧时代的步伐,在实际工作中感受到理想与现实间的巨大差距,从而常常陷入空想中,够不着目标,干不了实事,对自己如何在专业发展与道德修养上提升自我感到茫然无措。针对这种情况,本书依据近年来的研究成果,力求帮助新手教师理解并应对教师工作中的挑战,引导他们在职业道德和专业发展上取得更好的发展,以适应不断变化的社会和教育环境,从而更好地服务于教育事业。

本书的主要内容:第一,本书不仅细致解析了教师职业道德的基本概念,如师德的定义、内涵、原则及在教师职业生涯中的不可替代性,还通过生动的案例与理论相结合的方式,阐述了职业道德在教育实践中的具体体现及其对学生健康成长、校园文化营造乃至社会风气塑造的深远影响。第二,在专业发展领域,本书详细描绘了从新手教师到资深教育专家的成长轨迹,探索了包括自我反思、终身学习、同伴互助、科研引领在内的多样化专业发展路径与方法。同时,针对教师在专业发展过程中可能遇到的挑战与困境,提出了切实可行的提升策略,如有效的时间管理、情绪智力培养、课程与教学方法创新等,帮助教师不断提升自身专业素养与教学能力。通过阅读本书,读者将能够深刻洞察教师职业道德与专业发展之间的紧密联系,认识到两者相辅相成、相互促进的关系。本书通过多维度、多层次的论述,使读者能够明确自己在教育事业中的独特定位与肩负的崇高责任,激发其投身教育改革的热情与使命感。同时,书中提供的专业发展方法论与道德修养提升技巧,将为读者提供实操性强的指导,助力其在教书育人的道路上不断前行,成为学生成长的引路人和社会进步的推动者。

本书的学术价值:第一,构建了一个层次分明、逻辑严密的体系框架,从基础理论出发,逐步深化至具体实践,为读者提供清晰、科学的学习路径,这不仅有助于读者全面掌握教师职业道德与专业发展的理论知识,也为后续的研究与实践奠定了坚实的基础。第二,本书特别注重理论与实践的结合,通过引入丰富的教育案例、教学反思及教学设计等内容,努力探索理论如何在复杂多变的教育实践中得到有效应用与创新的边界,为培养具备高度专业素养与职业道德的未来教师提供参考与借鉴。

本书的核心特色:第一,精心挑选的教学案例。每一个教学案例都是对现实问题的深刻剖析与智慧结晶,以鲜活的场景、具体的数据和深刻的思考,引导读者跳出书本的框架,深入思考理论背后的逻辑与意义。通过这些案例的学习,读者不仅能够深化对专业知识的理解,更能在脑海中构建起理论与实践之间的紧密联系,学会如何运用所学知识去分析和解决复杂多变的社会问题。第二,丰富的课后练习。课后练习的设计注重对读者综合能力的培养与提升,既包含对基础知识的巩固练习,也融入需要创新思维和批判性思考的挑战性题目。这些练习鼓励读者跳出常规思维模式,勇于提出自己的见解和解决方案,从而在解决问题的过程中不断锻炼和提升自身的思维能力、创新能力及解决问题的能力,通过这样一种"学以致用"的模式拓宽学生的视野,使他们认识到知识的力量与价值所在,学会用更加开放和包容的心态去接受新知识、新观念,也更加珍惜每一次学习和实践的机会。第三,生动有趣的教学课件。为吸引读者注意力并提升其学习兴趣,编者精心设计了一系列生动且富有趣味的教学课件。这些课件不仅涵盖丰富的文字与图像资料,还巧妙地结合了音频、视频及动画等多种媒体形式,借助这些生动的展示手段,将原本抽象的概念得以直观呈现,复杂知识点也变得易于理解。课件中嵌入了互动环节,鼓励学生积极参与课堂活动,这不仅增加了课堂的趣味性,还显著提高了学习效率。在轻松愉悦的氛围中,读者得以掌握知识,并培养了自主学习的能力。因此,本书不仅仅是一本单纯的学习资料,更是一个促进读者全面发展、提升综合素质的宝贵工具,像一位智慧的导师,引领着读者在知识的海洋中遨游,教会他们如何学习、如何思考、如何创新。通过阅读本书,读者将能够在不断的学习与实践中逐渐成长为具有深厚专业素养、敏锐洞察力和卓越创新能力的新时代人才,为未来的学习和工作奠定坚实的基础。

本书广泛适用于高等院校师范类专业本科生的教学需求,其内容深度和广度也使它成为教育类专业研究生的职业教育教学的参考书籍。对于那些已经投身于工作一线的教育工作者来说,本书同样具有很高的实用价值,可以作为他们日常教学的辅导材料。在实际应用中,教师可以根据所面对的学生群体特征,以及具体的授课学时安排,自由灵活地挑选和安排教学内容,以达到最佳的教学效果。这样的设计不仅提高了教学的针对性,也使教学内容更加丰富、多元,有助于提升学生的学习兴趣和积极性。

本书由王丹副教授负责总体策划,并组织相关人员开展编写工作。其中,霍东娇负责编写第一至第六章,王丹负责编写第七至第十二章。全书最终由王丹、王佳丽负责统稿。在本书的编写过程中,陈阳、张丹、洪琳、刘玉洁、王越、付彤玥等同学在资料收集和案例筛选方面做了大量的基础性工作,在此对于他们的工作表示衷心的感谢。本书在编写过程中也参考了大量的相关教材、期刊等文献资料,在此对相关作者表示诚挚的感谢。由于编者水平有限,书中难免存在一些不足之处,我们诚恳地希望广大同行专家和读者批评指正。

王 丹

2024 年 6 月

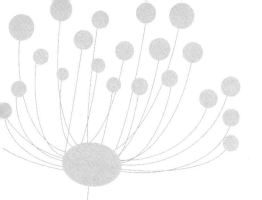

目录

第一章　教师职业道德概述 …………………………… 1
　　第一节　教师职业道德的含义 ……………… 2
　　第二节　教师职业道德的形成与发展 ……… 5
　　课后练习 …………………………………… 15

第二章　教师职业道德的基本原则 …………… 16
　　第一节　教师职业道德基本原则概述 ……… 17
　　第二节　教师职业道德基本原则的主要
　　　　　　内容 ………………………………… 19
　　课后练习 …………………………………… 27

第三章　教师职业道德规范 …………………… 28
　　第一节　教师职业道德规范概述 …………… 29
　　第二节　教师职业道德规范的内容 ………… 30
　　课后练习 …………………………………… 48

第四章　教师职业道德修养 …………………… 49
　　第一节　教师职业道德修养概述 …………… 50
　　第二节　教师职业道德修养提升的途径 …… 54
　　第三节　教师职业道德修养提升的方法 …… 56
　　课后练习 …………………………………… 62

第五章　教师职业道德评价 …………………… 63
　　第一节　教师职业道德评价概述 …………… 64
　　第二节　教师职业道德评价的标准、形式
　　　　　　与方法 ……………………………… 69
　　第三节　教师职业道德评价体系的建构 …… 74
　　课后练习 …………………………………… 76

第六章　教师职业道德中的一般问题 · 77
第一节　师生关系中的道德问题 · 78
第二节　教师集体组织关系中的道德问题 · 83
第三节　家校关系中的道德问题 · 89
第四节　学校管理中的道德问题 · 93
课后练习 · 95

第七章　教师专业发展 · 96
第一节　教师专业发展概述 · 97
第二节　教师专业发展的途径与方法 · 105
课后练习 · 110

第八章　教师专业发展的理论和模式 · 111
第一节　教师专业发展的理论 · 112
第二节　教师专业发展的模式 · 118
课后练习 · 127

第九章　教师专业发展的标准 · 128
第一节　国外教师专业发展的标准 · 129
第二节　中国教师专业发展的标准 · 132
课后练习 · 149

第十章　教师专业发展的影响因素 · 150
第一节　教师专业发展的内在因素 · 151
第二节　教师专业发展的外在因素 · 161
课后练习 · 170

第十一章　教师专业发展的知识素养与能力素养 · 171
第一节　教师专业发展的知识素养 · 172
第二节　教师专业发展的能力素养 · 177
课后练习 · 189

第十二章　我国教师专业发展的趋势 · 190
第一节　教师教育多元化的发展趋势 · 191
第二节　教师素质综合化的发展趋势 · 196
第三节　教师教育终身化与专业化的自主的发展趋势 · 200
课后练习 · 209

参考文献 · 210

第一章

教师职业道德概述

第一节 教师职业道德的含义

一、职业与职业道德

职业是性质相近的工作的总称,通常是指个人服务社会并作为主要生活来源的工作。在特定的组织内它表现为职位,我们在谈某一具体的工作(职业)时,其实也就是在谈某一类职位。每一个职位都对应着一组任务,作为任职者的岗位职责。而要完成这些任务就需要这个岗位上的人,即从事这个工作的人,具备相应的知识、技能和态度等。

在职业活动中,如何处理职业活动与社会需求的关系,如何处理职业内部和不同职业之间的关系,以及职业活动者如何对社会尽职尽责,自觉履行自己的义务,这些构成了职业道德建设所要解决的问题。职业道德是适应各种职业需要而必然产生的道德规范,是人们在履行本职工作过程中所应遵循的行为规范和道德准则的总和。职业道德的基本特点主要有以下内容。

(1) 广泛性。职业道德是社会道德中的重要部分。它是一定社会或阶级以及一定职业对从业人员行为和关系的基本要求的概括。它是从业人员在职业道德活动中应该普遍遵循的行为善恶准则或标准。

(2) 专业性。职业道德作为职业生活中处理和协调人与人、人与社会、人与自然的关系的道德准则,其范围则主要限定于同一职业的成员,而对于从事其他职业的人就不一定适用。

(3) 传承性。每种职业都有其特殊的道德内容,这些内容是在长期反复的特定职业社会实践中形成的,既可以使不同行业的职业道德相互区别,又能保证自身行业的特色并代代相传,形成一定的连续性和传承性。

(4) 多样性。由于职业道德是依据本职业的业务内容、活动条件、交往范围以及从业人员的承受能力而制定的行为规范和道德准则,所以职业道德是多种多样的,有多少种职业就有多少样职业道德。

(5) 时代性。不同时代的职业道德必然反映出不同的时代特征,因为职业道德的存在和发展离不开特定社会环境和时代条件的影响和限制。

从现实生活来看,绝大多数的社会成员都必然与一定的职业相联系。所以,除去家庭生活和大众公共领域外,人们的道德实践范围主要发生在每个人特定的职业活动中。这也就决定了职业道德必然会对人们产生巨大而广泛的影响。职业道德、家庭美德和社会公德三足鼎立,共同组成了社会道德体系的主要部分。

二、教师职业道德

虽然教育作为一种社会活动,是与人类社会共生共存的,但教师作为一种社会职业,却是在教育有了相对的独立形态——学校,之后才逐渐形成的,也就是在奴隶社会中形成的[①]。教师职业道德是职业道德的一种具体表现形式,主要是指教师在从事教育劳动过程中形成的,用以调节教师与学生、教师与教师、教师与集体、教师与社会等相互关系时所必须遵守的基本道德规范和行为准则,以及在此基础上所表现出来的道德观念、情操和品质。

由于教师职业劳动具有复杂性、示范性和长期性等特点,教师职业道德也具有一定的特殊性。

(1) 教师职业道德要求高层次性。捷克的大教育家夸美纽斯曾经说过:"教师是太阳底下最光辉的事业。"因此,教师职业道德较之于其他职业道德有更高的标准和要求。自古以来,教师在传播人类文明、启迪人类智慧、塑造人类灵魂方面都发挥着不可替代的作用。这种职业本身决定着教师应具有崇高的精神境界和高尚的道德品质。同时,教师在劳动过程中可以借助多种手段来完成教育任务,但最主要的手段还是教师自身,教师不但要掌握渊博的知识,更要具备高尚的道德品质,才能更好地把学生培养成为社会所需要的德才兼备的人。

(2) 教师职业道德行为的典范性。教师职业道德不仅是对教师自身行为规范的要求,也是对学生进行教育的手段。"为人师表"就是指教师自身的行为具有典范性,是学生乃至社会的道德楷模和典范,因此,教师要向自己提出更高的道德要求,严于律己、以身作则、为人师表、身正为范。一般来讲,教师职业的复杂性,主要体现在教师劳动对象,即学生的复杂性上。由于学生身心发展的未成熟性,使其极易受到他人的影响,而教师作为与其身心发展密切相关的人,更要时刻注意,处处为人师表、以身作则。凡是要求学生做到的,自己必须先做到。而且这种示范不应该是一种虚假的装饰,而应成为教师自身思想和品格的自然流露;也不应该是强加给学生的现成模式,强求学生盲目地服从,而应是对学生的启发诱导,鼓励学生独立思考,培养学生的创造性和主体意识。

(3) 教师职业道德影响的广泛性和深远性。教师的言行,对学生的思想、行为和品德等方面都具有潜移默化的影响,直接影响学生的心灵,最终影响学生的终生。教师的思想道德不仅影响在校学生,而且会通过学生和家长影响到整个社会,进而影响社会的进步和未来,因而其影响具有广泛性和深远性。

从案例中我们可以看出,"感人心者,莫先乎情"。教师自身的人格魅力、品行学识,教师对学生的关心、爱护、信任,无不体现着师者的道德情操。作为教师,应时刻以自己的人格影响人,以自己的品行感化人,以自己的言行引导人,坚持"以德立身,以身立教",唯有如此,方能做到"学高为师,正身为范"。

---

① 叶澜. 新编教育学教程[M]. 上海:华东师范大学出版社,1991:2.

三、学习和践行教师职业道德的意义

教师职业道德是合格教师必备的职业素养之一,也是教师素质的最高表现形式。学习和实践教师职业道德对教师、学生及社会道德风尚的建构都具有重要意义。

(1) 学习和践行教师职业道德有助于教师坚定职业信仰,提高道德修养的自觉性。教师的职业生活是复杂而艰苦的,这就需要教师具备坚定的职业信念和一定的奉献精神。系统地学习教师职业道德的专门知识,掌握教师职业道德的基本原则和重要范畴,能够使教师从理论高度深刻认识到提高教师职业道德修养的重要性,增强其选择正确教育行为的自信心和主观自觉性,通过理性的思考和反复的实践,教师职业道德才会从外在的道德要求逐步转变为教师本人内心的法则,从而自觉地促进教师个人道德品质的完善与提升。

(2) 学习和践行教师职业道德有助于教师实现为人师表,为学生起榜样示范作用。教师劳动的示范性以及儿童和青少年学生的"向师性"决定了教师是学生最直观的榜样。在学校生活中,儿童和青少年不仅从书本里学习善恶观念,更多的是根据教师的言行举止中表现出来的道德意识和道德行为,从中汲取是非、善恶的观念。"桃李不言,下自成蹊""苟欲尽夫为父为师之道者无他,惟严与正"。教师要充分践行教师职业道德,正己修身,为儿童和青少年做出道德表率。

(3) 学习和践行教师职业道德有助于建构良好的社会道德风尚。学习和实践教师职业道德的意义不仅表现在学校生活中,也会通过各种途径和方式,直接或间接地对社会生活起影响和促进作用,成为促进社会形成良好道德风尚的催化剂。这一作用主要通过以下两条途径来实现[①]:①教师通过培养学生的优良道德品质来广泛影响社会。教师在自己的职业活动中所表现出来的面貌,会直接影响学生道德品质的形成。而学生会将在学校里培养和发展起来的道德品质直接带往社会的各行各业,从而对整个社会的道德风尚产生广泛而深远的影响。②通过教师亲自参加社会生活而影响社会。每一位教师除了拥有自己特定的职业生活外,还是社会大家庭中的成员,在参加学校的教育生活之外,他还将作为一名社会成员亲自参加各种社会活动,由此对社会生活施加影响。当社会不正之风盛行,严重地腐蚀着人们的灵魂,毒害着青少年学生的时候,那些具有高度社会责任感的教师会积极地参与到社会生活中来,通过著书立说等各种各样的方式来努力改造环境,净化社会风气。与此同时,教师高尚的道德品质,同样会影响身边的邻里与家庭成员,成为社会成员学习的榜样。

---

① 钱焕琦. 教师职业道德[M]. 上海:华东师范大学出版社,2011:25.

第二节 教师职业道德的形成与发展

教师职业道德的形成与发展并不是一蹴而就的,而是随着历史的发展不断丰富与完善。在历史发展的长河中,更是涌现出了无数为人师表、身先示范的师者典范。

一、我国教师职业道德的形成与发展

(一)我国古代教师职业道德的萌芽与发展

1. 原始社会教师职业道德的肇始

教育作为与人类共生共存的社会现象,有着悠久的历史,并伴随着人类社会的发展而变迁。在原始社会时期,由于生产力极其低下,社会生活极其简单,教育不发达,没有专门的学校、教师和学生,教育活动主要是在人们的生产和生活过程中进行的。通过生产劳动和社会生活,年长一代向新一代传授取火、制造工具、捕猎等知识技巧;通过衣食住行等日常生活,年长一代向新一代传授群体部落的风俗、礼仪、习惯。可见,这时只有一些教育活动中粗浅的行为习惯和朦胧的师德意识。所以说,这一时期是师德产生的萌芽时期。

2. 先秦时期的教师职业道德

随着社会生产力的不断发展,开始出现了体脑分工,再加上文字的出现,教育活动开始从萌芽状态进入更有意识、有目的的状态。当剩余的生活产品出现后,专门看管这些物资的有经验的长者,便演化成为最初的教师,而存放食物的地方,则变成了最初的学校。

我国最早对教师提出明确道德要求是在商周时期。但此时教师还没有成为一个独立的职业,往往是"以吏为师""官师合一"的性质。因此,这一时期对教师的道德要求大多夹杂在政治道德之中,尚未有明确的教师职业道德论述。

最早对教师职业道德有系统论述的当属春秋战国时期的儒家学派。其中首推孔、孟、荀三位,根据他们对教师地位、从师条件、师生关系以及教师自身修养等几方面的思想,可以看出我国教师职业道德的发展轨迹。

(1)尊师重教。教育大计,教师为本。在中国历史的传统文化中,尊师重教历来为统治者所推崇,孔子成功的教育实践证明了教师的重要作用。他毕生从事教育工作,号称"弟子三千,贤七十二人"。孟子同样肯定了教师的地位,认为当教师是君子的责任。荀子将教师与天地君亲相并列,更将教师直接与国家兴衰联系在一起,提出"国将兴必尊师而重教"。

(2)博学优质。作为一名传道授业解惑的教师应该具备渊博的知识,这是教师之所以

成为一名教师的专业基础。同时,教师本身的思想道德素质亦是非常重要,教师作为教育的支柱,其素质的高低直接决定着教育水平的高低,任何国家要想顺利地进行教育改革,必须提高教师素质。孔子和孟子还认为好教师不仅知识广博,而且有精深的专业知识,荀子则提出"学不可以已",三位儒者都认为教师应该博学并具有优良的品质。

(3) 民主平等。先秦儒学大师在不同的社会历史背景下,对师生关系提出了不同的要求。孔子主张师生平等,荀子则要求绝对服从,代表了先秦儒家在师生关系上两种截然不同的态度。在古典的目的论语境中,师生是亲密且友爱的,是平等且相互尊重的,学生要敬畏教师。回归古典的目的论师生关系,重温目的论师生关系的亲密性、友爱性以及敬畏性,有助于我们当下对师生关系问题的理解和解决。

(4) 身正为范。教师的任务不仅仅是教书,还要育人——"身正为范,为人师表",以教师自身的人格力量,指导学生学会做人。孔子提出"不能正其身,如正人何?"孟子主张教师必须首先端正自己,荀子特别强调教师自身的修养,认为教师自己修正其身,那些欲齐其身的人也会跟着模仿,并依附于他。"学为人师、行为世范",古代学者这种"正人先正己"的思想对于当代教师仍有着重要的教育意义。

先秦时期是中国文化教育的开创时期,先秦诸子的道德学说为中国道德的发展奠定了雄厚的基础,后来的文化教育、道德理论包括师德理论,大都可以从先秦找到根芽。

3. 汉唐时期的教师职业道德

秦汉以后,随着教育职业活动的蓬勃发展,人们对教师职业道德的认识也在教育实践中不断丰富、充实和完善。西汉时期,确立了中国封建社会教育的雏形,也奠定了封建社会教师职业道德的基础。西汉著名的思想家扬雄在其著作《法言》中说"师者,人之模范也",要求教师要为学生做出表率,成为学生效仿的楷模。唐朝是我国封建社会文化教育的鼎盛时期,学校已相当完备,空前昌盛,加上唐代历代君主都十分重教重学、尊师重道,师德得到了空前的发展。唐代大思想家韩愈不仅提出"师者,所以传道授业解惑也",指明了教师的责任,而且还提出"是故弟子不必不如师,师不必贤于弟子",要求教师甘为人梯,培养学生有"青出于蓝而胜于蓝"的超越精神,对后世教师职业道德规范的发展产生了重要的影响。

4. 宋元明清时期的教师职业道德

宋元明清时期,中国封建社会从鼎盛渐至衰落。宋代理学家们从"知行合一"的角度阐述了关于教师职业道德的伦理思想。朱熹制定的《白鹿洞书院揭示》是我国古代关于师德规范最完整、最清晰的论述,"博学""审问""慎思""明辨""笃行",是书院师生共勉的道德规范。明清两代,沿袭宋代书院讲学风气。教育家王夫之认为,教学者要"正其志","善教人者,示以至善以亟正其志,志正,则意虽不立,可因事以裁成之"。

(二) 我国近代社会的教师职业道德

鸦片战争以后,中国逐渐沦为半殖民地半封建社会,东西方文化的交融,为教师职业道德更加系统化、规范化奠定了基础。

(1) 注重与学生身心发展阶段相结合。康有为是 19 世纪末向西方寻求真理的先驱人物。他十分重视师德修养,对师德颇有研究。他根据学生的身心发展阶段,对不同时期的教师应具备的品德进行了不同的要求。他认为正处在发育生长期的儿童,易受外界环境的影响,缺乏自理能力,需要有教师的照顾和关怀,这就要求小学教师不仅应具备良好的德行学问,还应有慈母般的情怀。因此他提出,小学教师"当选任德性仁慈,威仪端正,学问通达,诲诱不倦者充之"。中学生特别是初中生意识还不成熟,自立性、持久性、沉着和自制力等不如成人,因此,"中学之师,尤当妙选贤达之士,行谊方正,德性仁明,文学广博,思悟通妙,而又诲人不倦,慈幼有恒者方当此任"。

（2）强调师德发展的层次性。1897年,盛宣怀在上海创办了南洋公学师范院,这是我国教育史上的第一所师范学校。盛宣怀把师范生的道德品质训练分为五个层次。第一层,曰学有门径,材堪造就,质成敦实,趣绝卑陋,志慕远大,性近和平；第二层,曰勤学诲劳,抚字耐烦碎,就范围,通商量,先公后私；第三层,曰善诱掖,密稽察,有条理,解操纵,能应变；第四层,曰无珍域计较,无争无忌,无骄矜,无吝啬,无客气,无火气；第五层,曰性厚才精,学广识通,行正度大,心虚气静。^① 达到第五个层次才算达到合格教师的道德水准。

（3）师德规范逐渐法治化、系统化。1903年,清政府颁布《奏定初级师范学堂章程》规定,应师范者,必当敦品养德,循礼奉法,言动威仪足以为楷模。故教师范者宜勉励各生以谨言慎行,贵庄重而戒轻佻,尚和平而忌暴戾；且须听受长上之命令训诲,以身作则,方能使学生服从。1916年,南京国民临时政府颁行《师范学校规程》规定,健全之精神宿于健全之身体,故宜使学生谨于摄生,勤于体育；陶冶性情,锻炼意志,为充任教员之要务,故宜使学生富于美感,勇于德行；爱国家、尊宪法,为充任教员者之要务,故宜使学生明建国之本原,践国民之职分；独立博爱为充任教员者之要务,故宜使学生尊品格而重自治,爱人道而尚大公；国民教育趋重实际,宜使学生明现今之大趋势,察社会之情状,实事求是,为生利之人而勿为分利之人；世界观与人生观为精神教育之本,故宜使学生究心哲理而具高尚之志趣。1932年《师范学院规程》及1941年《修正师范规程》均指出"师范学校教员须品格健全"。

(三) 中华人民共和国成立后教师职业道德的发展与完善

中华人民共和国成立之后,特别是改革开放以来,国家的社会发展取得了巨大进步。随着社会的前进和教育事业的发展,社会主义的教师职业道德也在不断地发展和完善。主要体现在国家四次对教师职业道德修订与调整上,这反映了教师职业道德的时代性、继承性和实用性。

1. 1984年颁布的《中小学教师职业道德要求》（试行草案）

随着社会主义教育事业的发展,教师职业道德也在不断发展和完善。进入改革开放的历史时期后,教师职业道德增添了新的内容,发展到一个新的阶段,对形成教师的职业心理,形成教师特有的道德习惯、道德传统,以及推动教师的工作起着重要的作用。在此背景下为进一步提高中小学教师职业道德水平,全国教育工会于1984年10月13日颁发了《中小学教师职业道德要求》（试行草案）,目的是提高中小学教师的社会主义觉悟和共产主义道德情操,把青少年培养成有理想、有道德、有文化、有纪律的一代新人。其具体内容如下。

中小学教师职业道德要求（试行草案）

一、热爱祖国,热爱中国共产党,热爱社会主义,热爱人民教育事业。

---

① 朱有瓛.中国近代学制史料(第1辑)下[M].上海:华东师范大学出版社,1986:514.

二、执行教育方针,遵循教育规律,面向全体学生,教书育人,培养学生德、智、体全面发展。

三、认真学习马列主义、毛泽东思想,学习科学文化知识和教育理论,钻研业务精益求精,勇于创新。

四、热爱学生,了解学生,循循善诱,诲人不倦,不歧视、讽刺、体罚学生。建立民主、平等、亲密的师生关系。

五、奉公守法,遵守纪律;热爱学校,关心集体;谦虚谨慎,团结协作;与家长、社会紧密配合,共同教育学生。

六、衣着整洁,举止端庄,语言文明,礼貌待人,以身作则,为人师表。

由以上可知,该《中小学教师职业道德要求》具有以下特点。

(1) 该规范是根据优秀教师的经验和教师队伍的现状,归纳总结出教师应遵循的职业道德,它体现了当时社会发展的要求。但是,该规范多是从宏观上对教师职业提出的要求,注重道德理想层次的追求。

(2) 侧重于教师职业道德对学生的教育作用和对社会主义精神文明建设的意义,而对整个教育自身建设的需要考虑很少。

(3) 虽然根据社会发展的要求,给教师职业道德赋予了时代的特征,但在具体表述上没有明确的层次性。

2. 1991年颁布的《中小学教师职业道德规范》

实践证明,虽然1984年颁布的《中小学教师职业道德要求》(试行草案)对中小学教师队伍建设起到了积极作用,但是,社会发展和教育改革的深入给中小学教师队伍建设提出了新的要求。为此,1991年国家教育委员会和全国教育工会联合颁发《关于颁布〈中小学教师职业道德规范〉的通知》文件,指出:"加强教师的职业道德教育,提高教师的道德素养,是中小学教师队伍建设的一项基本任务,也是当前加强中小学教师思想政治工作的一项基本内容。教师队伍的思想、政治、道德素质如何,直接关系到我国能否培养一代社会主义事业建设者和接班人。各地必须予以高度重视。"于是,国家教委、全国教育工会在1984年颁布的《中小学教师职业道德要求》(试行草案)的基础上进行了修订。1991年8月13日颁布了新的《中小学教师职业道德规范》,此规范对教师的根本信念、主要职责、基本态度,直到作风、仪表等都做了明确规定和表述,并体现了教师职业道德的社会主义性质。其主要内容如下。

中小学教师职业道德规范

一、热爱社会主义祖国,拥护中国共产党的领导,学习和宣传马列主义、毛泽东思想,热爱教育事业,发扬奉献精神。

二、执行教育方针,遵循教育规律,尽职尽责,教书育人。

三、不断提高科学文化教育理论水平,钻研业务,精益求精,实事求是,勇于探索。

四、面向全体学生,热爱、尊重、了解和严格要求学生。循循善诱,诲人不倦,保护学生身心健康。

五、热爱学校,关心集体,谦虚谨慎,团结协作,遵纪守法,作风正派。

六、衣着整洁、大方,举止端庄,语言文明,礼貌待人,以身作则,为人师表。

由以上可知,该规范除了前三点与1984年的《中小学教师职业道德要求》相同外,其最大变化是对教师职业道德规范的具体表述体现了一定的层次性。对教师的职业道德要求,既有理想层面的追求,也有一些原则性的要求。但是,对教师具体工作中需要处理的几个关系没有明确表述。

3. 1997年颁布的《中小学教师职业道德规范》

随着社会主义市场经济的确立以及社会主义法制的健全,社会越来越需要高水平的教师职业道德。为此,教育部和全国教育工会依据《中共中央关于进一步加强和改进学校德育工作的若干建议》及《教师法》的精神,对1991年颁布实施的《中小学教师职业道德规范》进行修订,并于1997年9月1日颁布实施新的《中小学教师职业道德规范》。其具体内容如下。

中小学教师职业道德规范

一、依法执教。学习和宣传马列主义、毛泽东思想和邓小平同志建设有中国特色社会主义理论,拥护党的基本路线,全面贯彻国家教育方针,自觉遵守《教师法》等法律法规,在教育教学中同党和国家的方针政策保持一致,不得有违背党和国家方针、政策的言行。

二、爱岗敬业。热爱教育、热爱学校、尽职尽责、教书育人,注意培养学生具有良好的思想品德,认真备课上课,认真批改作业,不敷衍塞责,不传播有害学生身心健康的思想。

三、热爱学生。关心爱护全体学生,尊重学生的人格,平等、公正地对待学生。对学生严格要求,耐心教导,不讽刺、挖苦、歧视学生,不体罚或变相体罚学生,保护学生合法权益,促进学生全面、主动、健康发展。

四、严谨治学。树立优良学风,刻苦钻研业务,不断学习新知识,探索教育教学规律,改进教育教学方法,提高教育、教学和科研水平。

五、团结协作。谦虚谨慎,尊重同志,相互学习、相互帮助,维护其他教师在学生中的威信,关心集体,维护学校荣誉,共创文明校风。

六、尊重家长。主动与学生家长联系,认真听取意见和建议,取得支持与配合。积极宣传科学的教育思想和方法,不训斥、指责学生家长。

七、廉洁从教。坚守高尚情操,发挥奉献精神,自觉抵制社会不良风气影响,不利用职责之便谋取私利。

八、为人师表。模范遵守社会公德,衣着整洁得体,语言规范健康,举止文明礼貌,严于律己,作风正派,以身作则,注重身教。

由以上可知,与1991年颁布的《中小学教师职业道德规范》相比,此规范内容更加具体,要求更高,其具有以下特色。

(1) 内容具有可操作性。该规范不仅在理想层面和原则层面提出了要求,而且主要是在规则层面提出了要求,实用性很强。

(2) 对整个教育行业自身的建设有所考虑,但考虑不多。建议制定教师职业道德规范时,应以专业化为基本定向,赢得专业自主权,着眼于教育行业内部的发展需要,把"教师职业道德规范"建设成为"教师专业道德规范"。

(3) 赋予教师职业道德以时代特征。根据社会发展的要求,给教师职业道德赋予了时代特征,并进行了一些探讨。但是,具体表述层次还不够明确,应从教师具体工作中需要处理的几种关系出发进行阐述。

4. 2008年颁布的《中小学教师职业道德规范(2008年修订)》

教育部、中国教科文卫体工会全国委员会,于2008年9月1日联合颁布并实施新修订了《中小学教师职业道德规范(2008年修订)》,具体内容如下。

中小学教师职业道德规范(2008年修订)

一、爱国守法。热爱祖国,热爱人民,拥护中国共产党领导,拥护社会主义。全面贯彻国家教育方针,自觉遵守教育法律法规,依法履行教师职责权利。不得有违背党和国家方针政策的言行。

二、爱岗敬业。忠诚于人民教育事业,志存高远、勤恳敬业、甘为人梯、乐于奉献。对工作高度负责,认真备课上课,认真批改作业,认真辅导学生。不得敷衍塞责。

三、关爱学生。关心爱护全体学生,尊重学生人格,平等公正对待学生。对学生严慈相济,做学生良师益友。保护学生安全,关心学生健康,维护学生权益。不讽刺、挖苦、歧视学生,不体罚或变相体罚学生。

四、教书育人。遵循教育规律,实施素质教育。循循善诱,诲人不倦,因材施教。培养学生良好品行,激发学生创新精神,促进学生全面发展。不以分数作为评价学生的唯一标准。

五、为人师表。坚守高尚情操、知荣明耻、严于律己、以身作则。衣着得体、语言规范、举止文明。关心集体、团结协作、尊重同事、尊重家长。作风正派、廉洁奉公。自觉抵制有偿家教,不利用职务之便谋取私利。

六、终身学习。崇尚科学精神,树立终身学习理念,拓宽知识视野,更新知识结构。潜心钻研业务,勇于探索创新,不断提高专业素养和教育教学水平。

教育部师范教育司剖析了该规范的五大特点①。

(1)坚持以人为本。该规范充分体现了"教育以育人为本,以学生为主体","办学以人才为本,以教师为主体"的理念,强调尊重教师,强调教师责任与权力的统一。

(2)坚持继承与创新相结合。该次修订继承以往规范执行以来的基本经验,汲取了以往规范中反映教师职业道德本质的基本要求,同时充分考虑社会、教育发展对教师职业道德提出的新要求,将优秀师德传统与时代要求相结合。

(3)坚持广泛性与先进性相结合。该规范从教师队伍现状和实际出发,面向全体教师,对教师职业道德提出了基本要求,这成为每位教师自觉遵守的行为准则。与此同时,又提出了体现时代精神的新的倡导性要求。

(4)倡导性要求与禁止性规定相结合。从教师职业道德的阶段性特征出发,针对当前师德建设中的共性问题和突出问题,在广泛征求意见的基础上,做出了若干禁止性规定。

(5)他律与自律相结合。该规范在注重"自律"的同时,强调"他律",倡导广大教师自觉践行师德规范,把规范要求内化为自觉行为。

综上可知,该规范在继承性、时代性和倡导性等方面确实较先前颁布的规范有较大进步。

---

① 《人民教育》编辑部. 学习贯彻《中小学教师职业道德规范(2008年修订)》的若干问题—教育部师范教育司负责人答本刊记者问[J]. 人民教育,2008(19):17-20.

（四）党的十八大以来对师德的建设与完善

党的十八大以来,国家对如何提升教师队伍素质的问题一直呈高度关注的态势。2018年年初,中共中央、国务院出台了《关于全面深化新时代教师队伍建设改革的意见》(以下简称《意见》),指出了教师队伍建设的重要意义和总体要求,并着重阐述了"全面加强师德师风建设""大力提升教师思想政治素质"等方面的内容。《意见》对新时代教师队伍建设提出了新要求、新任务、新目标,奏响了新时代教师队伍建设的号角。

2018年9月10日,全国教育大会召开,习近平总书记发表重要讲话,他指出:"建设社会主义现代化强国,对教师队伍提出新的更高要求,也对全党全社会尊师重教提出新的更高的要求。人民教师无上光荣,每个教师都要珍惜这份光荣,爱惜这份职业,严格要求自己,不断完善自己。做老师就要执着于教书育人,有热爱教育的定力、淡泊名利的坚守。"①同时,讲话中还强调,对教师队伍中存在的问题,要坚决依法予以严惩。

2019年,教育部等七部门联合印发《关于加强和改进新时代师德师风建设的意见》,进一步深入贯彻落实了习近平总书记关于教育的重要论述和全国教育大会精神,为加强和改进新时代师德师风建设,倡导全社会尊师重教,提供了方向性指导。

在党和人民对教师队伍建设寄予厚望的时代背景下,教育部重新修订印发《教师职业道德行为准则》《新时代高校教师职业行为十项准则》《新时代中小学教师职业行为十项准则》《新时代幼儿园教师职业行为十项准则》(以下统称《准则》)。制定教师职业行为准则,明确新时代教师职业规范,针对主要问题、突出问题划定基本底线,是对广大教师的警示提醒和严管厚爱,是深化师德师风建设,造就素质过硬、业务能力精湛、育人水平高超的高素质教师队伍的关键之举。

教育部在印发新准则的同时,为了确保准则更好地落地实施,教育部印发《关于高校教师违反职业道德行为处理办法》《幼儿园教师违反职业道德行为处理办法》,修订《中小学教师违反职业道德行为处理办法》,对违反师德的行为进行认定、查处等做出了具体规定,明确了学校的主体责任以及师德师风建设的失职失责情形。并强调要把好教师入口关,在教师招聘、引进时组织开展关于《准则》的宣讲,确保每位新入职的教师知《准则》、守底线。要以《准则》为纲领,强化实地考核,在职称评聘、推优评先、表彰奖励等工作中实行师德失范的"一票否决"制。

二、西方教师职业道德的发展演变

尽管世界上各个国家的历史传统、文化背景和社会制度不尽相同,对于教师职业道德的表达方式和实施手段存在差异,但相同的是,各国在不同的历史时期,都非常重视教师职业道德的研究和建设。通过对国外教师职业道德的纵向分析和横向比较,了解和把握世界各国的先进经验和规律,对推动我国的教师职业道德建设有重要的现实意义。

---

① 习近平在全国教育大会上发表重要讲话,http://edu.people.com.cn/n1/2018/0911/c1053-30286253.html.

（一）外国古代教育史上教师职业道德的发展

1. 古希腊、罗马时期的师德观

古希腊、罗马时期师德观主要有两种。一种观点认为教师对学生应该严格，学生应该绝对服从教师，提倡对学生实施体罚。柏拉图提出必须使儿童服从教师，由教师对儿童进行经常监督，如果他们不服从，就使用威胁和殴打手段迫其服从。甚至对于儿童的游戏，他也非常强调纪律，认为"如果游戏中缺乏纪律，儿童与之同化，要求他们长大后成为严肃而守法的人则是不可能了"。另一种观点认为教师应对学生友善，应依靠自身的才德把学生教育成为品德高尚的人。古希腊哲学家德谟克利特认为教师应教育学生多动脑筋，勤于思考，"应该尽力想得更多，而不是知道得更多"。亚里士多德强调通过实践养成良好的习惯，他是西方最早提倡"习惯成自然"的人，他还要求教师必须在学习、品德、人格、习惯上为学生树立良好的榜样，为人师表。昆体良是西方第一个系统论述教师职业道德的人，他认为要想做好教育教学工作，要培养完美的雄辩家，教师是至关重要的。昆体良对教师提出了极高的要求，教师首先必须在道德上是值得学习的榜样，他既不能允许学生失德，更不能允许自己失德。其次，教师要以父母般的感情对待自己的学生，既爱护备至，又严格要求。

2. 中世纪的师德观

在中世纪，基督教会成为一种举足轻重的政治力量，并且垄断了当时的学校教育。所以，中世纪的教育具有明显的压制儿童天性发展的权威主义特点。但仍有一部分经院哲学家在理性指引下，开始从尊重儿童的立场向教师提出相应的要求，如托马斯·阿奎那提出："在教学过程中，教师应当充分考虑到学生的心智活动状况和学生的个人经验以及接受知识的能力，努力调动学生的积极性，激发学生的思考，避免盲目地向学生灌输知识，与此同时，教师还应当考虑到学生的个性差异。"① 经院哲学家安瑟伦在与一位修道院院长谈话时，阐发了关于教师职业道德的见解。他说："一个著名的教育制度却正在把人变成牲口。告诉我，如果在你的庭院中种一棵树，你紧紧地把它绑起来，不给它生长枝叶的地方，结果会是什么呢？这些可怜的孩子交给你了，你就应该帮助他们成长，使他们思想成熟；但是如果不给他们自由，其身心发展必遭挫折。如果从你这里得不到温存，他们就将从错误的角度来看待一切。"②

3. 文艺复兴时期的师德论述

文艺复兴时期的教育思想家反对教师的权威主义和对学生的体罚，崇尚自由精神。他们期望发展儿童的积极性和独立性，并激发儿童的创造性。意大利人文主义教育家维多里诺主张对学生实行自治，减少惩戒，禁止体罚。维夫斯要求教师尊重儿童，在他看来，没有比教师用残酷地威胁、发怒和鞭打，要求幼小儿童做这做那更为愚蠢的了。这样的老师自己就应该受鞭打！伊拉斯谟认为，教师应关心儿童的身心发展，尊重儿童的个性，要鼓励与严厉并重，在对学生有深入了解的基础上，去说服教育学生。文艺复兴时期关于师德问题还非常强调教师自身素质，强调教师要德才兼备。夸美纽斯在《组织完善的学校的要法》一文中宣

---

① 李国庆，赵国金. 关于西方教师职业道德发展研究及借鉴[J]. 高校教育管理，2011(5)：51-55.
② 伊丽莎白·劳伦斯. 现代教育的起源和发展[M]. 纪晓林，译. 北京：北京语言学院出版社，1992：33.

称:"教师的职责伟大而光荣,是太阳底下最光辉的职业,教师要充分了解自己职业的社会意义,充满自尊心和自信心,加强品德修养,成为道德卓越的人;教师的职责在于做善良的范例,以诚恳、积极、顽强的态度去诱导学生,做学生的表率;教师应当无限热爱自己的工作,教师自己愈是热忱,他的学生愈会显得热心。"①

(二)外国近代教育史上教师职业道德的发展

近代师德观强调两种观点。

一种观点是教师要培养学生在德、智、体各方面的能力。英国教育家洛克认为,教师的责任是培养学生的绅士风度,使其形成良好习惯,怀抱德行和智慧,在学生需要的时候,给他力量、活力和勉励。瑞士著名教育家裴斯泰洛齐认为,教师要引导学生向善,激发他们纯洁的、高尚的道德情感,使学生认识到善,具有纯净的心灵。他明确指出:"我的初等教育思想,在于依照自然法则,发展儿童道德、智慧和身体各方面的能力,而这些能力的发展,又必须顾及它们的完全平衡。"②

另一种观点是教师要顺应儿童成长的层次性、规律性组织教学,顺应儿童的身心发展进行教育。卢梭在《爱弥儿》中比喻道,自然自由地发展就意味着像植物那样生长发育。这样教师就要像园丁一样精心护理儿童,给他们提供"自我开拓心灵"的空间。福禄培尔也认为,教育要遵循自然万物发展的正确道路,要遵循儿童的天性,他认为儿童的天性是善的。

(三)外国现代教育史上教师职业道德的发展

为加强教师职业道德建设,世界各国建立了一系列的相关措施和机制,并逐渐发展为系统化的职业道德规范,以保证教师在职业道德习惯养成上和社会对教师道德行为评价上有规可依、有章可循,保证教师在实施学校道德教育中主体地位的充分发挥,并在实践中取得了良好的效果。

1. 注重师德规范的可操作性

在美国,职业道德一般称为职业伦理(professional ethics)。教师职业伦理规范是用于调节教师工作所涉及的各种关系的行为准则。20世纪80年代后,美国对教师"专业化"的探索达到高潮,教师专业伦理的研究也得到进一步加强。1986年,卡内基教育与经济论坛、霍姆斯小组分别发表了《国家为21世纪的教师作准备》和《明日之教师》两份报告。以此为契机,美国明确提出了教学专业化的要求和追求优质教育的目标。优质教育必须以优良师资作为保障,为了保障优良师资的培养,美国教师专业标准委员会又制定了《教师专业标准大纲》,各州在此基础上还制定了更为细化、便于操作的教师专业标准,以保障培养优质教师的良好愿望能够得到落实。1996年制定的《优秀教师行为守则》,共26条,其中有21条涉及道德方面的要求,其具体内容如下:①记住学生的姓名;②注意参考以社学校对学生的评语,但不持有偏见,并且与辅导员联系;③真诚对待学生,富有幽默感,力争公道;④要言而有信,步调一致,不能对同一错误采取今天从严、明天从宽的态度;⑤不得使用威胁性语言;⑥不得因

---

① 李国庆,赵国金.关于西方教师职业道德发展研究及借鉴[J].高校教育管理,2011(5):51-55.
② 张焕庭.西方资产阶级教育论著选[M].北京:人民教育出版社,1979:206-207.

少数学生的不轨而责备全班学生;⑦不得当众发火;⑧不得在大庭广众之下让学生丢脸;⑨注意听取学生的不同反映,但同时也应有自己的主见;⑩要求学生尊敬教师,教师对学生也要以礼相待;⑪不要与学生过分亲热或过分随便;⑫不要使学习成为学生的精神负担;⑬在处理学生问题时如存偏差,应敢于承认错误;⑭避免与学生公开争论,应单独交换意见;⑮要与学生广泛接触,相互交谈;⑯少提批评性意见;⑰避免过问或了解学生们的每个细节;⑱要保持精神饱满,意识到自己的言谈举止都会影响学生的行为;⑲要利用电话等手段与学生家长保持联系;⑳在处理学生问题时,要注意与行政部门保持联系;㉑要严格遵守学校规章制度。① 由此可见,美国的师德建设注重的是实际操作,这些规则直接制约着教师各方面的行为,规范着教师这样一个特定的职业。

2. 注重将教师职业与社会发展紧密联系

其中,以日本为典型代表。日本对教师伦理道德的研究是从探讨"教师形象"开始的。纵观历史,日本理想的教师形象因时代不同而各异,主要有明治维新以后提出的要求教师绝对效忠天皇,生活上甘于清贫,道德上完美无缺的"教师圣职者论";第二次世界大战后出现的维护教师权益的"教师劳动者论";以及20世纪70年代后的"教师专业性职责论"三种教师观。分别反映了不同时代理想的教师形象,同时也对教师的职业道德提出不同的要求。

20世纪60年代后期开始,随着经济和教育事业的高度发展,教师职业伦理道德问题日益被重视。通过大量关于教师道德和教师职业伦理方面的著述,日本社会各界基本上确认了"教师职业是专业性职业,教师是从事专业性职业的专业人才"的教师观。强调教师应当有独立、自尊、自信、自持的伟大精神,应具有天下一流人物的自豪感,应努力在真、善、美、体育、劳动等方面全面完善自己,成为"完人式的理想教师"。日本教育家皇至道在《人类教师与国民教师》一书中分析了教师提高职业伦理素养的必要性,认为教师的专业性与它的伦理性有深刻的关系。他指出,"对儿童和学生的爱是教师的基本素养"。教师要不断反省自己的道德、知识,才能看到自己的不足之处。不断地磨炼自己个性的教师,可以说是真正具有童心的教师。此外,新掘通在谈到教师的道德时指明了教师以身作则的重要性。他说,在道德教育中,作为楷模的教师起到了决定性的作用。无论怎样应通晓古今、东西方的伦理学说,无论怎样应精于说教艺术,要是其知识与说教没有行动作为依据的话,孩子就将从教师那里学到言行不一,并对其所讲的道德产生怀疑。因此,在道德教育活动中,不仅要重视"孩子的道德"和"面向孩子的道德教育",而且也要留心于"教师的道德"和"面向教师的道德教育"。

3. 将教师职业道德内化职业行为中

领跑基础教育的芬兰主要秉持着这一理念。促成芬兰基础教育成功的原因有很多,但特色鲜明、成效显著的教师职业道德建设无疑是推动芬兰教育发展的重要因素。然而,芬兰教师培训体系中并未曾出现专门的教师职业道德培训课程,也没有具体的师德考核评价制度,主要是因为在芬兰教师的选拔和培养过程中,诸如公正、自信、合作、责任等品质已经习以为常地融入其中,并成为无须强化的基本职业行为操守。芬兰教师职业道德的核心内容

---

① 傅维利. 教师职业道德教育指南[M]. 北京:高等教育出版社,2009:65.

主要包括以下四个方面①。

（1）善待学生。芬兰教育体制的构建始终紧紧围绕着学生进行。同理心是芬兰教师必备的素质。在芬兰，教师基本都具备理解学生处境的能力，都会将儿童和青年人当作独特的个体对待，进而善待学生并能够帮助和引导其充分发挥自身的潜能。每一位芬兰教师对待每一个学生都像自己的孩子一样，努力发现学生身上独特而出众的一面。在教育体系的各个阶段，芬兰教师都潜心关注着那些不能应付主流教育的学生，并及时为他们提供广泛而系统的帮助。

（2）善于合作。合作能力是芬兰教师培养的重要部分，主要是指"合作、省思与专业技能的发展，是在与其他伙伴共同合作的基础上发展而来的"。2016年，在芬兰教育与文化部发行的《教师教育发展计划》中，也强调通过对教师进行同伴支持、协作能力、网络沟通能力、管理与领导能力的培养，使教师的专业能力得到发展的同时加强教师工作的公共性、道德性，通过对话与讨论来寻求其他力量的协助与支持，以此促进教师和学生的共同发展。

（3）建立自信。芬兰教师普遍具有很强的自我效能感，表现在其对完成教育教学工作的自信中。这种自信感既来源于芬兰教师教育的培养和教育体制的促发，又是芬兰社会对教师群体提出的要求。芬兰教师专业自信的确立，一方面来自于严格的芬兰教师选拔体系吸引了最具才华和天赋的年轻人，另一方面也建基于芬兰教育体系给予教师的最大信任和自主权。芬兰国家教育委员会制定的教学大纲中表示，"教师有教学自主权，他们可以自己决定教学方法"。同时，教师还可以决定教学内容和教科书等事项，甚至参与学校预算管理、收购和招聘。充分的自主和信任是教师专业自信建立的保障，也强化了教师对自身工作的自信与热情。

（4）勇担责任。芬兰教师的从业动机奠基于强烈的教育信念，因此，大部分教师将教职作为一生的志业。同时，芬兰社会和教育政策成功地赋予了教师职业极强的成就感与归属感，这些都塑造了芬兰教师的职业责任感。芬兰教师认为，促进学生发展的责任是教师作为专业人员所应有的道德承诺，教师职业责任天然地包括保持求知的态度、不断反思和自我更新、了解每位学生的个性，这些都是教师为了完成学生发展所应承担的责任。芬兰社会赋予教师的自主权与信任也是芬兰教师责任感的重要来源，芬兰人认为，维持教师职业的较高的能力和道德标准是促进教育公平，进而实现社会正义的有效途径。

课后练习

1. 简述教师职业道德的含义。
2. 简述学习教师职业道德的意义。

---

① 王浩,唐爱民.芬兰教师职业道德核心内容及启示[J].中小学德育,2019(9):31-34.

第二章

教师职业道德的基本原则

第一节 教师职业道德基本原则概述

原则是指说话、行事所依据的准则。道德原则,则是认识和处理个人利益和社会利益的关系所应遵循的基本要求。教师职业道德的基本原则不仅与社会公德的原则和价值观有密切关系,如集体主义、人道主义、爱国主义等内容,更反映了教师职业的基本特点,以及教师这一职业最根本的道德要求,如教书育人、敬业乐群和人格示范等。

一、教师职业道德基本原则的地位和作用

在人类历史上,每一种道德类型的规范体系都贯穿着一些核心要素,并以其作为处理个人利益与社会利益的基本原则。教师职业道德基本原则是对教师处理各项事宜所提出的指导性、原则性的要求,是教育职业道德体系的核心所在。

(一)教师职业道德的基本原则在教师职业道德体系中居主导地位

(1)教师职业道德基本原则贯穿整个职业活动过程,指明了教师职业实践中行为的总方向,体现了教师职业道德活动的本质属性,是教师职业道德区别于其他各种不同类型道德最根本、最显著的标志。在社会主义社会,教师职业道德原则体现了社会主义教育活动中人与人之间最重要、最基本的道德关系,对教师的思想、言论和行为具有普遍的导向功能。

(2)与法律依靠国家强制力量来约束人们的行为规范相比,道德是依靠社会舆论、传统习俗和人们的内心信念来维系的,它主要是人们把社会的要求内化为自身的行为准则,相对于法律来讲,道德是来自人们内心的一种精神力量。因此,道德的要求比法律的要求层次更高。教师职业道德原则是教师在道德实践中进行道德行为、道德反思以及道德评价时必须遵循的基本准则,对教师的道德行为具有普遍的约束力和指导意义。

(3)与职业道德规范相比较,职业道德原则更抽象且更具稳定性。例如,作为教师,就必须遵循为人师表这一道德原则,这是任何社会、任何时代对教师的共同要求,但在不同的时代,不同的教育环境之下,为人师表的具体内容和形式则会发生变化。当然,稳定不是绝对不变,在社会发展的背景下,教师职业道德原则也会逐渐丰富、完善。

(二)教师职业道德的基本原则是教师处理个人与他人、个人与社会关系的根本指导原则

道德作为一种社会意识形态,是由社会存在决定的。在现阶段社会里,职业劳动是为社

会创造经济、政治、文化效益的活动，同时也是劳动者个人生活资料的来源。因此，各种类型的职业道德，必然要承担起本行业内人与人之间、本行业与其他行业之间、本行业与行业服务对象、社会整体或国家之间的利益关系。要处理好这些关系，就需要一个基本的指导原则。

教师职业道德的基本原则既要反映社会职业活动中的特殊利益关系，也要反映社会的一般关系。因此，教师职业道德基本原则就是指导教师调整行业内人与人之间、教师职业与其他行业之间、教师与学生之间、教师与社会整体或国家之间利益关系的指导原则，它反映了教师职业所应承担的一定的社会责任、应履行的社会义务、履行义务所应享有的社会权利及社会利益，是教师职业道德区别于其他类型社会道德的最根本的标志。

二、确立教师职业道德基本原则的依据

教师职业道德作为调节教育工作者行为的准则，并非人的主观臆想或逻辑推演，而是有着充分客观依据的。

（一）遵循社会道德原则的基本要求

道德与政治是上层建筑诸因素中的重要组成部分，二者相互联系、相互区别。在阶级社会中，政治关系对道德关系产生重要的影响和制约作用。上述情况要求教师职业道德的基本原则必须反映当时社会的经济关系、政治发展的需求。在社会主义条件下，教师道德的基本原则必须符合社会主义的经济、政治发展的需求。例如，党的十八大提出的社会主义核心价值观，倡导富强、民主、文明、和谐、自由、平等、公正、法治、爱国、敬业、诚信、友善，充分体现了社会主义道德的根本要求，引领着社会主义道德建设的新航程，势必也会对教师职业道德发展具有强大的指导作用。

（二）反映教师劳动的特点

教师劳动具有复杂性、创造性、示范性以及长期性等特点。教师劳动的这些特点，向教师提出了道德上的特殊要求，也指明了教师职业道德基本原则的方向，即必须反映教师劳动的特殊本质，使之成为与其他职业道德既相联系又相区别的标志。

在社会主义国家，教师职业道德的基本原则应当是社会主义社会对教育者行为要求的高度概括，是社会主义道德在教育者的教育实践中的集中表现。一方面，它对教育者的实践活动具有导向功能；另一方面，它对教育者的行为具有严格的约束功能。这种基本原则体现了教育活动中人与人之间最重要、最基本的道德关系，对教育者的思想、言论和行动具有最普遍、最根本的指导作用，是教师职业道德规范的灵魂与价值导向。

（三）符合法律、法规和政策要求

法律、法规和政策等本来是具有强制性的行为规范，但在社会主义社会条件下也具有特殊的道德意义。人民教师教书育人，要自觉遵守社会主义纪律，带头执行党和国家的政策、

法令,具备良好的法纪风貌。

在社会主义现代化进程中,加强法治建设,全面推进依法治教,是教育改革和发展的客观要求,也是现代化教育发展的必然产物。正是在这种背景下,近年来,我国相继出台了一些教育法律、法规,并构成了教育法律、法规体系。我国有关教育法律、法规的完善和实施,要求国家机关以及有关机构严格按照法律规定,在其职权范围内从事有关教育的智力活动,要求各级各类学校、其他教育机构、社会组织和公民严格依照法律规定,从事办学活动及其他有关教育的活动。对教师来说,就是依法治教。

第二节 教师职业道德基本原则的主要内容

一、敬业乐群原则

(一) 敬业乐群原则的含义

敬业乐群原则是指教师乐于从事教育事业,并且对自己所从事的工作认真负责。敬业乐群是教师将职业建构与自我发展高度结合的根本出发点。认真勤奋的工作是实现职业价值的根本保证,热爱自己的职业,是克服职业困境的有效手段,只有将二者充分结合,才能既满足实现社会价值的外在需要,也符合从业者乐于从教的内在追求。

敬业乐群是教师从事教育工作的基础和动力。热爱教育事业、乐于奉献是教师有效开展教育教学工作的前提条件。只有乐教,才能充分体会教师育人中的快乐与幸福;只有敬业,才能深刻认识教育工作的伟大意义。在教育工作中有苦有乐,只有敬业乐群,教师才能积极提高自身修养,不断完善自我。

敬业乐群也是教师胜任教师工作的首要条件。热爱教育事业,乐于从事教育事业,是教师工作的基础和动力,是教师开展各项教育教学工作的有效前提条件。只有热爱教育事业的教师才能全面深刻的理解教育工作作为全社会工作"母机"的重要地位,才能深刻践行"教书育人""立德树人"的教育目标,才能积极面对自身的社会责任,坚持以育人为乐,以善教为乐。

乐教才能勤业,勤业能强化乐群。乐群是敬业的内在动因,是敬业的动力和能源;敬业是乐群的具体体现,是满足乐群需要的基本途径。同时,良好的心态影响着职业体验的幸福感,教师只有忠爱自己的工作,才能在工作中保持积极乐观的态度,才能够体味工作带来的幸福与快乐,从而勤于奋斗、勤于创新,实现个人的价值。

(二)贯彻敬业乐群原则的基本条件

1. 心怀教育情感、信念与理想

教育情感、教育信念与教育理想是影响教师职业认同感和职业幸福感的三个重要因素。拥有健康的教育情感、坚定的教育信念、崇高的教育理想,是成为一位敬业乐群的优秀人民教师的必备条件。

健康的教育情感表现在对其工作的热爱,全身心投入工作;对学生的关爱、尊重、包容和信任;对学校、集体的喜欢,团结同事。教育情感是敬业乐群的内在思想基础,一位拥有健康教育情感的教师,会在教育教学生涯中感受到生活的乐趣和人生的价值,体验到教师职业的幸福与快乐,拥有强烈的职业认同感。

教师的教育信念建基于健康的教育情感之上,是对教育事业坚信不疑、坚持不懈、竭尽所能的职业态度与职业精神。坚定的教育信念,使教师获得一种持久而新鲜的精神力量,在其驱动之下,促使教师对其教育事业不断追求。

教育理想的形成,正是源于教师对自身工作持续不懈追求,这种积极追求的精神,正是教师敬业乐群的原动力所在。只有在工作中不断追求教育理想,以为理想而奋斗的职业态度,以学生的成长为目标,以自身的成长为动力,才能成就幸福的职业生活。同时,教师也只有心怀健康的教育情感、坚定的教育信念、崇高的教育理想,抱着健康积极的工作心态奉献自我,才能树立正确的人生追求,实现人生价值,获得职业幸福感,从而在今后的教育教学工作中,更懂得敬业乐群的价值。

2. 乐于奉献、甘为人梯

在教育工作中,事无大小都需要教师以爱心去育人,以乐于奉献、甘为人梯的精神做事。这样教师才能在教育教学活动中找到乐趣,从而不断完善自我,成就一番事业。乐于奉献、甘为人梯是一种默默无闻的大无私精神,是一种不计得失、心甘情愿付出的崇高行为。奉献的人生才富有意义,而教师的职业特点决定着教师是一个需要充满爱并付出爱的职业。一名合格的教师,他一定热爱自己的事业,热爱自己的学生,热爱自己的生命,并乐于为事业和学生奉献。

一方面,教育事业的建设和发展归根结底是依赖于人的活动,而教师就是教育事业的建设者和发展者。教师是一个为人的发展而存在的职业,教师的工作往往细碎而繁杂,需要教师持续认真地对待,甚至甘愿牺牲个人的利益,才能够保证教育工作可以时刻有序运行。

另一方面,教师是一项利他性的职业,教师职业的获益人主要是发展中的人,也就是学生。学生在其成长过程中,不断汲取教师的知识与生活经验,茁壮成长。同时,教师的生命价值也在学生的成长过程中得以延续与发展。教师要完成教书育人的伟大职责就应当乐于成为学生之梯,在学生的人生路上充当辅助攀登的楼梯,为他们的攀登事业高峰默默奉献,帮助学生健康成长。

二、教书育人原则

（一）教书育人原则的含义

教书育人是指教师在传授专业知识的同时，以自身的道德行为和魅力，言传身教，引导学生寻找自己生命的意义，实现人生应有的价值追求，塑造自身完美的人格。

教书育人是教师的基本职责。教师是人类社会最古老的职业之一，受一定社会的委托，对受教育者进行专门的具有建设性的教育。在社会发展中，教师是人类文化科学知识的继承者和传播者。对学生来说，又是学生智力的开发者和个性的塑造者。教师工作质量的好坏关系到中国年轻一代身心发展的水平和民族素质提高的程度，从而影响到国家的兴衰。

教书育人是教师的根本道德责任，是教师职业道德的灵魂。自古以来，教书与育人就是合为一体的。唐代教育家韩愈说："师者，所以传道授业解惑也。"所谓"传道"，就是向学生进行思想道德教育；所谓"授业"，就是向学生传授科学文化知识；所谓"解惑"就是解答学生的困惑。教书与育人是同一教育过程的两个方面，教师在教书的过程中应该努力挖掘其中的育人因素，实现教书与育人的统一。

（二）贯彻教书育人原则的基本要求

1. 坚持培养具有中国特色的社会主义人才

任何时代，教育的根本任务都是培养特定社会、特定时代所需要的人才。概括地说，不论在哪个社会、哪个时代，对人才的培养都具有两方面的要求，即德和才。德，是指要具备一定社会时代所要求的思想意识和道德品质，强调对社会负责；才，是指一定社会时代所需要的才能，既包括科学的理论知识，也包括对知识的应用能力。

为了推进有中国特色的社会主义事业不断发展，就需要不断培养成千上万有社会主义觉悟，有社会主义道德品质的各类人才。在当前社会发展的阶段，教师的职业活动必须围绕这一目的，在向学生传授科学文化知识的过程中，又自觉地对学生进行思想教育、品德培养，帮助学生掌握和运用马克思主义的立场、观点和方法。还要注意组织学生开展有益的文化娱乐活动和体育活动，活跃气氛、锻炼身体，提高身心健康水平，更要注意帮助学生提高思想觉悟水平，形成正确的世界观和人生观，培养良好的道德品质，养成良好的行为习惯，从而促进学生的全面发展。

2. 遵循教育规律

学生的成长是有其自身规律的，要教好书、育好人，就必须遵循教育规律。

教育规律是不以人的意志为转移的客观事物（教育内部诸要素、教育与其他事物之间）内在的、本质的、必然的联系，以及教育发展变化的必然趋势。在实际的教书育人过程中，教师不仅要遵循教学的一般规律，同时也要遵循德育的基本规律，只有按教育规律进行教育活动，才能实现全面培养人的目的。

（1）教师在贯彻教书育人原则时，要不断探索、努力学习，充分了解教育规律，并落于实践之中。依据不同地区、不同学校、不同专业、不同年龄、不同生活阅历的学生的不同特点，遵循规律，从学生的实际出发，运用适宜的方法，促进学生的健康成长。

（2）教师在贯彻教书育人时，要以实施素质教育为根本出发点。实施素质教育不仅是教育改革发展和社会经济发展的必然要求，更是教育规律、人才培养规律的根本要求。素质教育是教书育人的基本导向，也就是素质教育主导、引导、指导学校和教师按照党的教育方针和学校教育规律。作为教育者应转变教育思想理念，做到在理念上认同，在方法上转变，在教育教学上自觉抵制片面追求升学率的应试教育，自觉践行既教书又育人的素质教育，使学生在德、智、体、美、劳全面发展。

3. 做到终身学习

1965年，法国教育家保罗·朗格朗(Paul Lengrand)在联合国教科文组织会议中率先提出"终身教育"的理念，强调教育应是个人从生到死一生中持续着的过程。今后的教育应当是，随时能够在每一个人需要的时刻，以最好的方式提供必要的知识和技能。1966年联合国教科文组织在《关于教师地位的建议》中提出，教师是具备经过严格训练和持续不断地研究才能获得并保持专业知识及专门技能的专业人员。因此，要想实现教师自身和职业的双重发展，就必须要做到终身学习。

"严谨笃学，与时俱进"是新时代对教师终身学习提出的根本要求。教师要不断学习科学文化知识，拓宽知识面，深入研究问题；教师要持续提高思想政治觉悟和良好的道德品质，这是育好人的政治思想理论和道德品质的保证；教师要努力学习和研究教育理论，掌握教育教学规律，这是教好书育好人的方法保证。教师要注意研究学生的生理、心理特征和思想、学习状况，要注意分析各种环境因素对学生成长的影响，探索教育教学规律，以不断提高自身教书育人的水平。

三、为人师表原则

（一）为人师表原则的含义

为人师表是指教师自觉地以自身纯正品德为学生做出示范和榜样，成为学生效仿的楷模，即言传身教，以身立教。

为人师表作为教师职业道德原则是由教育的根本任务决定的。教育的根本任务是教书育人。教师的一言一行会对学生产生经常性、直接性、长期性和潜移默化的影响。学生在校学习，除了向书本学习之外，主要是向教师学习，不仅学习教师传授的知识，学习教师运用的学习方法、研究方法和表述方法，也学习教师的思想品德、行为举止等。虽然青少年学生思想品质和个性心理品质已初步成形，具有一定的稳定性和行为判断能力，但他们的道德素质和心理品质还具有较强的可塑性，他们的行为判断能力还不够强，周围的环境对他们的影响还很大。教师和学生的接触较为频繁、密切，其行为举止仍对学生有较大的影响。

为人师表是整个社会对教师的要求。青年人是国家、民族和社会主义事业的希望。教师职业工作的任务就是培养年轻一代。虽然培养年轻一代的工作是一个全社会性的庞大复杂的系统工程，但学校教育工程则是这庞大系统工程中的核心工程，而教师则是学校教育工程中的劳动者主体,这就决定了教师工作的重要性,也就决定了整个社会对教师工作的关注。既然为人师表是实现教师根本任务的要求,是教师职业劳动特点的要求,也就必然成为整个社会对教师的要求。

(二)贯彻为人师表原则的基本要求

1. 坚持严于律己,以身作则

所谓以身作则,就是要以自己的行动做榜样。教师要严于律己,以身作则,这是由教师职业的示范性所决定的。教师的职责在于既要用自己的学识教人,又要用自己的品格育人。"其身正,不令而行;其身不正,虽令不从",正人先正己,这就要求教师在思想品德、学识才能、语言表达、生活方式以及举止风度等方面树立自己的良好形象,处处做学生的表率,由此教育和感化学生。

2. 作风正派,廉洁奉公

要想贯彻为人师表,还需坚持身教重于言教。无声的身教胜于有声的言教,这是人类社会长期教育实践得出的结论。叶圣陶先生说过,"教育工作者的全部工作,就是为人师表",并告诫教师"身教最可贵,行知不可分"。学生从教师的行为举止中可以直接获得实实在在的感受,获得对言教的印证,从而增加教育的说服力和感染力,增强教育的效果。

廉洁既是教师从事教育这一神圣职业的道德基础,也是教师必须坚守的道德情操。廉洁从教是教师处理教育教学活动和个人利益关系之间的准则,也是教师为人师表的人格魅力所在。教育部于2014年7月颁布了《严禁教师违规收受学生及家长礼品礼金等行为的规定》,明确划定6条红线:严禁以任何方式索要或接受学生及家长赠送的礼品礼金、有价证券和支付凭证等财物;严禁参加由学生及家长安排的可能影响考试、考核评价的宴请;严禁参加由学生及家长安排支付费用的旅游、健身休闲等娱乐活动;严禁让学生及家长支付或报销应由教师个人或亲属承担的费用;严禁通过向学生推销图书、报刊、生活用品、社会保险等商业服务获取回扣;严禁利用职务之便谋取不正当利益的其他行为。触犯者将被开除,甚至押送司法机关处理。教育部门对教师这种有违师德的行为采取零容忍的态度,显示出教育部门对依法执教、廉洁从教的决心。

3. 严于律己,表里如一

言行一致、表里如一是一种正派的作风,也是一种美德。教师要通过自己的人格去感动学生。教师只有言行一致、表里如一,才能对学生产生潜移默化的良好影响,产生积极的作用,才会起到为人师表、行为世范的作用。

四、依法执教原则

(一)依法执教原则的含义

依法执教是指教师在开展教育、教学活动时,其行动要合乎法律规范的要求,做到依法行使教师权利、依法履行教师义务。依法执教是对教师职业活动最基本的道德要求,是教师职业行为的道德底线。

教师坚持依法执教是依法治国方略在教育领域内的贯彻。依法治国是发展社会主义市场经济的客观需要,是社会主义民主制度的重要保证。依法执教既是依法治国基本方略在教育领域中的贯彻,又是落实依法治国基本方略的必要保障。一方面,依法治国包含着依法执教,对于教师来说,依法执教就是要依据法律法规进行教育教学;另一方面,依法治国要通过人来贯彻,也只有依法执教才能保证培养出具有较高知法、懂法、守法的高素质公民。

依法执教是教师坚守职业的底线要求。要求教师在自己的职业活动中必须具有依法执教的意识和行为,教师依法执教是教师守法的核心,是维护正常教育教学秩序和学生合法权益的最基本保障。教师的依法执教水平,关系着我国教育方针的能否有效落实,关系着教育、教学活动能否有序开展,关系着教师职业能否保持良好的社会形象。因此,落实教师依法执教,既是维护教师自身权益的根本途径,也是保障未成年学生健康成长的重要手段。

依法执教是教师职业道德修养的职业戒律和底线要求。教师在教育活动中要模范遵守各项法律、法规,使自己的教育教学活动完全符合社会主义法制的要求。依法执教也是教师职业道德修养的现实要求。通过教师依法执教来规范教育、保护教育、协调教育内外部各种关系、维护教育公平,是保证教育人道化、保护教育战略地位的根本措施。

(二)贯彻依法执教原则的基本要求

1. 大力提升教师的法律素养

现代社会是一个利益多元的社会,也是一个法治化社会,广大教师在职业活动中不可避免地会与不同主体存在多重利益和法律关系。例如教师与学生、教师与家长、教师与学校等。妥善处理好这些利益和法律关系,履行教师义务、合法行使教师权利,维护教师本人和学生的利益,就需要广大教师不断提升自身法律素养,自觉牢固树立法律意识,积极学习教育法律,成为学法、遵法、守法、用法、弘扬社会主义法治理念的典范。

提升教师的法律素养,还需保障教师对法律法规学习渠道的畅通和便捷。在现实中,大部分教师知道《中华人民共和国教育法》《中华人民共和国教师法》《中华人民共和国义务教育法》等一些教育基本法规,但对其内容了解存在片面性;一部分教师对教育行政部门所颁发的新政策、新法规存在不清楚的情况。因此,要强化法律法规的学习平台的建设,采取多种途径宣传、传达法律法规精神与内容,采用多种形式组织教师进行新的政策法规的学习和研讨。

2. 善于依法维护师生合法权益

贯彻依法执教原则,就需要教师明确自身的权利和义务,从而更有效地维护师生合法权益。

(1)教师要明确自身的权益。教师的权利主要包括两方面:一是作为公民拥有的权利;二是作为教师拥有的权利。根据《中华人民共和国教师法》第二章第七条的规定:"教师主要享有六项权利:一、进行教育教学活动,开展教育教学改革和实验的权利;二、从事科学研究、学术交流,参加专业的学术团体,在学术活动中充分发表意见的权利;三、指导学生的学习和发展,评定学生的品行和学业成绩的权利;四、按时获取工资报酬,享受国家规定的福利待遇以及寒暑假期的带薪休假的权利;五、对学校教育教学、管理工作和教育行政部门的工作提出意见和建议,通过教职工代表大会或者其他形式,参与学校的民主管理的权利;六、参加进修或者其他方式的培训的权利。"

(2) 教师要履行自身的义务。根据《中华人民共和国教师法》第二章第八条的规定:"教师需履行六项义务:一、遵守宪法、法律和职业道德,为人师表的义务;二、贯彻国家的教育方针,遵守规章制度,执行学校的教学计划,履行教师聘约,完成教育教学工作任务的义务;三、对学生进行宪法所确定的基本原则的教育和爱国主义、民族团结的教育,法治教育以及思想品德、文化、科学技术教育,组织、带领学生开展有益的社会活动的义务;四、关心、爱护全体学生,尊重学生人格,促进学生在品德、智力、体质等方面全面发展的义务;五、制止有害于学生的行为或者其他侵犯学生合法权益的行为,批评和抵制有害于学生健康成长的现象的义务;六、不断提高思想政治觉悟和教育教学业务水平的义务。"

对教师权利和义务进行明确规范的目的,在于保障教师和学生的合法权益。广大教师要牢固树立"民主法治、自由平等、公平公正"的社会主义法治理念,学习、掌握法律知识,尤其是要掌握教师职业活动、个人合法权益和未成年人权益保护等方面的法律法规,提高法律素养,依法开展教育教学活动,切实增强尊重学生、爱护学生、平等对待学生的意识,提高依法维护师生合法权益和抵制侵害师生行为的能力。

3. 积极参与法治社会建设

建立法治社会,要有公正的、便于操作的法律法规,要有配套的、健全的法律法规体系。作为教师,必须关注社会现实问题,深入分析其原因,探寻解决问题的方法,探讨法律手段的合理运用,积极参与法律法规的制定和修改。通过积极建言献策,积极参与法治社会建设,为新的社会条件下新的法律法规的修订和增补,提供更有建设性的意见,为深化改革和社会各项事业的全面发展提供智慧支持。

五、教育人道主义原则

(一) 教育人道主义原则的含义

教育人道主义原则是社会主义人道主义原则的具体化和职业化,它是调整教育过程中各种人际关系的道德原则,是一切教育者以及教育过程的参与者应当奉行的道德标准与要求。

人道主义泛指一切强调人的价值,维护人的尊严及权利的思潮和理论。包括作为教育制度的人道主义、资产阶级的人道主义和马克思主义的人道主义。它源于欧洲文艺复兴时期的一种思想,提倡关怀人、尊重人、以人为中心的世界观,主张人格平等、互相尊重。社会主义人道主义是以马克思主义的世界观和历史观为基础,同时批判和继承了历史人道主义合理成分在此基础上形成的一种更高水平的人道主义,主要包括两方面内容,一是贯彻尊重人权的精神,二是坚持个人全面发展的价值取向。

教育人道主义是社会主义人道主义在教育领域、教育过程中的具体化。它调整教育过程参与者之间的关系,探讨了教育过程参与者应遵循的基本道德要求和价值标准。

教育人道主义规定了教育者与受教育者都应当从社会主义人道主义原则出发,尊重对方作为人的价值和尊严。在此基础上,要求教育者应特别注意发挥自己作为过程主体的角色作用,以完善的人格要求自己,以人道主义原则处理与他人的关系,最终更好地完成教育目标。

(二) 贯彻教育人道主义原则的基本要求

1. 尊重学生,构建"以生为本"的师生关系

教师的教育人道主义原则要求教师在教育实践过程中,一切以学生为本,尊重、关心、爱护学生,构建"以生为本"的平等、和谐的师生关系。

首先,教师要了解学生。了解学生是尊重学生的前提和基础。教师应充分把握学生的发展特点,明确学生的本质,即学生是人、是发展中的人、是以学习为主要任务的人。并在此基础上,公正客观地对待每一位学生,从学生的特点出发,时刻为学生着想,千方百计地引导学生进行自我完善、自我发展。

其次,教师要尊重学生。第一,教师要尊重学生的人格。尊重学生的人格尊严,不仅是一种教育理念,更是一种教育实践,它要求教师在与学生相处时,始终将学生作为独立、有尊严的个体对待,并为学生营造一个充满平等、尊重的成长环境。第二,教师尊重学生的个性,满足学生的个性化需求。教师要承认学生存在个体差异,在实践中要容许差异的存在,并予以重视,引导学生的个性化发展。要了解学生的特长、兴趣、爱好,并能够充分挖掘学生的潜能,为学生的个性化发展提供支撑。第三,教师要尊重学生的隐私。在教育教学过程中,教师要谨慎对待学生的隐私,保护学生的隐私。在强调依法治国的今天,特别是学生的法律意识、权利意识不断加强的情况下,尊重学生的隐私权显得特别重要。第四,教师要公正平等。教师公正平等地对待每一个学生,是学生信任教师的基础。教师公正的具体表现就是奖惩分明。对学生的奖惩必须以促进学生发展为根本前提,在施教过程中,要做到奖惩有理有据、公平合理。

2. 促进学生的全面发展

除应体现尊重人权的精神外,教育人道主义原则的另一现实内容是教育应坚持个人全面发展的价值取向,努力促进个人全面发展。"促进学生的全面发展"不仅是教育人道主义的基本内容,也是教师职业道德规范的基本要求,是社会主义教育目的和价值的必然选择。

马克思关于人的全面发展理论指出,全面发展是通过教育活动来实现的。通过教育,学生增长知识、发展智力、砥砺品德、陶冶性情,从而提升个人的人生境界和发展层次。成为一个自由而又自觉对社会有用的人。全面发展是在教育者的设计和引导下,每个学生个体身心和谐、自由、充分地发展;是结合个人特点和发展需要,不断追求自我完善,不断彰显主体精神的过程;是个人的体力和脑力共同发展,品德和才智共同完善的过程。全面发展,不是各个方面的平均发展,也不是要求学生样样在行,更不是要求学生按照统一模式发展。

教师要想促进学生全面发展,就要坚持从德、智、体、美、劳五育出发。一是突出德育实效。完善德育工作体系,深化课程育人、文化育人、活动育人、实践育人、管理育人、协同育人。打造中小学生社会实践大课堂,广泛开展先进典型、英雄模范学习宣传活动等。二是提升智育水平。着力培养学生认知能力,促进思维发展,激发创新意识,加强科学教育和实验教学,广泛开展读书活动,确保学生达到国家规定的学业质量标准。三是强化体育锻炼。严

格执行学生体质健康合格标准,广泛开展校园普及性体育运动,给学生提供更多参加体育锻炼的机会。四是增强美育熏陶。实施美育提升行动,广泛开展校园艺术活动,鼓励学生组建特色艺术团队。五是加强劳动教育。优化综合实践活动课程结构,确保劳动教育课时。统筹加强学生生活实践、劳动技术和职业体验教育,统筹家务劳动、校内劳动和社会劳动。

 课后练习

1. 确立教师职业道德基本原则的依据是什么?
2. 教师职业道德基本原则是什么?

第三章

教师职业道德规范

在教师职业道德体系中,教师职业道德规范居于重要地位,它不仅是教师职业道德体系的基本构成要素,还是教师职业道德原则的体现、展开和具体化。教师要胜任教育工作,不仅要有扎实的知识和专业化的教育教学技能,还要有良好的职业道德。强化教师职业道德,既是社会发展对教师的要求,更是当代教师从事教育工作的必要条件。

第一节 教师职业道德规范概述

一、教师职业道德规范的含义

道德规范是指一定社会历史条件下,指导和评价人们行为善恶的准则,既包括一定社会阶级以格言、戒律等形式的自觉概括,以表达行为善恶的标准和规则,也包括在长期生活实践过程中人们自发形成的"应当"或"不应当"的道德关系。

教师职业道德规范简称师德规范,是教师在从事教育活动过程中形成的比较稳定的道德观念、行为规范和道德品质的总和,是调节教师与他人、教师与集体及社会相互关系的行为准则,是一定社会对教师职业行为的基本要求与概括。[①] 教师职业道德规范既是教师进行教书育人的手段,也是教师进行自我反思与自我提升的素养能力,是对一名教师应有职业素养的要求。

二、教师职业道德规范的结构与功能

制定教师职业道德规范,必须首先明确规范的基本结构,包括规范的基本成分、层次、类型和合理的框架等,以便从整体上把握规范中所提出的各项要求,不同层次的教师职业道德规范具有不同的功能。

(一)教师职业道德规范的结构

1. 教师职业道德规范的基本成分

一套完备的教师职业道德规范,应当包括以下成分。教师职业道德规范的基本价值与

---

① 王正平.教育伦理学[M].上海:上海人民出版社,1988:2.

颁行目的、确立坚定从事教师职业的道德理想与信念、教师应遵循的职业道德原则、教师专业道德规范标准以及教师道德规范的执行程序与修订程序。其中，教师职业的道德理想、道德原则以及道德标准，是教师职业道德规范中必不可少的基本成分。

2. 教师职业道德规范的基本层次

教师职业道德理想、教师职业道德原则和教师职业道德标准作为教师职业道德规范中必不可少的三个基本成分：教师职业道德理想体现了教师职业道德原则的基本价值；教师职业道德原则是对教师职业道德标准的一般概括；教师职业道德标准是对教师道德行为的具体要求。

教师职业道德理想通过教师职业道德原则和规则得以体现，教师职业道德原则通过各种具体的教师职业道德标准得以落实。教师职业道德标准所反映的是对一个称职教师最基本的要求，与教师职业道德理想相比，教师职业道德标准更明确、具体、更具有可操作性。由以上可知，教师职业道德理想、教师职业道德原则、教师职业道德标准在师德规范中分别属于不同的层次，依次为对教师职业行为的最高要求、中级要求、最低要求或起码要求。

（二）教师职业道德规范的功能

不同层次的教师职业道德规范对教育人员的职业行为，具有不同的规范功能。教师职业道德理想体现教育专业至善至极的道德境界，给教师确定了基本的价值取向和不断追求的终极目标，激励着教师形成高尚的职业行为。教师职业道德原则是指导教师职业行为的基础，所表明的是教育界认同的应当能够达到的要求，在执行过程中允许根据具体情况变通处理，具有一定的灵活性。教师职业道德规则是对教师职业行为最低限度的道德要求，无论肯定性规则还是否定性规则，在执行当中都不可违反。

总体来说，教师职业道德理想主要具有激励功能，教师职业道德原则主要具有指导功能，教师职业道德规则主要具有约束功能。三者在教师职业道德规范体系中所占的比重，直接影响到整个教师职业道德规范体系功能的发挥。只要三者比例适当，整个教师职业道德规范结构合理，就可以全面发挥其规范功能；反之，则会导致功能不足，或者功能失调。

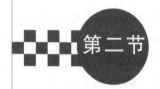

第二节　教师职业道德规范的内容

2008年9月1日，我国教育部、教科文卫体工会全国委员会联合颁布并实施的新修订的《中小学教师职业道德规范》，其具体内容包括爱国守法、爱岗敬业、关爱学生、为人师表、教书育人和终身学习六个方面。

一、爱国守法

《中小学教师职业道德规范(2008年修订)》中,把"爱国守法"这一内容放在首要位置,这既说明此内容不仅是每位公民必须具备的崇高道德品质,也是对教师这一职业提出的基本要求。其具体内容为"爱国守法。热爱祖国,热爱人民,拥护中国共产党领导,拥护社会主义。全面贯彻国家教育方针,自觉遵守教育法律法规,依法履行教师职责权利。不得有违背党和国家方针政策的言行。"

爱国守法是对教师职业道德的最高统领和最低要求,是教师职业道德的首要要求和基本前提。教师肩负着为党育人、为国育才的重要使命,教师工作关系到国家和民族的命运。爱国体现了教师职业道德的理想高度,守法则是对教师职业道德的底线要求。

(一)爱国守法的本质

爱国守法是最基本的公民道德规范,是每个公民都应该履行的首要道德责任,也是基本的道德素质,是其他道德品质养成的重要前提和基础。热爱祖国是教师职业道德的最高体现,需要教师树立祖国利益高于一切的思想,以满腔的热情和主人翁的精神关心祖国的命运和前途,做好本职工作,增强民族责任感,教书育人。遵纪守法需要教师知法守法,用法律来规范自己的行为,不做法律禁止的事情。

爱国与守法密不可分、辩证统一。爱国是守法的前提和核心,没有爱国的情怀就很难自觉遵纪守法。爱国必须守法,守法是爱国的重要表现和必然要求。法律维系着祖国的和平稳定与发展,是人民安居乐业的根本保障。没有法律,爱国将成为一纸空谈。

(二)爱国守法的基本要求

2018年,教育部颁发的《新时代中小学教师职业行为十项准则》进一步强化和细化了对教师爱国守法的要求,具体内容如下:"一、坚定政治方向。坚持以习近平新时代中国特色社会主义思想为指导,拥护中国共产党的领导,贯彻党的教育方针;不得在教育教学活动中及其他场合有损害党中央权威、违背党的路线方针政策的言行。二、自觉爱国守法。忠于祖国,忠于人民,恪守宪法原则,遵守法律法规,依法履行教师职责;不得损害国家利益、社会公共利益,或违背社会公序良俗。三、传播优秀文化。带头践行社会主义核心价值观,弘扬真善美,传递正能量;不得通过课堂、论坛、讲座、信息网络及其他渠道发表、转发错误观点,或编造散布虚假信息、不良信息。"

1. 爱祖国、爱人民,拥护中国共产党,拥护社会主义

(1)教师要自觉提升爱国主义情怀。爱国主义,既是一种道德情感,又是一种文化传统,是一个国家的人民在长期的历史发展中逐渐积累形成的。"爱国主义情感深刻地体现了个人与祖国的道德关系,它对人们的思想和行为产生强烈的影响,使个人把自己的命运同祖

国的命运紧密结合在一起,肩负起祖国强盛、民族发展、人民富裕的历史责任。"①

首先,教师要提升爱国主义情怀,要关心国家的前途与命运,捍卫国家尊严,维护国家独立统一。捍卫国家尊严,就是要把祖国和民族的利益放在高于一切的位置上,教师要当热爱祖国的典范,为人师表,不崇洋媚外,不做人格低下、有损国格的事,努力使自己的言行有利于维护祖国的国格完美,给学生树立爱国的榜样。针对我国国情,坚决与一切分裂祖国的言行做斗争,遇到关乎国家利益的关键问题时,教师要注意对学生进行引导,表现出在政治上、道德上的坚定性和坚韧性,要捍卫国家的尊严和维护国家的统一,表现出对国家和民族的自信心。

其次,教师要继承和发扬爱国主义的传统,树立祖国利益高于一切的思想,立足本职工作,为国家培养全面发展的人才。教师承担着为国家和社会培养建设者和接班人的伟大重任,要有坚定正确的政治方向,要用社会主义的世界观、人生观、价值观去教育学术,培养学生崇高的共产主义思想,用正确的教育观、质量观、人才观培育学生。教师要深刻地意识到自己的工作是与祖国的未来发展、国家的繁荣昌盛联系在一起的,教师只有有了这样的认识,才能具有责任感和使命感,把自身的事业和国家的发展联系在一起,自觉担负这份责任和接受这份重托。因此,教师应将爱国主义情怀融合到本职工作中,努力把青少年培养成为德、智、体、美、劳全面发展的社会主义事业建设者和接班人。

(2)树立为祖国教育事业献身的崇高理想。伟大的人生目标往往产生于对祖国深厚的爱。一个人对祖国爱越深,社会责任感也会愈加强烈。教师要在深厚的爱国情感的基础上坚定教书育人的理想信念,把为党育人、为国育才作为一生的奋斗目标与追求,树立为教育献身的崇高理想。当教师所追求的理想与国家的前途、民族的命运紧密结合,教师个人的向往和追求便会自动与人民的利益保持一致,便会自动将为祖国教育事业献身的理想转化为自身前进的动力。教师只有意识到自己肩上担负着祖国和民族的未来,才能做到言行一致,行为示范。

2. 全面贯彻党和国家的教育方针、政策

教育方针是指党和国家根据政治、经济和社会发展的要求提出来的一定时期内教育工作的总方向和总目标,是党和国家教育工作发展的总方向,是教育基本政策的总概括。教育方针是教育工作的根本指导思想,是我国教育工作的最根本价值取向。涵盖了教育方向、培养目标和事实途径。明确回答了我国教育在新的历史时期应当为谁培养人、培养什么样的人以及怎样培养人的问题。

首先,作为教师要明确我国的教育方针内容,把握教育方针的时代性。明确"坚持教育为社会主义现代化建设服务,为人民服务,与生产劳动和实际相结合,培养德、智、体、美、劳全面发展的社会主义建设者和接班人"的基本内容,并始终与国家对人才培养规格的动态要求相适应。

其次,教师要在教育中体现素质教育的理念。全面推进素质教育已经成为新时期全面贯彻教育方针的时代要求,成为保证全面而准确地贯彻党和国家教育方针的重大举措。1999年6月,中共中央、国务院作出了《关于深化教育改革全面推进素质教育的决定》,召开

---

① 中华人民共和国国家教育委员会人事司. 教师职业道德[M]. 北京:新华出版社,1995:78.

了第三次全国教育工作会议。实施素质教育,就是全面贯彻党的教育方针,造就"有理想、有道德、有文化、有纪律"的德智体美等全面发展的社会主义事业建设者和接班人。

再次,要坚持以人为本。坚持以人为本、育德为先的教育理念,办好人民满意的教育。2010年,国务院颁行《国家中长期教育改革和发展规划纲要(2010—2020年)》指出,育人为本是教育的生命和灵魂,是教育的本质要求和价值诉求。"育人为本、德育为先"是实施教育的主导思想。关心每个学生,促进每个学生主动地、生动活泼地发展,尊重教育规律和学生身心发展规律,为每个学生提供适合的教育。努力培养造就数以亿计的高素质劳动者、数以千万计的专门人才和一大批拔尖创新人才。

最后,教师在教育中要将教育方针与社会实践相结合,与现实社会和现实生活有机结合,生动的诠释教育方针在实际教育教学工作的引领作用,自觉践行教育方针的要求。自觉尊重教育法律法规,依法履行教师职责权利,不得做有违国家教育方针与政策的言行。

二、爱岗敬业

爱岗敬业是教师职业道德的本质要求。没有责任就办不好教育,没有感情就做不好教育工作。教师应始终牢记自己的神圣职责,志存高远,把个人的成长进步同社会主义伟大事业、同祖国的繁荣富强紧密联系在一起,并在深刻的社会变革和丰富的教育实践中履行自己的光荣职责。

(一)爱岗敬业的本质

爱岗敬业是教师职业道德规范的重要内容之一,是处理教师个体与教育职业之间关系的准则。爱岗敬业是爱岗与敬业的总称。所谓爱岗,是教师对自己工作岗位的热爱,安心从事本职工作,有强烈的使命感和责任感,并能稳定、持久、恪尽职守地做好教育教学工作。所谓敬业,是指教师认识到了自己本职工作的道德价值和社会意义,具有从事本职工作的荣誉感和自豪感,从而专心致志、兢兢业业地从事教育教学工作。

爱岗与敬业之间有着密切的联系。爱岗是敬业的基础,敬业是爱岗的升华。爱岗与敬业互为前提,相辅相成。

(二)爱岗敬业的基本要求

《中小教师职业道德规范(2008年修订)》中,爱岗敬业的具体要求是忠诚于人民教育事业,志存高远,勤恳敬业,甘为人梯,乐于奉献。对工作高度负责,认真备课上课,认真批改作业,认真辅导学生。不得敷衍塞责。

2018年,《新时代中小学教师职业行为十项准则》进一步指出,教师要潜心教书育人。落实立德树人的根本任务,遵循教育规律和学生成长规律,因材施教,教学相长;不得违反教学纪律,敷衍教学,或擅自从事影响教育教学本职工作的兼职兼薪行为。

"爱岗敬业"这一教师职业道德规范的具体内容,是从三个不同层次对教师职业道德提出的要求。第一个层次是对教师爱岗敬业的总体要求,教师要对本职工作高度负责。要求教师胸怀远大理想,有献身教育的高尚情操;有辛勤耕耘,甘为人梯,为人民服务的精神。第二个层次是对教师教育教学行为及表现提出的具体要求,即认真履行教学职责,包括认真备课、上课,认真批改作业,认真辅导学生等。第三个层次是对教师从事教育教学工作态度的要求,即要树立良好的职业精神;也是对教师爱岗敬业工作评价标准的要求,即不得敷衍塞责。

1. 忠诚于人民教育事业,志存高远

纵观历史长河中的教育家,无一不是忠诚于人民教育事业的,心怀人民的。做志存高远的教师,首先,破除"大材小用"的狭隘价值观。在中国的教育界中始终存在着这样的悖论,人们一方面希望将孩子送到好的学校、好的老师那里接受教育,另一方面当自己的孩子在高考中取得了较高的成绩时却又不想让他就读于师范专业。与此同时,清北毕业生就职基础教育是否为"大材小用"的话题热度也始终不下。而产生这一问题的深层次原因,即教师专业化与教师社会地位的差异性匹配,即大材小用。而作为当代教师,却要坚持"大"材、"小"用。用专业的理论视角、扎实的实践功底,去拓宽教育发展之路,这也是实现教育回归育人、回归人本的根本支撑。

其次,做志存高远的教师,还要破除狭隘的发展观。要树立高远的人生观、世界观、价值观,把个人的命运与祖国的命运联系起来,把自身的价值与育人的价值联系起来。通过行动真实地影响中国教育建设,见证并参与中国教育的创新变革,成为推动中国教育创新的先驱力量。

2. 勤恳敬业,甘为人梯,乐于奉献

2023年9月,习近平总书记在教师节讲话中勉励全国广大教师要以教育家为榜样,大力弘扬教育家精神。习近平总书记指出,中国特有的教育家,应该心有大我、至诚报国的理想信念,言为士则、行为世范的道德情操,启智润心、因材施教的育人智慧,勤学笃行、求是创新的躬耕态度,乐教爱生、甘于奉献的仁爱之心,胸怀天下、以文化人的弘道追求。

教师的勤恳敬业、乐教奉献正是对教育家精神的有力践行。教师对教育事业的热爱以及忠于职守的敬业态度是一种无形的精神力量,这种精神力量会引领教师兢兢业业、勤勤恳恳地工作,会鞭策其精心施教,认真对待教育教学的每一个环节,于细微处显示教师的精神风貌与敬业态度。教师的勤恳敬业还体现在真心地关爱学生,真诚地对待同事与领导等。

苏霍姆林斯基说过,一位教师只有把为别人作出贡献视为自己的最高享受,他才能成为共产主义信念的真正培养者。一个人为他人而奉献出的精神力量,并由此享受到的高尚的、无私的快乐,才是照耀青年一代生活道路的强大光源。教师要勇于肩负人民的重托,把培养下一代作为己任和天职,在教育岗位上全心全意、精益求精,培养出高素质、高质量的人才。

3. 认真备课上课,认真批改作业、辅导学生

对工作高度负责,认真备课上课,认真批改作业、辅导学生是爱岗敬业的第二个层次要求,主要着眼于在实际的教育教学工作中对教师的基本道德要求。

教学工作是学校教育的中心工作,是教师教书育人、培养人才的重要途径和方式。备课是上课的准备工作,是上好课的先决条件。教师在备课的过程中要充分考虑教什么、怎么教的问题。首先,教师要确定学生已知知识与目标知识间的差距,了解学情和生情;其次,教师

要立足课程标准,把握教学方向,确定教育目标,认真钻研教材,创造性地理解和运用教材;最后,教师要在深入了解学生的基础上,坚持以学生发展为教学设计起点,充分思考如何激发、促进学生有效学习,如何使学生在知识与技能、过程与方法、情感态度与价值观三维目标上获得充分发展,认真选择教学方法,精心设计上课全过程。

上课是教学工作的中心环节。一堂好课会让学生受益终身。教师应该意识到,一堂好课不仅是让学生获得知识,同时还要让学生在课堂中体会一种精神、一种态度和一种不懈追求。叶澜教授认为,一堂好课没有绝对的标准,但需符合一定的要求。一是要有意义,即扎实。一节课中,学生的学习是有意义。初步的意义是他学到了新的知识;再进一步是锻炼了他的能力;再往前发展是在这个过程中有良好积极的情感体验,使他产生更进一步学习的强烈要求;再发展一步,在这个过程中他越来越会主动地投入学习中。这样学习学生会学到新东西,学生进入课堂以前和出去的时候是不是有了变化,没有变化就没有意义。一切都很顺,教师讲的东西学生早都知道了,那你何必再上这个课呢?所以第一点是有意义的课,也就是说,它是一节扎实的课。二是有效率,即充实,课堂上学生都应该有事情做。表现在两个方面,一方面是对面上而言,这堂课结束,对全班学生中的多少学生是有效的,包括好的、中间的、困难的,他们有多少效率。另一方面是效率的高低,有的高一些,有的低一些,但如果没有效率或者只是对少数学生有效率,那么这节课都不能算是比较好的课。从这个意义上,这节课应该是充实的课。整个过程中,大家都有事情干,通过教师的教学,学生都发生了一些变化,整个课堂是充实的,能量是大的。三是有生成性,即丰实,上课不能完全预先设计。这节课不完全是预设的,而是在课堂中有教师和学生的真实的、情感的、智慧的、思维的、能力的投入,有互动的过程,气氛相当活跃。在这个过程中既有资源生成,又有过程状态生成。这样的课可称为丰实的课。四是常态性,即平实,哪怕部长听课,也要"目中无人"。不管谁坐在你的教室里,哪怕是部长,教师都要旁若无人,教师是为学生上课,不是给听课的人听的,要"无他人",所以我把这样的课称为平实的课(平平常常,实实在在的课)。这种课是平时都能上的课,而不是很多人帮你准备,然后才能上的课。五是有待改善,即真实,只有真实就会有缺憾。课不可能十全十美,十全十美的课作假的可能性很大。只要是真实的就是有缺憾的,有缺憾是真实的一个指标。

作业是学科教学的延伸和补充,是对学生所学知识的复习和巩固,是教师用来检查教学效果、指导学生学习的教学手段之一。2021年,中共中央办公厅、国务院办公厅印发《关于进一步减轻义务教育阶段学生作业负担和校外培训负担的意见》(以下简称《意见》)。《意见》指出,坚持学生为本、回应关切,遵循教育规律,着眼学生身心健康成长,保障学生休息权利,整体提升学校教育教学质量等的诉求,要全面压减作业总量和时长,减轻学生过重作业负担。与此同时,教师是学生学习的引路人,要对学生进行有效的辅导。根据不同学生的不同情况,制订个性化的辅导方案,同时引导学生形成正确的学习目标,选择恰当的学习方法,进行有效的教学评价等。

4. 不得敷衍塞责

"不得敷衍塞责"是爱岗敬业的最后一个层面,它直指教师外显的教育行为。不得敷衍塞责是每个教师在爱岗敬业方面必须遵循的最基本、最起码的伦理要求。这主要表现为不得在没有任何准备的情况下授课教学;不得在课堂教学中无任何要求放任学生自学;不得脱离课程标准搞"虚无化"教学;不准无故旷课、缺课,随意调课,提前下课等。

三、关爱学生

关爱学生是教师职业道德的灵魂,是教师职业特殊性的必然要求。关爱学生是指教师从高度的责任心和社会责任感出发,关心爱护学生,严格要求、教育学生,为国家、社会培养德才兼备的社会主义建设人才,其核心词是"爱"。① 关爱学生作为教师职业道德规范之一,不仅对于学生的健康成长具有重要意义,而且彰显了教育劳动区别于其他职业劳动的鲜明特点。

(一) 关爱学生的本质

师生关系是教育过程中最主要的人际关系,关爱学生是调整教师和学生之间关系的教师职业道德规范。教师对学生的关心和爱护是教师教育学生的情感基础,教师对学生的爱,是学生成长的力量源泉,是激发学生向上的动力。《学记》中指出:"故安其学而亲其师,乐其友而信其道",在教育工作中,教师只有对学生抱有真挚的关爱之情,才能引起学生对教师的友爱,产生对教师的尊敬、信任,进而亲近教师,在这样的感情基础上,就会形成有利于学生德、智、体、美、劳全面发展的良好教育气氛。

教师对学生的爱,与一般的人与人之间的爱有所不同,它并非来自血缘姻亲,也并非源自教师的某种个人需求,而是源自人民教师对教育事业的深刻理解与高度责任感,来源于教师对教育对象的正确认知、满腔热情和无限希望。

教师热爱学生具有教育性、无私性、原则性和全面性的特点。从教育性上来看,教师关爱学生的根本目的是要培养学生,引导学生不断追求发展和进步;从无私性上来看,教师对学生的爱是在从事教育职业的过程中产生的,是教师通过辛勤的劳动,把自己的知识、能力奉献给学生,用心教导学生,无私奉献、不图回报;原则性,教师热爱学生,不是溺爱,是要依循学生的身心发展水平,严慈相济、合理合规;全面性,教师要关心每名学生的全面成长,做到不偏不倚、一视同仁、公平公正。

(二) 关爱学生的基本要求

《中小学教师职业道德规范(2008年修订)》第三条明确指出:"关爱学生。关心爱护全体学生,尊重学生人格,平等公正对待学生。对学生严慈相济,做学生的良师益友。保护学生安全,关心学生健康,维护学生权益。不讽刺、挖苦、歧视学生,不体罚或变相体罚学生。"

2018年,教育部颁发的《新时代中小学教师职业行为十项准则》中进一步阐释了关爱学生的要求,内容如下。关心爱护学生。严慈相济,诲人不倦,真心关爱学生,严格要求学生,做学生良师益友;不得歧视、侮辱学生,严禁虐待、伤害学生。加强安全防范。增强安全意识,加强安全教育,保护学生安全,防范事故风险;不得在教育教学活动中遇突发事件、面临危险时,不顾学生安危,擅离职守,自行逃离。

---

① 教育部教师工作司. 为了未来:教师职业道德读本(中小学教师分册)[M]. 北京:高等教育出版社,2013:5-6.

"关爱学生"这一教师职业道德规范的具体内容，是从三个不同层次对教师职业道德提出的要求：第一层次是理想层次，即做到尊重学生人格，平等、公正、民主地对待所有学生；第二层次是原则层次，对学生严慈相济，做学生的良师益友，保护学生安全，关心学生健康，维护学生权益；第三层次是规则层次，做到不讽刺、挖苦、歧视学生，不体罚或变相体罚学生。

1. 尊重学生人格，公正的友好相待

要想做到"以生为本"，需要教育者尊重学生，将学生作为教学活动的主体，以学生发展为本，以公正、平等、民主的态度去尊重关爱学生。

尊重学生，首先要了解学生，深入学生的内心世界。苏霍姆林斯基指出："不了解孩子，不了解他的智力发展，他的思维、兴趣、爱好、才能、禀赋、倾向，就谈不上教育。"了解学生，要善于换位思考，从学生的角度看待问题。教师要想深入地了解学生的内心世界，就必须学会从学生的角度考虑问题，对学生的想法能感同身受，设身处地为学生着想。了解学生，还需深入地了解每一位学生。在实际的教学工作中，教师对学生的了解程度关乎教育的最终成效。了解学生，既要了解学生的过去和现在，又要了解学生的志向和他们对未来的期待；既要了解学生在校内的学习生活，同时也要了解学生的家庭背景和生活环境；既要了解学生的外部表现，同时也要了解学生的内心世界，包括他们的彷徨和迷惘。只有这样才能因材施教，开启每个学生的心灵，引导其更好地发展。

其次，尊重学生，要树立正确的学生观。新型的学生观强调以生为本，充分尊重学生的人格，充分发挥学生的主体作用。学生是正在发展中的人，其自尊心和人格要在承认的正确教育和呵护下，才能够健康地发展。教师是学生人格和自尊的直接保护者，教师要把保护和尊重学生的人格与自尊心作为教育的出发点，致力于创设一种师生相互尊重、理解、包容的教育氛围。尊重学生的人格，首先要保护学生的隐私，尊重学生的态度、兴趣、爱好等；其次，要虚心接受学生提出的意见，谦虚有礼，平易近人；最后，要信任学生，给予学生更多的主动权，不过多干涉学生，使他们能够更健康地成长。

最后，尊重和理解学生要建立在平等、公平地对待每一位学生的基础之上。能否公正、平等地对待全体学生，是衡量一个教师是否真正关爱学生的重要标志。一方面，教师要和学生以诚相待，以友相知，与他们建立真正平等和谐的师生关系。另一方面，教师不得以民族、性别、家庭背景、相貌以及其他因素偏袒或歧视学生，对学生要一视同仁。正如马卡连柯所说："教师的心应该充满对每一个他要与之打交道的具体的孩子的爱，尽管这个孩子的品质时常败坏，尽管他可能会给教师带来很多不愉快的事情。"

2. 严慈相济，做学生的良师益友

苏联教育家赞科夫指出："不能把教师对儿童的爱，仅仅设想为用慈祥的、关注的态度对待他们。这种态度当然是需要的，但是对学生的爱。首先应当表现在教师毫无保留地贡献出自己的精力、才能和知识，以便在对自己的学生的教学和教育上，在他们的精神成长上取得最好的成果。因此，教师对儿童的爱应当同合理的严格要求相结合。"苏霍姆林斯基在谈到这一问题时也曾这样说过："教师既要激发儿童的信心和自尊心，又要对学生心灵滋长的一切不好的东西采取毫不妥协的态度，真正的教育者就要把这两方面结合起来，这种结果的真谛就是对学生的关心。也只有这种关心才能如水载舟，载起我们教育界称之为严格要求的那条很难驾驭的小舟。没有这种关心，小舟就会搁浅，你用任何努力也无法使它移动。"由以上可知，真正的教育关爱总是与对学生的严格要求结合在一起的，教师对学生的关爱，要体现严慈相济。

教师要对学生有慈爱之心。对学生的严格不能孤立存在，严格的基础和出发点是爱。教师对学生的慈爱要发自内心，是教师崇高职业道德的自然流露。教师要像慈母一般，温暖学生的心灵。

教师对学生的严格要求要有科学标准。教师对学生的关爱是建立在高度理性基础上的爱。正如夸美纽斯所说："聪明人更加需要教育，因为一个活泼的心理如果不忙着做有用事情，它便会忙着做无用的、稀奇的、有害的事情。"因此，教师有责任严格教导他们，在他们的心中播下"智慧与德行的种子"。同时，教师的关爱既要体现对学生有严格的要求，又不损害学生的生理、心理健康。这就要求教师对学生提出的一切要求要符合法律法规，要符合国家的教育方针和政策，要符合教育教学规律。

教师对学生的严格要求要掌握一定的度和方法。要掌握一定的度，是指教师对学生提出的各种要求要切合实际，符合学生的特点。如果要求过高，偏离实际，学生将无法达到，结果可能适得其反。此外，严格要求还要因人而异，由于种种原因学生在思想水平、知识水平等方面会存在差异，这就要求教师要实事求是，因材施教，这样才能有好的教育效果。教师对学生的严格要求，要寓教于教育教学活动之中，采用耐心疏导的方法，只有方法得当，对学生的严格要求才能真正得到落实，才能取得好的教育教学效果。

教师要做到言行一致。教师在对学生进行严格要求的同时，也要时刻严格要求自己，从而才能为学生树立良好的榜样，使得学生尊重、信服教师，按照教师的要求去规范自己的言行。所谓教育，即"上所施，下所效也"。因此，教师更要注重自己的言行，做到行为世范。

3. 保护学生安全，关心学生健康，维护学生权益

生命安全是人最基本的需要。中小学生作为未成年人，身心发育尚不成熟，且缺乏社会经验和自我保护意识，特别需要来自社会、家庭和学校的保护。对于教师来说，保护学生的安全既是学生健康成长的需要，也是教师职业道德的基本要求，是教师不可推卸的职业职责。

首先，教师要树立保护学生安全的高度责任意识。在教师职业道德体系中，职业责任是不可或缺的范畴。教师职业责任中最基本的就是保护学生的安全，为学生的学习和生活营造一个良好的环境。只有当学生处在一个和谐安宁的环境时，他们才能茁壮成长，成为国家的栋梁之材。与此同时，教师还需要丰富自身的安全知识和保障手段，能够在出现危险的情况下，及时有效地帮助学生脱离困境，科学地保护学生。

其次，要加强安全教育。筑牢学生的安全屏障，需要未雨绸缪，加强安全教育，增强学生的安全意识，提升学生的自我保护能力。安全教育包含两大方面，一是教师帮助学生树立正确的安全意识，二是向学生传授安全知识和技能两个方面。近年来，我国中小学校园安全事故问题突出，学生的安全状况不容乐观，一些令人震惊的校园安全案例见诸媒体。学生安全问题日益严峻的现实状况，要求全社会高度重视学生的生命安全，加强安全教育。帮助学生树立安全责任意识，是实现学生自我保护的重要步骤。例如让学生了解相关的安全责任行为、安全行为法律规则，法律救济渠道等，都是具体且行之有效的手段。

与此同时，掌握基本的安全知识，是中小学预防安全事故发生的基础，同时也是中小学校及教师对学生进行安全教育的基本要求。中小学安全教育的基本知识内容十分广泛，包

括设施、设备、用电安全知识,各种自然灾害应对安全知识,卫生、交通、治安安全知识,活动、体育、网络安全知识,防骗、防盗、心理安全知识等。中小学教师应该了解相关的安全知识,并在学科教学中适当结合学科内容进行安全知识教学。

再次,提升学生自我保护的能力。确立意识和掌握知识,最终是为了提升学生的自我保护能力。这种能力的提升既是对学生安全意识和安全知识掌握的一种验证,又是学生自我保护从而获得安全的重要依赖。自我保护能力,既包括学生对危险情况的敏锐察觉、发现能力,同时还包括安全事故发生时学生的应对能力以及处置能力。当危险发生时,学生要能够迅速做出判断,心理上沉着冷静,能够正确选择有效的自救和互救行为,力求将事故或灾害的影响和损伤降到最低程度。提升学生的自我保护能力需要教师借助多种教育手段,包括实践演练、观看教学录像等。通过一系列的具体活动,使学生对事故、灾难有更直观的认识,从而在现实生活中遇到类似事件时,可以从容不迫,冷静面对。

最后,教师为学生的权益保驾护航。学生既是国家公民,又是正在接受教育的未成年人。因此,学生不仅享有宪法所规定的公民应享有的各项权利,还享有其他公民不具有的特殊权利。中小学生大多未满18周岁,身心和社会性发展尚不充分,是无民事行为能力和限制行为能力的人。因此,法律对其权利必须给予特殊保护。例如,《中华人民共和国未成年人保护法》和《中华人民共和国义务教育法》等法规都规定学生享有人身安全不受侵犯的权利、受教育的权利、民主平等的权利、发表意见的权利、隐私权等。学校既是从事教育的场所,也是保护学生权利的部门。教师要做学生权利的维护者,尊重、保护学生各项权利,让学生健康成长。此外,教师还要约束自己的情绪和行为,以防伤害到学生。

4. 不讽刺、挖苦、歧视学生,不体罚或变相体罚学生

在学生作为成长中的人,有缺点和犯错误实在不可避免,面对学生的缺点和错误,教师绝不能讽刺、挖苦、歧视学生,坚决杜绝使用体罚或变相体罚等非人道的手段伤害学生的身心健康。采用这些野蛮的手段,既不能使学生明白自己错在哪里,更无法引导学生向善。最终只会使学生养成粗暴、冷酷的性格和待人无礼的作风,破坏教育效果,激化师生矛盾。同时,还要加大对体罚学生行为的惩处力度,依靠法律手段,保护学生的身心健康发展。

四、为人师表

"学高为师,正身为范"。在育人的过程中,教师自身的品德修养和言行举止对学生的健康成长具有重要的影响。因此,加强教师师德修养,践行为人师表,成为教师职业道德规范的内在要求。2018年,习近平总书记在同北京大学师生代表座谈时指出:"古人云,'师者,人之模范也。'在学生眼里,教师是'吐辞为经、举足为法',一言一行都给学生以极大影响。教师思想政治状况具有极强的示范性。要坚持教育者先受教育,让教师更好地担当起学生健康成长的指导者和引路人的责任。"[①]

---

① 习近平. 在北京大学师生座谈会上的讲话[N]. 人民日报,2018-05-03(2).

(一)为人师表的本质

为人师表就是要求教师自觉地以自身高尚品德为学生做示范和榜样,即言传身教,以身立教。为人师表作为新时代教师职业道德规范,既由教师劳动的特点和性质所决定,又为学生的身心发展特点所需要。

教师劳动的示范性特点,决定了教师必须要为人师表。教师不仅是科学文化知识的传递者,同时也是社会文化、伦理道德、价值观念的传授者和示范者。教育者自身思想道德水平、情感、意志和知识修养的高低,决定着教育质量的高低,教师劳动的特点,要求教育者必须不断提高自身各方面的修养,在教育实践中处处做到为人师表。

学生具有思想活跃、好奇心强、喜欢模仿且可塑性较大的特点,但是学生心智不够成熟,容易受到外界和他人的不良影响。在学校教育中,学生除了向书本学习外,最重要的就是向教师学习。在学生心目中,好的老师就是智慧和高贵人格的化身,因此,教师必须为人师表,才能为学生树立良好的典范,成为其效仿的楷模。

(二)为人师表的基本要求

《中小教师职业道德规范(2008年修订)》中,对"为人师表"这一教师职业道德规范的要求是"为人师表。坚守高尚情操,知荣明耻,严于律己,以身作则。衣着得体,语言规范,举止文明。关心集体,团结协作,尊重同事,尊重家长。作风正派,廉洁奉公。自觉抵制有偿家教,不利用职务之便谋取私利。"

2018年,教育部颁发的《新时代中小学教师职业行为十项准则》中进一步阐释了为人师表的要求,内容如下。

坚持言行雅正。为人师表,以身作则,举止文明,作风正派,自重自爱;不得与学生发生任何不正当关系,严禁任何形式的猥亵、性骚扰行为。

坚守廉洁自律。严于律己,清廉从教;不得索要、收受学生及家长财物或参加由学生及家长付费的宴请、旅游、娱乐休闲等活动,不得向学生推销图书报刊、教辅材料、社会保险或利用家长资源谋取私利。

1. 坚守高尚情操,知荣明耻,严于律己,以身作则

高尚的道德情操是教师优秀品质的主要标志,也是教师应有的师德风范。习近平总书记在同北京师范大学师生代表座谈时指出:"做好老师,要有道德情操。老师的人格力量和人格魅力是成功教育的重要条件。"①在社会主义现代化建设过程中,教师高尚的道德情操应表现为忠于人民的教育事业,具有敬业乐教、无私奉献、勇于创新的精神和热爱学生、公正无私、追求真理的道德境界以及正直诚实、和蔼良善、勤奋坚毅的道德素质和宽容谦虚、克己自制、乐于合作的道德修养。

在教育工作中,教师知荣明耻应该恪守职业底线,树立正确的义利观。教师作为社会生活中的一分子与其他社会成员一样,都有自己的利益诉求。这种利益诉求关乎教师的生活,是教师生存必需的物质保障。因此,教师的利益诉求具有正当性,也是国家和政府应该全力

---

① 习近平. 做党和人民满意的好老师:同北京师范大学师生代表座谈时的讲话[N]. 人民日报,2014-09-10(2).

予以保障的。但是，教师的利益诉求必须符合国家法律和教师职业道德的要求。2018年，教育部颁发的《新时代中小学教师职业行为十项准则》也再一次明确对教师廉洁自律的要求。

严于律己，以身作则，就是教师要以高标准严格要求自己。要求学生做到的，自己首先要做到。自己做不到的，也不应要求学生。正如孔子所言，"己欲立而立人，己欲达而达人。己所不欲，勿施于人。"

要做到严于律己，教师首先要习惯于不断增强自我省察、自我反思的能力，及时发现自己的不足，努力改正自己的错误，提升自己遵守职业道德规范的自觉性。其次，教师要做到慎独。慎独，即作为一个人，一定要有坚定的道德信念，不因他人的监督而行善，也不因无人监督而作恶。慎独强调了道德主体内心信念的作用，体现了严格要求自己的道德精神。教师作为学生的表率和榜样，也要在无人监督时确保自己的言行举止合乎规范、合乎道德。

要做到以身作则，教师首先要通过自己的模范言行，将社会倡导的核心价值准确、形象地传达到学生面前，重视对学生行为的指导，使他们能够通过实践活动，将所知转换为所行，做到知行统一。其次，教师要在意志品质上为学生做出表率。教师在育人过程中所表现出来的工作主动性、行为自觉性以及面对困难表现出的决策果断性和意志坚强性，都会为学生做出最直接、生动的示范，影响着学生形成良好的意志品质。

2. 衣着得体，语言规范，举止文明

为人师表不仅表现在对教师个人职业道德行为的严格要求，对教师的外在形象、言谈举止同样有着较高要求。专业的教师形象、规范的教师语言和文明的教师举止，是教师职业获得社会肯定，得到社会信赖的重要保证，同时也是教师为人师表的高级艺术表现。苏霍姆林斯基指出，"师生们衣着和整个仪表在审美教育中起着相当大的作用。"教师得体的衣着穿搭，如阳光、利落、干净、素雅、青春的形象，不仅可以给学生直接的审美体验，同时也会对学生的心理产生影响。如果教师的外表形象过于标新立异，会分散学生的注意力，影响学生的情绪。因此，教师保持良好的衣着形象，才容易受到学生的接受与喜爱，这也有利于拉近师生间的关系。与此同时，教师的外表形象也并非千篇一律，而是应该结合教师的年龄特征、任教科目、个性爱好等多种实际情况进行选择，只有这样也才能使教师更有魅力，更具人情味，更受学生的欢迎，更能凸显教师职业的专业性与特殊性。

规范文明、简洁生动的语言，有利于激发学生的思维，打动学生的心灵，提高教学效率的同时，促进学生身心的健康发展。首先，教师要规范使用普通话进行教学。规范使用普通话，不仅能营造一个标准的语言环境，更重要的是使学生在此影响下形成良好的语言习惯，促进其社会交往能力的提升。其次，教师要讲究说话的艺术，需要注意在日常的教学工作中避免照本宣科，枯燥地重复讲解教材中的文字。在与学生交往中，也要避免随意呵斥、讽刺、挖苦、调侃学生，影响学生的身心健康。

一个人的言行举止，不仅能体现出他的道德修养、文化水平，同时也表现出他与别人交往是否具有诚意。教师的行为举止，更是一种无声的"语言"，不仅传递出教师的文化素养，同时也是教师与学生和谐交往的重要手段。教师举手投足要文明，要给人以文明优雅、成熟端庄、谦卑有礼的感觉。教师的仪态表情要落落大方，给人以自然、得体、真诚的感觉。教师的行为习惯要自律，良好健康的行为习惯有利于教师在日常生活中遵守社会公德，培养优良私德，在教育教学工作中"身正为范"，为学生树立良好的榜样。

3. 关心集体，团结协作，尊重同事，尊重家长

教师关心集体既是集体主义道德的要求，同时也是教育好学生的特殊要求。这里的集体，既包括学生集体，也包括教师集体。教师关心学生集体，有利于增进师生感情、融洽师生关系、提高教育效果；教师关心教师集体，可以更好地融入集体，自觉维护集体的荣誉和利益，发扬集体的优良作风。当遇到困难时，教师可以借助集体的力量予以解决。

在现代社会中，团结协作是完成培养全面发展学生任务的重要途径。教师不仅要团结教师群体，还要团结学生家长。在教学工作中，教师要与其他教师协同工作，相互支持、共同努力；在生活中，教师彼此间、教师与学生家长之间要相互认同、相互尊重、平等相待，充分发挥好教育的合力。教师只有团结协作，做到家校社协同育人，才能最终实现培养社会主义现代化人才的目标和任务。

教师间要做到互相尊重：一是需要尊重同事的劳动，维护同事的威信，发现问题开诚布公，及时补救，不可在学生面前诋毁其他老师；二是针对教育教学问题，教师间要团结互助，互相学习，专题研究、相互切磋交流，齐心协力做好工作。

教师与家长间相互尊重：一是教师要主动沟通，平等相待。通过书信、家访、电话、网络等多种形式，主动与家长沟通，及时交流学生在校内的表现，商讨促进学生进步的方式。二是不得以任何理由，向家长提出与学生发展无关的要求，也不得因学生的原因用呵斥、侮辱和威胁性的语言对待家长等。

4. 作风正派，廉洁奉公，自觉抵制有偿家教，不利用职务之便谋取私利

为人正直、作风正派是教师为人处世的基本品格，也是教师人格修养的综合体现。廉洁奉公既是教师从事教育这一神圣职业的道德基础，也是教师必须坚守的道德情操。

鉴于教师在廉洁从教方面存在的新情况和新问题，迫切需要完善制度，2008年颁布的《中小学教师职业道德规范》把"自觉抵制有偿家教"作为廉洁从教的重要内容首次写进了该规范中。教师廉洁从教要做到"四个坚持"：一是坚持原则，教师与学生家长不应发生经济来往。教师即使为学生付出了额外劳动，也应不求回报，保持教师固有的道德标准；二是坚持立场，杜绝利用某些家长的权利去谋取个人利益，进行不正当的、危害教师形象、对学生造成不良影响的交易；三是坚持态度，不盲目地向家长许愿，丧失原则，最后事与愿违，双方被动；四是坚持距离，不与学生家长有与学生培养无关的关系，影响教师在学生心目中的形象。

2014年7月，教育部印发关于《严禁教师违规收受学生及家长礼品礼金等行为的规定》的通知，为进一步加强师德师风建设，努力办好人民满意教育，刹住不正之风，提供了法律依据。尤其提出，学校领导干部要严于律己，带头执行规定，切实负起管理和监督职责。广大教师要大力弘扬高尚师德师风，自觉抵制收受学生及家长礼品礼金等不正之风。对违规违纪的，发现一起、查处一起，对典型案件要点名道姓公开通报。情节严重的，依法依规给予开除处分，并撤销其教师资格；涉嫌犯罪的，依法移送司法机关处理。

五、教书育人

党和国家始终把建设教育强国视为中华民族伟大复兴的一项基础工程，把发展教育视

为惠及子孙万代的一项神圣事业,把办好人民满意的教育视为满足人民美好生活需要的一项重要内容。习近平总书记在2020年对广大教师提出新的要求,"希望广大教师不忘立德树人初心,牢记为党育人、为国育才使命,积极探索新时代教育教学方法,不断提升育人本领,为培养德、智、体、美、劳全面发展的社会主义建设者和接班人作出新的更大贡献",既为新时代教师"教书育人"赋予了光荣职责和神圣使命,也指明了前进的方向。

(一)教书育人的本质

教书育人是教师最基本的职责,是教师职业道德的核心所在。教育是一项追求理想并充满希望的事业,教师的职责就是教书育人。习近平总书记指出:"教师要时刻铭记教书育人的使命,甘当人梯,甘当铺路石,以人格魅力引导学生心灵,以学术造诣开启学生的智慧之门。"教书是育人的主要手段,育人是教书的根本宗旨,二者相辅相成,辩证统一。教书育人是新时代立德树人教育理念下对教师职业道德提出的核心要求,是实现全面发展人才培养目标的根本路径。

(二)教书育人的基本要求

《中华人民共和国教师法》第三条规定:"教师是履行教育教学职责的专业人员,承担教书育人、培养社会主义事业建设者和接班人以及提高民族素质的使命。教师应当忠诚于人民的教育事业。"因此,教书育人是教师的最基本职责。

《中小学教师职业道德规范(2008年修订)》第四条指出:"教书育人。遵循教育规律,实施素质教育。循循善诱,诲人不倦,因材施教。培养学生良好品行,激发学生创新精神,促进学生全面发展。不以分数作为评价学生的唯一标准。"

2018年,教育部颁发的《新时代中小学教师职业行为十项准则》中,对"教书育人"的要求进行了进一步完善:潜心教书育人。落实立德树人根本任务,遵循教育规律和学生成长规律,因材施教,教学相长;不得违反教学纪律,敷衍教学,或擅自从事影响教育教学本职工作的兼职兼薪行为。

1. 遵循教育规律,实施素质教育

青少年学生正处在身心发展的重要时期,是不断变化着的个体。素质教育的深入实施,要求教师必须根据学生的身心发展特点,尊重学生的个体差异,循循善诱,因材施教。

(1)尊重学生差异,因材施教。由于每个学生的身心素质、家庭背景、成长环境、个体经历都各不相同,因此学生不仅是发展中的人,而且是有着独立个性的人。教师只有承认、尊重和接受学生发展的独特性,关注学生的个性品质,按照每个学生不同的兴趣、能力、气质和性格特点,因材施教,才能使每个学生的个性心理品质和能力在原有的基础上获得长足的进步,使每个学生的潜能都得到最大限度的增长。

要想实施因材施教,还需要掌握正确的方法。第一,针对差异,分层施教。由于学生个体差异的存在,他们会在不同学科领域、不同发展阶段表现出不同程度的差异,这就要求教师在教学目标设置上,针对不同层次的学生提出不同的目标和要求,并采取分层教学的方式,使不同程度、不同水平的学生都能在自己的原有基础上得到发展和提高。第二,尊重差异,定向施教。"一把钥匙,开一把锁",教师要全面了解学生的个性特点与心理需求,承认学生独特的精神世界,要运用差异性、个性化的教育方法和教学程序开展教学。例如,对于不同气质类型的学生,就要因势利导。如胆汁质的学生,教师要采用心平气和的谈话方式对学生进行帮助教育,切不可采用激将法;对于气质类型为多血质的学生,教师可以开诚布公,直接坦率地进行交流和沟通等。第三,发挥特长,取长补短。每个学生都有其优势的一面,也有其不足的一面,教师在教书育人的过程中,要引导学生扬长避短,充分发挥自己的长处,弥补自己的不足,实现自己的人生价值。

(2) 循循善诱,诲人不倦。育人的过程是一个循序渐进的过程。教师要本着对学生和国家高度负责的态度,循循善诱,诲人不倦,耐心细致地开展教育工作,才能持续推动学生的健康成长。要想实现这一目标,需要教师保持二心,一是耐心,二是恒心。耐心是教师热爱学生的表现,是教育取得成功的重要保障。耐心建立在尊重学生的人格和理解学生的认知水平的基础上,能够使教师消除失望感和挫折感,使教师以一种宽容的心态对待学生的弱点,以一种接纳的态度对待学生的个性,耐心意味着教师愿意承认学生在努力学会做人,努力获得知识过程中的局限性,愿意给学生一种在成长过程中有人陪伴的安全感。教师对学生多一分理解,多一分期待,多一点包容,可能会带来意想不到的奇迹。

恒心是基于教师对学生成才的坚信与肯定,体现了教师对教育事业的执着与追求,在人的素质培养中,品质素质是最为关键的部分。素质的养成不是一朝一夕就能实现的,而是要循序渐进、日积月累。特别是对于在某一方面暂时落后的学生,更需要教师坚持不懈、持之以恒地关注和指导,绝不能知难而退,半途而废,因此,素质教育的成功离不开教师的恒心。

2. 培养学生良好品行,激发学生创新精神,促进学生全面发展

国无德不兴,人无德不立。育人之本,在于立德铸魂。在教育中,德就是方向。在教书育人的过程中,实现立德的目标,就是要培养学生良好的品行,激发学生的创新精神,实现学生的全面发展。

(1) 培养学生的良好品行,就要坚定学生的政治立场。习近平总书记指出,"我国是中国共产党领导的社会主义国家,这就决定了我们的教育必须把培养社会主义建设者和接班人作为根本任务,培养一代又一代拥护中国共产党和我国社会主义制度,立志为中国特色社会主义奋斗终身的有用人才。"教书育人就是要培养听党话、跟党走,立志扎根人民、奉献国家,能够担当民族复兴大任的时代新人,培养有理想、有本领、有担当、有情操的新时代奋进者、开拓者,这是当代中国教育者的根本任务,也是中国教育现代化的大方向、大目标。

(2) 要培养学生的良好品德。道德对于个人和社会来说,都具有基础性的意义。习近平总书记告诫青年人,"做人做事第一位的就是崇德修身""一个人只有明大德、守公德、严私德,其才方能用得其所"。他勉励大学生:"修德,既要立意高远,又要立足平时。要立志报效祖国、服务人民,这是大德,养大德者方可成大业。同时,还得从做好小事、管好小节开始起步,'见善则迁,有过则改',踏踏实实修好公德、私德,学会劳动、学会勤俭、学会感恩、学会助人、学会谦让、学会宽容、学会自省、学会自律。"[①]

(3) 要激发学生的创新精神。创新是一个民族进步的灵魂,是一个国家兴旺发达的不竭动力。在当今日趋激烈的国际竞争中,取胜的关键在于具有创新能力的人才,创新人才的

---

① 习近平. 青少年要自觉践行社会主义核心价值观[N]. 人民日报,2014-05-05(2).

培养关键在教育。中小学阶段是培养创新思维、创新意识的关键时期,要充分发挥教育在培养创新人才中的作用,鼓励广大中小学教师通过教书育人,实施创新教育,激发学生的创新精神,培养学生的创新能力。教师要引导、鼓励、支持和帮助学生敢于追问、大胆想象、勇于探究,培养学生的自信心、好奇心、探索性、挑战性等创新人格品质。

(4) 关注学生身心健康,促进学生全面发展。健康的精神寓于健康的身体之中,关注学生的身心健康发展,要求教师在教学工作中提高健康意识,要为学生营造良好的心理环境,同时要组织学生开展体育锻炼和进行心理健康活动。

3. 不以分数作为评价学生的唯一标准

全面衡量和评价学生、不以分数作为评价学生的唯一标准,是衡量和评价全面发展教育工作结果的指导思想,也是教师职业道德规范的基本要求。反思应试教育评价学生的这一弊端,2008年修订的《中小学教师职业道德规范》提出了"不以分数作为评价学生的唯一标准",适应了素质教育全面、科学、客观、公正评价学生的要求。2010年,国务院颁布的《国家中长期教育改革和发展规划纲要(2010—2020年)》对学生评价进一步提出明确要求:"改进教育教学评价,根据培养目标和人才理念,建立科学、多样的评价标准。开展由政府、学校、家长及社会各方面参与的教育质量评价活动。做好学生成长记录,完善综合素质评价。探索促进学生发展的多种评价方式,激励学生乐观向上、自主自立、努力成才。"

(1) 评价学生要坚持育人为本,一切为了学生的理念。要全面了解学生,尊重学生的差异,运用不同的评价方法和标准,为每一个学生创造成功的机会,促使其全面、和谐、持续地发展,最大可能地实现自身价值。

(2) 教师要科学全面地评价学生。第一,评价时不仅要注重评价对象的过去与现在的表现,更要重视评价对象的未来发展;不仅要关注学习结果,更要关注学习过程;不仅要对基础知识和基本技能掌握情况进行评价,更要对学习能力、科学探究精神以及情感、态度、价值观等方面进行全面评价。第二,评价应该是连续的、长期的,评价中应突出发展、变化的过程,发掘学生潜在的职能,关注其处境与需求,关注学生的主观能动性,激发学生积极主动的态度。第三,采用多样化的评价方式,除考试以外,还可以通过技能展示、交流合作、演讲、辩论等方式对学生进行评价,将评价贯穿于日常的教育教学活动中,使评价过程成为促进学生发展与提高的过程。

六、终身学习

1965年,法国著名教育家保罗·朗格朗率先提出了"终身学习"的理念。1972年,联合国教科文组织,发布报告《学会生存——教育世界的今天和明天》,对"终身教育"观点进行详细阐述,强调人必须"在一生的一切时间和空间中学习"。1989年,联合国教科文组织在北京召开面向21世纪教育国际研讨会,发布报告《学会关心:21世纪的教育》,指出学习将成为一个终身的过程。1996年,国际21世纪教育委员会向联合国教科文组织提交报告《教育——财富蕴藏其中》,并指出,终身教育是贯穿人们一生的学习,是进入21世纪的一把"钥匙",要把终身教育放在社会的中心位置上。

（一）终身学习的本质

终身学习是教师专业发展的不竭动力。所谓终身学习,是指为适应社会进步和实现个体自身发展的需要,全社会每一个成员都需要贯穿其一生进行持续的学习。具体来说,就是要使学习跨越学校教育的阶段,贯穿于人的一生,使学习由求知谋生的手段发展成为自由、自觉的生活方式和提升生命价值的过程,即人们常说的"活到老,学到老"或者"学无止境"。

（二）终身学习的基本要求

《中小学教师职业道德规范(2008年修订)》第六条指出:"终身学习。崇尚科学精神,树立终身学习理念,拓宽知识视野,更新知识结构。潜心钻研业务,勇于探索创新,不断提高专业素养和教育教学水平。"2012年,教育部颁发的《小学教师专业标准(试行)》中,对"终身学习"的要求进行了进一步完善:学习先进小学教育理论,了解国内外小学教育改革与发展的经验和做法;优化知识结构,提高文化素养;具有终身学习与持续发展的意识和能力,做终身学习的典范。

1. 崇尚科学精神,树立终身学习理念

崇尚科学精神,树立终身学习理念既是提升教师自身素质的内在动力,也是教师职业的现实要求。当前我国已经进入建设人力资源强国的新时期,国家的发展需要大批创新型人才,而创新型人才的培养需要教师。教师作为知识和文明的重要传播者和创造者,必须崇尚科学精神,树立终身学习理念。只有如此,教师才能不断完善自己,更加博学多才,充分发挥潜能,完成时代赋予的使命。

(1) 教师要勤于研究。崇尚科学精神,必须加强教师对科学的研究,并在科学研究的过程中尊重和弘扬科学精神。教师在进行科学研究的过程中要知难而进、锲而不舍、潜心尊严,要不断坚持学习、独立思考。只有勤于研究、积极思考,才能推动教师产生独到的教育主张和观点,提出科学的教育理念和思想,形成系统的教育思想和理论,才能够推动教师从一个普通的教书匠向教育家、大先生转变。

(2) 教师要乐于反思。所谓"反思",就是一种不断调整、改进、提升自己教育品质的行为。真正的学习,应该学会借助有效的表达和倾听,更好地表达自己的想法,并以开放的心态容纳别人的观点。中小学教师面对教育教学工作,要经常自问和反思"为什么",通过理性的分析得出结论,通过不断与人交流,不断完善自己的主张,推动自身专业发展。

(3) 教师要勇于实践。实践是教师落实研究与反思的根本途径。每位教师都要端正态度,不断提升自身的教育实践能力。从某种意义上而言,学习的过程就是不断实践补充新知的过程。教师只有在实践中不断更新教育观念、知识结构、教学方法,才能跟得上时代的变化,才能完成党和国家赋予教师的育人使命。

2. 拓宽知识视野,更新知识结构

为了适应教育的未来发展,教师必须拓宽知识视野,更新知识结构,才能提高教育教学质量。教师拓宽知识视野,更新知识结构应包括以下三个方面。

(1) 教师要有精深的专业知识。教师要成功地完成教学任务,必须精通所教学科的专业知识。教师专业化发展已是当今教育发展的趋势,教师只有经常更新专业知识,才能有厚

实的知识功底和专业知识素养,在教学中才能旁征博引,深入浅出,提高教学效果。教师只有不断更新专业知识,不断探索教育教学技巧,才能赢得学生的敬佩和尊重。此外,现代科学的发展出现了学科之间的相互影响与交叉,各学科内部的专业知识也出现了相互渗透的走向。现代各国课程改革均强调学科之间的相互联系,在此思想指导下,各学科教材十分注意相互之间的沟通与综合,这要求教师更新专业知识的同时,还要补充相关学科知识。

(2)教师要有广博的科学文化知识。在科学知识日新月异的今天,教师不仅要具有精深的专业知识,还必须具有广博的科学文化知识,以提高和完善自身的科学文化素养。教师科学文化素养的高低,直接关系到学校教育教学质量的高低和教育目的能否实现。教师只有具备较高的科学文化素养,才能满足现代学生对知识的需求,才能培养高智能的学生。教师应该具备的科学文化知识,包括文史哲、数理化、音体美、外语和现代信息技术等多方面知识。

(3)教师要有现代教育理论和教育技术知识。现代教育理论不仅是社会发展对教育需求的集中体现,也反映了当代教育的基本思想。如果没有教育理论作为指导,教育教学的方向就是盲目的。在当代信息技术社会,教育技术已走进校园为教育服务,教育技术作为教育教学手段发挥着越来越重要的作用。网络技术和多媒体技术是现代教育技术的主要内容,当前教师上课、学习和科研都离不开网络和多媒体。"一张嘴,一本书,一支粉笔"已不适应现代教育的要求,教师必须迅速适应科学技术的新发展,学习、掌握现代教育技术手段。总之,教师只有在现代教育理论指导下,运用现代教育技术手段,优化教育教学资源,才能提高教学效率,圆满完成教学任务。

3. 潜心钻研业务,勇于探索创新,不断提高专业素养和教育教学水平

潜心钻研业务,勇于探索创新不仅是每一位教师的职业准则,也应该成为每一位教师的职业理想和追求。成为创新型教师、实现创新型人才的培养,是时代对每一位教师提出的新要求和新期待。要想实现这一目标,教师需做到以下内容。

(1)教师需要终身学习,不断提高理论水平和创新精神。教师的创新精神受制于个人的教育理论素养和教育实践经验。教师只有终身学习,不断储备丰厚的知识,从各方面丰富和完善自己的知识体系,才能实现科学、有效地提升理论素养和实践经验。

(2)教师要与时俱进,不断更新教育教学手段和方法。教师要了解新的教育教学方式与手段,有效尝试新方法、新手段、新技术,经过筛选、加工、提炼、融合后融入教学之中,开阔学生视野,打开学生学习的思路。教师应该学习和掌握电子教学平台、多媒体教学工具以及人工智能、虚拟教研室的使用等,为学生创造更加真实和身临其境的学习环境,提供更具个性化和差异化的教学体验。

(3)教师要身体力行,掌握适合自己的学习方法。为了持续学习和更新教学方法,教师需要掌握适合自身的学习方法。学习方法的选择应该根据教师的学习需求和学习风格来确定。一是教师需要了解多样化的学习方法和工具。有些教师可能喜欢通过阅读书籍来获取知识,而有些教师则更适合通过参加教育培训来学习。多样的学习方法可以帮助教师更好地理解和掌握新知识。二是教师需要分析自身的学习需求和学习风格,以找到适合自己的学习方法。一些教师可能更喜欢独立学习,而另一些教师可能更适合与他人合作学习。了解自己的学习需求和学习风格可以帮助教师更有效地选择合适的学习方法。在实际学习过程中,还有一些实用的学习技巧可以帮助教师提高学习效果。比如,教师可以建立读书笔

记,记录自己在阅读过程中的思考和感悟。这样不仅可以加深对知识的理解,还可以方便日后回顾和总结。此外,教师还可以参加教育培训和研讨会,与其他教师进行交流互动,分享教学经验和教学方法。通过与同行的交流合作,教师可以不断学习和成长。

(4) 教师要打破壁垒,加强交流合作。教师间的交流和合作对于教师创新能力的提升至关重要。通过与同行交流,教师可以分享自己的教学经验和教学方法,借鉴他人的成功经验,互相帮助和支持。同时,参与教研活动和教学协作也能够让教师与其他教师共同合作,共同成长。与同行交流有助于教师之间的相互学习和碰撞。在与同行交流的过程中,教师们可以分享彼此的成功案例和教学方法。通过倾听别人的观点和经验,教师能够从中获得新的启发和思路,用于自己的教学实践中。这种跨界的交流能够拓宽教师的视野,促进教师们在教学方法和教学理念上的创新和改进。而参与教研活动和教学协作则能够进一步促进教师素质的提升。教研活动可以让教师深入研究教育问题,提出新的解决方法和策略。通过与其他教师合作研究、讨论问题,教师们能够加深对教学的理解和认识。同时,教学协作可以让教师们共同承担教学任务,互相帮助和监督,形成团队合作的氛围和文化。这种合作有助于教师们相互促进,共同提高教学质量。

(5) 教师要扎根实践,将创新学习成果应用于教学之中。将创新学习成果应用到教学实践中有助于教师更好地满足学生的需求。通过不断学习和更新教学方法,教师可以更好地理解学生的个性化需求,掌握适合不同学生的教学策略和方法。教师可以根据自己的创新学习成果,设计出更具启发性和趣味性的教学活动,激发学生的学习兴趣和动力。同时,在教学过程中,教师还能够根据学习成果对自己的教学方法进行反思和改进,不断提高自己的教学水平。尝试引入新的教学方法或教学工具,不断进行实验和调整,以找到最适合自己的教学方式。通过与学生的互动和反馈,教师可以不断优化教学过程,提高学生的学习效果和满意度。

(6) 教师还可以借鉴先进的教学案例和成功的教学经验,将其应用到自己的教学实践中。通过学习和借鉴其他教师的成功经验,教师可以更好地解决教学中遇到的问题,提供更有效的教学方案。教师可以思考如何将自己的教学目标与学生的需求相结合,以及如何激发学生的学习动力和主动性。通过实践和反思,教师可以逐渐形成自己的教学风格和方法,提高自己的教学水平。

课后练习

1. 简述教师职业道德规范的基本含义。
2. 简述教师职业道德规范的基本内容。

第四章

教师职业道德修养

第一节　教师职业道德修养概述

一、教师职业道德修养的含义

"修养"一词本身的意义非常广泛,包括反省自新、修身养性、涵养道德、陶冶性情。其中,"修"是指整治、提高,凭借自己的意志力去支配自己的整个身心,不因自己的各种欲念而心烦意乱,以心为主,去确定自己身体的动作和志向。"养"是培养、陶冶。从广义上来说,修养是指人在道德、学术、政治和艺术等方面的涵养和学习行为,以及经过长期的锻炼和丰富的阅历而达到的一种思想境界、能力水平。其实质是道德主体在不断改造、不断提高和不断完善的过程中,达到理想的品格和境界。

"道德修养"是指人们根据一定社会或阶级的道德要求对自身的道德意识和道德行为所进行的自我审视、自我教育、自我改造和自我完善的活动。中国先秦时期的儒家十分重视道德修养,《大学》开篇就提出:"古之欲明明德于天下者,先治其国;欲治其国者,先齐其家;欲齐其家者,先修其身;欲修其身者,先正其心;欲正其心者,先诚其意;欲诚其意者,先致其知,致知在格物。"在西方,古希腊亚里士多德把教育和修养看作是人们能否具有美德的重要条件。中世纪的基督教神学家们,把道德修养理解为在上帝面前对自己的罪行所做的忏悔。由此可见,道德修养是修养的重要内容,是指人的道德情操、为人处世的正确态度,以及其在各个领域的水平造诣,是一个人在长期的道德锻炼中形成的综合素质和能力表现,也是个人魅力的基础。

教师职业道德修养,是指教师依据社会主义道德原则、教师职业道德原则和规范所进行的自我锻炼、自我教育、自我陶冶所形成的教师道德品质和所达到的精神境界。从内涵上来看,教师职业道德修养包括两个方面。一是教师在仪表、谈吐、礼仪、气质等方面的学习、体验和反省等心理活动和实践活动,这是外在意义上的修养;二是教师经过长期的努力之后,在思想、品德、情操、知识、技能等方面所达到的教师职业道德水平和教师职业道德境界,这是内在意义上的修养。

二、提升教师职业道德修养的意义

(一) 教师道德人格不断发展的需要

教师良好的道德人格不是与生俱来的,也不是自发形成的,而是在后天的社会实践中形成的。教师在教育实践中,通过努力学习,认识到社会发展的规律和特点,了解社会主义教师道德的内容和意义,才有可能通过提升自身的修养,将认识内化为自己的道德情感、意志和信念,进而外化为自己的道德行为和习惯,形成一定的道德品质。同时,社会是不断向前发展的,对教师道德水平的要求、教师道德人格的要求会越来越高,这样必然要求教师随着社会的发展而面向未来的要求,坚持不懈地进行教师道德修养的提升,以便更好地适应我国经济建设和教育发展的需求,完成更出色培养下一代的责任。

教师职业道德修养对于教师来说,在其自身道德品质形成和发展中具有决定意义。它使教师按照社会主义教师道德的要求,通过积极的自我教育,不断提高自身的道德认知和选择能力,不断克服自身一切非社会主义道德意识的影响,不断提高自己的社会主义精神境界。

（二）满足个体职业发展的需要

加强师德修养是教师个体职业发展的要求。学校是社会主义精神文明建设的重要基地,教师是精神文明的倡导者和推行者。教师的道德修养不仅广泛影响着在校学生,同时也会通过学生影响家长甚至整个社会。随着社会主义改革的纵深发展,整个社会对教师的师德修养提出了更高的要求。一方面,教师要及时转变传统的教育观念,根据课程改革的精神,努力提升自己的教育能力水平,不断探索新的教育方法,尝试新的教学手段,满足学生的新的发展需求;另一方面,教师要立足于当前的实际情况,不断加强自我教育和自我修养,逐步提高自己的职业道德水平。

（三）做好教育工作的要求

一个合格的教师,不仅应掌握一定的专业知识,懂得教育的规律,具有教育教学的各种能力,而且必须具有较高的职业道德修养。这样才能在职业劳动中,不断提高对教师道德的认识,规范自身的教师道德行为,以培养出崇高的思想情操和良好的道德品质,才能充分调动和发挥教师自身的积极性和创造性,在教育教学工作中,有所作为,有所前进,完成时代赋予的教育任务。

教育的现代化要求教师加强师德修养,只有这样才能有助于在教学中提高教学质量和效果;有助于在与学生交往过程中,给学生提供科学的知识、先进的方法;有助于在育人的过程中,更好地指导学生,关怀学生。

三、教师职业道德修养的内容

一个人的道德修养,具体体现在他的日常学习、工作、生活和人际关系中,与他的人生观、世界观、道德观、文化修养、心理素质等是密不可分的,是诸多因素的综合反映。道德修养的内容很丰富,当前教师主要应从以下五个方面加强职业道德修养。

（一）提高教师职业道德认识

教师职业道德认识是教师对职业道德知识和理论的理解和掌握,是进行师德修养的起点和前提。从知与行的关系上看,知是行之始,认识是行动的先导。古人云:"知之深,爱之切,行之坚。"具有正确的认识,是进行道德意志锻炼的内在动力,是决定行为倾向的思想基础。只有具备深刻的职业道德认识,才能产生强烈的职业道德情感,形成良好的职业道德行为,增强履行职业道德的自觉性。因此,提高教师职业道德认识是加强教师职业道德修养的首要环节。

在教师职业道德修养的过程中,首先要提高对教师职业道德价值的认识。教师的职业道德高低不仅关系到教育教学工作的成败,还关系到学生是否能全面发展,更关系到民族和国家的未来。一个教师只有充分认识到提高职业道德的价值,才可能将外在的教师道德要求转变为自己内在的需要和自觉的道德行为。教师职业道德修养的关键在于具有自觉性,对教师职业道德价值形成正确的认识是教师自觉加强师德修养的前提。其次要提高对教师职业道德规范原理的认识。教师职业道德修养不是一个盲目的、自发的过程,而是一个有目的的、自觉的过程。加强教师职业道德修养,必须引导教师学习和理解教师职业道德的内涵和基本原则,熟悉和掌握教师的基本道德规范,了解教师在工作中要面临的各种基本关系以及处理这些关系时面临的基本问题和基本矛盾。最后要提高对教师职业道德的判断能力。对教师职业道德的判断能力,是教师运用师德规范对自己和其他教师的行为进行是非、对错、善恶判断的能力。教师提高对职业道德的判断能力,有利于教师在复杂多变的环境下作出符合师德规范要求的正确道德判断和行为选择,有利于增强教师道德自律和自我提高的意识和能力。

教师要形成良好的道德品质,就必须学习和掌握教师职业道德知识,理解教师职业道德原则、规范和范畴,努力提高对教师职业道德的认知,才能使教师明晰职业活动中的善恶标准,才能自觉地选择应该做什么,不该做什么,从而增加履行教师职责和义务的自觉性。

(二) 陶冶教师职业道德情感

教师是一份特殊的职业,选择了教师,就选择了对学生的爱、责任和关怀。在加强教师职业道德认知的基础上,陶冶教师职业道德情感,是师德修养的重要内容之一。

教师职业道德情感是指教师在教育活动中,对于他人和自己的行为举止是否符合教师职业道德要求所产生的内在体验。这种职业道德情感紧紧同教师的职业劳动联系在一起。一方面,它建立在对教师职业道德规范认识的基础上,教师只有对自己职业的社会道德价值有了正确认识,才能产生高尚的职业道德情感,认识和理解愈深,热爱本职工作的自豪感和责任感也就愈加强烈;另一方面,教师职业道德情感是教育实践的产物,是在长期的教育活动中逐步形成的,这种情感形成之后,便成为推动教师献身教育事业的一股强大动力,促使教师兢兢业业,诲人不倦。

在师德修养的过程中,教师要努力培育的情感主要包括对教育事业的热爱、对学生的关爱、对同事的尊重和友谊等。对教育事业的热爱和追求是一种崇高的职业道德情感,它关系到人才的培养和整个国民素质的提高。教师只有具备这种情感,才能将自己的命运同国家教育事业紧密联系在一起,扎根教育,献身教育。对学生的关爱,是师德情感中的重要一环。教师的学生的爱,是一种无私而博大的爱,它是激发学生高尚社会情感的重要手段,教师无私地爱学生,学生才能无私地爱他人、爱社会。对同事的尊重和友谊,是正确处理教师和教师群体间关系的重要依托。教育是一个庞大的系统工程,教师个体是无法独立完成对学生的全面教育,因此必须形成教育合力。教师的职业道德情感还包括教师的自尊、自爱以及责任感等内容。

(三)坚定教师职业道德信念

确立坚定的教师职业道德信念,是师德修养的核心问题。道德信念,是人们对于某种人生观、道德理想和行为准则的正确性和正义性的有根据的笃信,以及由此产生的对于践行某种道德义务的强烈责任感,它是深刻的道德认识和炽热的道德情感的有机统一,具有稳定性、持久性和一贯性的特点。有了坚定的道德信念,也就有了精神支柱,人们不仅能够按照自己所信仰的道德要求去评价他人行为和自身行为的是非善恶,而且能够坚定不移地按照自己所信仰的道德要求去自觉履行各种道德义务,完成各种道德使命。

要培养和涵育教师的职业道德信念,必须要深刻了解职业道德知识,对教师职业充满丰沛的情感,并在此基础上形成强烈的道德责任感。教师职业道德信念是教师对职业规范和要求的正当性、合理性等发自内心的坚定信心。教师作为一种独立的社会职业,是人类不断走向更高层次文明的重要桥梁,教师职业无论对于同时代人的进步,还是对于教师个人的完善而言,都是重要而光荣的职业。作为一名教师,只有认识到、体验到自己所从事的工作的重要和高尚,意识到自己肩上担负着祖国和民族的未来,才能树立献身教育事业的坚定信念,从而做到不论遇到多么大的困难,都能始终不渝,为培养一代新人而默默地奉献自己的一生。

(四)磨炼教师职业道德意志

锻炼坚强的意志是师德修养的必然环节。教师职业道德意志是教师在履行职业道德义务的过程中,自觉地克服困难并作出行为抉择的毅力和坚持的精神。教师的职业道德意志是在职业道德认识、职业道德情感和职业道德信念的基础上产生并发展起来的,是职业道德信念的最高层次表现。它使教师能够时刻对自己提出严格的要求,作出正确的抉择,并最终完成职业道德行为。教师的职业道德意志是作用于道德行为的一种坚强的精神力量,是克服教师职业行为中各种困难的内部动力。职业道德意志使教师果断地确定职业道德行为的方向和方式,并排除来自外部和内部的障碍和干扰,对于教师钻研业务、克服困难等具有重要的调节作用。

(五)养成良好的教师职业道德行为习惯

教师职业道德行为是指教师在职业道德认识、情感、信念的支配下,在教育活动中对他人、集体、社会做出的可以观察到的客观反应以及所采取的实际行动,即在职业道德意识支配下表现出来的有利或有害于教育事业及他人、集体和社会方面的行为,是师德修养的最终目的和归宿。一个人的道德品质是否高尚,不在于他的言论是否动听,而在于他的行为是否得体。如果知而不行,只有意愿和情感的体验而无实际行动,那么教师职业道德就只是一种道德说教,甚至会变成虚伪的道德。只有在实践中贯彻道德原则和规范,并且始终坚持下去,经过长期的锤炼,使其成为个人的行为习惯,道德品质才算达到了比较完善的程度。

总之,在教师职业道德修养过程中,教师职业道德认识、情感、信念、意志、行为等基本要素并非孤立存在和发展,而是相互联系、相互渗透、相互制约、相互促进,构成整体发展。在这一过程中,提高师德认识是进行师德修养的前提和基础;陶冶师德情感和确立师德信念,是把师德认识转化为师德行为的中介;锻炼师德意志是师德修养的关键;养成良好的师德行为和习惯是师德修养的最终归宿。

第二节 教师职业道德修养提升的途径

教师职业修养的提升是理论问题,更是一个实践问题,它需要我们在创新与固守之间,寻找新的定位和表现形态。当下如何立足于当代中国的发展实际,探索适应社会发展需要的教师职业道德修养的新路径,已经成了亟待解决的问题。

一、加强理论学习,坚定修养方向

修养离开了学习是盲目的,盲目的修养缺乏自觉性,也达不到较高的道德境界。因此,要提升教师职业道德修养水平,必须认真学习理论,以科学理论作为指导。

第一,马列主义、毛泽东思想和邓小平理论、道德科学的理论、教育科学的理论,是教师理论学习的重要内容。教师要充分发挥自身的知识优势、思维优势、能力优势和资源优势,认真学习这些理论,掌握好基本原理、基本立场、基本方法,依次指导自己的师德修养和师德实践,树立正确的世界观和人生观,深刻理解教师道德规范和要求,明辨道德是非,提高遵守师德规范和要求的自觉性。

第二,学习广博的科学文化知识。广博的文化科学知识与多方面的兴趣和才能是充实和丰富教育教学和提高教育教学水平的重要支撑。教师只有在做好本职工作的基础上才能更好地体现为人师表、爱岗敬业等师德精神。教师要不断拓宽知识面,刻苦钻研业务,掌握前沿理论动态和教育技术,以科学的理论武装自己,以先进的道德文化涵养自己,使自己逐步成为道德高尚的人。

第三,教师职业道德规范知识。有的教师违背师德要求,常常不是有意的,而是对遵守师德规范和要求的必要性、重要性缺乏了解和认识导致的。因而,教师学习和掌握师德的基本知识是非常重要的,只有认真学习教育科学理论和丰富的科学文化知识,掌握教书育人的本领,才能按教育规律办事,更好地完成教书育人的职责。同时,教师还要学习和借鉴国外教育改革的经验,不断更新自己的教育观念以适应教育改革的要求。

二、坚持自律自省，加强道德自觉

道德自律是指道德主体在自主认同社会规范的同时，将道德规范自觉内化为道德法则并自愿约束自己的行为，使之符合社会道德规范的要求。道德自律是主体的自我立法和约束。强化道德自律，是教师职业道德修养的又一要求。惧怕受到惩罚或是期待获得奖励，为了得到他人的赞誉或者羞于受到他人的指责，这些是属于"他律"的道德水平。在自律道德水平上，则是靠良心来调节自己的行为，个体的道德选择和决定不再被动地受制于外在的道德评价，而能够自觉内化外在的道德规范，并自觉主动地评判和选择道德行为，从而达到人的外部道德行为和内化道德的理想境界。因此，教师应该加强道德自律，追求这种最高尚、最理想的道德境界。

"慎独"是加强道德自律的重要途径。"慎独"一词源自《礼记·中庸》，意思是说，一个人独处，在无人看见的地方要警惕谨慎，在无人听到的时候要格外恐惧，因为不正当的情欲容易在隐晦之处表现出来，不好的意念在细微之时容易显露出来，所以君子更应严格要求自己，防微杜渐，把不正当的欲望、意念在萌芽状态克制住。因此，"慎独"对于加强教师的道德自律，提升自身的道德修养水平具有特殊意义。

三、践行教育家精神，完善道德品质

2023年9月9日，习近平总书记致信全国优秀教师代表，希望广大教师"大力弘扬教育家精神"，并深刻阐释了"中国特有的教育家精神"之内涵："心有大我、至诚报国的理想信念，言为士则、行为世范的道德情操，启智润心、因材施教的育人智慧，勤学笃行、求是创新的躬耕态度，乐教爱生、甘于奉献的仁爱之心，胸怀天下、以文化人的弘道追求。"习近平总书记关于教育家精神的重要指示，为新时代教师队伍建设指明了前进方向。

教育家精神要在实践活动中践行。教育家精神是无数教育家在实践中积累的宝贵财富，扎根教学一线、深耕教育实践是成长为教育家的必经之路，其成长过程具有鲜明的实践特征。广大教师要成为"行动派"，做有研究能力的实践者。深耕教材，旁征博引，以开阔的教学视野引导学生获得真知识、解决真问题；深耕课堂，聚焦学生发展潜质的差异，设计个性化课程与教学；深耕活动，适性扬才，引领学生将视野从书本转向实践以促进学生个性发展；深耕方法，在教学理念与方法上积极探索，形成具有实践创新与推广价值的成果；深耕教研，不断反躬自省，将扎根实践所获得的案例、资源和知识转化为自身的理论素养，生产有力量的教育知识，做理论与实践相统一的"大先生"。

新时代教育家型教师不再是"两耳不闻窗外事"的教书匠，而是心怀"国之大者"的"大先生"。教育家精神要内化于教师的教育追求之中。在至诚报国的"大我"追求中践行，胸怀国家教育事业、站在人民的立场上，为高质量的教育发展而教，为办好人民满意的教育而教，为强国建设而教。教育家精神在师德修养与教育情怀的追求中践行，以教育家精神为人生高标,以教师职业行为准则为价值标尺,以仁爱之心接纳包容每一个孩子,为学生负责。在教师自身专业发展的追求中践行,要敢为人先、勇于创新,不断更新自己的思维方式,将新知识、新理念、新方法应用到教学中;不断提高自身能力与素质,以追求卓越的思维自觉实现自身专业发展,努力做到个人价值和社会价值相统一。

四、投身道德实践,坚持知行统一

孔子主张,在修身养性的问题上"敏于事而慎于言",教导人们做事要勤勤恳恳,谨慎说话。荀子继承了孔子的思想,进一步阐释了知与行的关系,"不闻不若闻之,闻之不若见之,见之不若知之,知之不若行之,学至于行之而止以",将知的目标,最终落于行之上,也就是实践之上。

投身于实践,能够使教师加深对教师职业道德修养理论的认识,在长期、持久的道德修养过程中,教师必须在教育教学的实践活动中寻找道德修养的根本动力。因此,教师要投身于教育教学实践,用道德来调节实践中发生的教师与学生、教师与同事、教师与家长、教师与领导等之间各种现实关系。在道德实践中积累情感体验,提高自身的道德认识水平,并形成相应的道德行为和习惯。投身于教育教学实践,是坚持知行统一的根本途径。教师的道德修养应特别注意知与行的统一,既要避免把道德修养理解成脱离实践的"闭门思过"或"修身养性",更要反对"内外不一"或"知行脱节"的现象,教师只有将教师道德的原则规范运用到教育教学实践中,运用到教书育人的过程中,才能逐渐变成自己的思想和行为。因此,教师只有在教育教学实践中坚持身体力行,用道德理论来指导教育教学实践,才能真正做到知行统一。

第三节 教师职业道德修养提升的方法

在新的历史时期,教师既要借鉴传统的道德修养方法,又要结合新的时代特征,通过多种方法的结合使用,达到提升职业道德修养的目的。

一、读书法

苏霍姆林斯基曾经说过:"真正的教师必是读书爱好者,这是我校集体生活的一条金科玉律,而且已成为传统。一种热爱书、尊重书、崇拜书的气氛,乃是学校和教育工作的实质所在。"作为人类文明传承的重要载体,教师就是要终生与书为伴,从书籍中汲取更多的有益经验。要成为具有一定深度、广度和高度的教师,除了有悟性、勤于思考和勤于实践体验外,还要靠前人、他人的熏陶和护持,只有站在巨人的肩膀上,才能有更开阔的视野。所以,无论什么学科、专业的老师,都需要人类精神的滋养、人性光芒的映照,都需要和古今中外睿智的精英对话、沟通,以获得灵气、锐气、志气、勇气和正气,获取灵感和理智之光。这种文化底蕴和精神气质主要靠读书来培养,诚如古人说的"腹有诗书气自华"。没有书香之气的教师,其形象就会黯然失色,就是一个低级乏味的"教书匠"。"教书匠"只能重复机械地教人以程序性、技术性的知识和技能,永远难以引领人攀登真正的象牙之塔,探索神圣的人性和理性的殿堂。没有书香的熏陶,教师就如断了翅膀的鸟儿一样,永远难以翱翔于人类文明的蓝天白云之中。许多优秀教师的成长得益于书香之气的熏染,如我国著名语文教育改革家魏书生老师只念过初中,却知识丰富,思维敏锐,见解超群,他能成为一个有智慧的教师,靠的就是潜心读书。所以说,读书是教师专业生命活力的天然滋养品,是教师专业发展的源头活水。

教师所读之书既可以是与自己教学内容直接相关的专业书,也可以是修身养性的书。但读书要有一定的方法,否则只会死抱书本,为书所困。

(一)居敬持志、潜心思考

首先,要静下心来,安心读书,淡泊名利,心无旁骛,才能收读书之效。诸葛亮说:"非淡泊无以明志,非宁静无以致远。夫学须静也,才须学也。"《大学》中指出:"静而后能安,安而后能虑,虑而后能得。"禅宗讲究"由静入定,由定生慧"。其次,要虔诚,对所读之书要有敬畏之心。我国古代思想家朱熹主张读书要"居敬持志",曾国藩主张读书要"主敬",都是主张以纯粹恭敬之心来读书。最后,要去浮躁。心浮气躁,心猿意马,急功近利,见异思迁,肯定难有所得。所以,读书一定要有淡定从容的心态,细心琢磨,反复品味。读书要与思考同步,不理解的东西,肯定不属于你所有。古人云:"学而不思则罔,思而不学则殆。"读书不思考,就是两脚书橱,非徒无益,反而有害;读得越多,贻害越大,这叫作"食书不化"。宋朝大儒周敦颐说过:"思则睿,睿则圣。"读书时会不会思考,是区别平庸教师与优秀教师的分水岭,平庸教师其实就是不愿、不敢、不会思考的教师。思考时需要去除杂念,方能有所得。暂时不理解的也不要紧,可以放过去,等到你的阅历与积累多了,思考多了,自然能从初步理解到深入理解,进而能举一反三、触类旁通乃至融会贯通、书我一体了。虽然读书不能靠死记硬背、机械记忆,但也要趁年轻记忆力好时,多记忆一些经典,经历嚼碎、消化、吸收、转化的过程。

(二)详略得当,反复体味

所谓精读,就是细读、深思、深挖、慎取,把书"吃"进去,融化到思想精神中去,以达到书我一体的境界;略读就是观其大略,记其旨要与梗概。有些书要反复阅读,以便深入理解;有些书可以浏览,以博闻强识。需要反复阅读的书,一是因为"旧书不厌百回读",二是有些书需要反复阅读甚至终身咀嚼,才能得其奥妙。

(三) 专心致志,学以致用

在读书的过程中,要专心致志,结合实践经验潜心体悟书中的道理,实现主客体的融合,进而达到"精骛八极,心游万仞"。要善于"提要钩玄",即不动笔墨不读书。一是对书中的主要观点、核心思想和主要内容,要善于概括总览,这样就可以博观约取,囊全卷于数语之中;二是对书中的重要材料和重要文献书目出处等要随手记下来以备用和备查;三是在读书过程中,自己有什么想法,要立即记录下来,尤其是不同于作者的新看法、新事实、新材料等加以记录。人的灵感、直觉往往产生于情境和"书境"的诱导、触发和碰撞之中。这种碰撞、摩擦所产生的火花,是创造性思维的火花,往往是倏忽而来、飘忽而去,稍纵即逝。读书的即时感觉和理解,也往往是最真实和可贵的,所以必须立即记下来。积累多了,自然就会形成自己的思想链或知识库。学以致用是指最终必须从书本理论中、从别人的经验中、从自己原有的知识与认识水平中超脱出来,审时度势,反观自照,通过理性思考、经验体悟来判断、选择和扬弃。

读书无定法,可依各人的习惯、特长和经验而有所不同。古往今来,许多大家的读书心得值得我们借鉴。文学家茅盾认为,读一本书至少读三遍:第一遍鸟瞰,即通读;第二遍精读,即细嚼;第三遍消化,即弄通。毛泽东提出,读书要四多:多读,多写,多问,多想。宋代思想家朱熹有读书"三到"之说:即口到、眼到、心到,胡适加上"手到",鲁迅再加上"脑到",是为"五到"。北宋苏轼自称读书采用"八面受敌"法:一本书分做几次读,每一次探究一个方面,深挖下去,获得独到体会,才算是收到读书之效。把一本书的方方面面都掌握了,就等于把书变成了自己的东西,说话、写文章就能多角度运用和联想发挥。

(四) 受教育史写作训练法

加拿大学者马克斯·范梅南在《生活体验研究——人文科学视野中的教育学》中写道:"写作,其实就是对教育现象的一种解释,当这种解释上升到反思阶段,形成具有一般性指导作用的价值取向并指导教师的行动时,变成了实践性知识。"范梅南提倡通过真实的叙事来研究教育,叙事者既是故事的记录人,也是故事的主人公,还是对这个故事进行反思的研究者。

教师的受教育史写作训练是通过串联教师成长过程中的关键事件,尤其是引起情感冲突的事件完成的,是在历史的描述中发掘自我情感定式的成长线索。教师通过个人发展回溯,追溯童年记忆,写自己个人的受教育史,唤起自身受教育时的情感记忆。

学生的情绪往往具有易感性,情感表达较为丰富多样,具有感官学习的主动性与能力,因此,这一阶段对儿童影响较大、记忆较深的教育事件,往往更能触及儿童的情感体验,给予儿童较为猛烈的情感撞击。很多成人的童年记忆往往是一种情感记忆,是当时人际交往中具体事件对自身情感的记忆。在教师写作的受教育史中,既可以发现映照时代变迁的教育问题,也可以帮助老师换位到学生立场理解和解释事件,引发对当时教师的情感期待,形成对教育的思考和理解,从而进一步提升自身的职业道德修养。

教师的受教育史写作应注意以下几个方面内容。

(1) 强调理解与反思。教师写作必须对教育教学现象,比如发生在课堂里的故事、发生在班级里的故事、教师自身的遭遇等进行分析,这种分析是经过教师自身的观察和思考,运用教育学、心理学以及学科理论进行的反思研究。因此,调动专业积累、理解教育教学现象非常重要。从这个意义上说,阅读是写作的前提,大量阅读以后写作才会有深度、有高度。教师的写作也会进一步推动教师的教育阅读,促使教师丰富教育学、心理学以及学科理论的专业积累。"阅读理解—教育实践—写作反思"这三步能让教师的"专业性"得到较快提升。

(2)强调与实践相关联。教师写作建立在教育实践的基础之上,教育实践决定着教师写作的内容和水平。教师写作离不开对日常教育教学的观察、记录与反思,同时要服务教育实践、改进教育实践,写作与实践始终编织在一起,彼此促进,一起向前。

(3)强调真实而个性化的呈现。新教育主张教师写作要恢复最纯真的目的和最本真的样貌。教师写作需要注重学理、事实和逻辑,但应该避免千人一面,注重"个性化"。教师写作注重内容的科学性、客观性和逻辑性,表达的真实性、简洁性和思考性,尽可能客观呈现,不必过分依赖文学性的语言修辞技巧。

(4)强调教育教学案例研究。教师在教育过程中会遭遇层出不穷的教育问题,其实,这些问题有很大的相似性,在一间教室里发生过的事情,在其他教室里往往也发生过,甚至在同一个教室里还会继续发生。教育实践的问题很多都是普遍性问题,问题的类型也是有限的,比如早恋问题、作弊问题、上课开小差问题、教育惩罚问题、学生竞争问题等。如果对典型问题进行集中的案例研究,可以为教师处理教育问题提供可供参照的珍贵资源。

二、教育反思日记法

教学反思既是一个能动的、审慎的认知加工过程,也是一个与情感和认知都密切相关并相互作用的过程。对于教师来说,教学反思有利于促进教师自我教育,提高教学理论素养,促进教师从经验型向反思型转变。不仅如此,还有助于教师把自己的经验升华为理论,提升教育教学实践的合理性,缩短专业化成长时间,增强教师职业的幸福感和神圣感,形成高尚的师德。

写日记是一个深入反思并系统表达思想的过程。教师和学生通过写日记,可以把自己作为研究对象,研究自己的所思、所做,反思自己一天的言语、行为和效果,从而提升日常行为的境界和水平。教育反思日记可以使教师和学生的无形思维有形化,使后继思维可以建立在以前的基础之上,从而不断增加思维的深度。在教师撰写教学反思日记时,要持之以恒、突出重点,运用生活语言,对反思内容进行总结升华。

如果教师能够每天坚持写教育日记,让教与学建立在思维基础上,将其中感触最深、思考最多,教与学的所想、所做的内容通过日记呈现出来,并积累起来,无论对自己还是他人,都是非常有价值的事情。首先,帮助教师进行专业学习。教育日记中记载的教育理论、读书心得、名家经验、名言警句等都能作为教师学习的工具。其次,帮助教师积累资料。俗话说,好记性不如烂笔头。我们每天都要做的事情很多,都有值得记忆的东西。只有勤于动笔,我们才能战胜遗忘,为自己留下更多有价值的回忆。为什么有的人提笔无话,就是因为平时没有积累。最后,帮助教师自我反思。一个人对教育的理解水平决定了他的教育工作质量,而一个人理解一件事物需要思考,思考可以帮助一个人形成思想。写教育日记,给自己思考的时间。一个人在工作中有成功也有失败,有时失败和挫折经过反思更能变成财富。

教育反思日记多种多样,有案例式反思日记、主题式反思日记、教学过程反思日记和行动研究报告式反思日记,以下逐一介绍。

（一）案例式反思日记

案例式反思日记针对教育教学中的成败得失、典型案例。把这些案例整理清楚，案例是真实的，具有典型性和问题性。这个案例必须包括一个或多个值得我们深入思考的问题。案例要写好，应该讲述一个故事，并且要把故事讲好、讲深、讲透彻。要用这个故事引出一个核心话题或中心问题，围绕这个问题来铺设故事。通过这个案例的分析，要对人产生启发和移情作用。在案例中可以引述材料，如老师的话、学生的话等，以增强案例的真实感。案例式反思日记的结构，包括标题、引言、背景、主题和案例分析五部分。

引言是对事件大致场景的描述。背景要交代清楚事件发生的情境、时间、地点、任务、起因等。主题包括问题呈现和问题解决两个过程。问题呈现中，讲清问题如何发生、问题是什么、为什么发生；问题解决着力体现问题解决的过程、步骤及问题解决中面临的困难。案例分析主要是分析问题解决中的利弊得失、存在问题、体会启示等。教师在做这种案例分析时，首先要确定主题，再搜集整理资料、筛选分析资料，再布局成文，最后修改稿件。需要注意的是，我们的案例选择要求事件真实、典型、复杂，包含一个或多个教学中的核心问题。描述时要客观、生动、突出主题。事件分析时要有理有据。

（二）主题式反思日记

主题式反思日记与案例式的反思日记类似，要求围绕一个主题，关注事件在多个情境中发生的样态。主题式反思日记体现故事性、真实性与意义性。在主题式反思日记中，比较注重叙事。叙事就是要把事件讲清楚。要选择有价值的故事，深度描述故事情境，厘清故事情节，并且突出阐明故事的意义。

（三）教学过程反思日记

教学过程反思日记要把教学设计体现出来，要分析的内容包含教学内容分析、学情分析、教学重难点分析以及教学目标分析。在进行分析时，可以把设计思路标注出来。另外，在对教学内容进行分析时，要结合评价标准使其一一对应。

（四）行动研究报告式反思日记

行动研究反思是十分适合教师的一种研究，研究出的问题可能只存在于本校或本班，所以具有特殊性、微观性和直接性。研究的首要目标是提高教育教学质量。研究过程具有系统性和开放性，即广泛接纳存在的问题和解决策略，不停修订、实践、再修订的一个循环、开放、系统的过程。研究方法具有广泛的兼容性，可以纳入各种教育方法。

三、冥想正念法

在日常生活以及教育教学中，教师难免会遭遇困境、产生负面情绪，冥想训练是当前一些学校和教师采用的有助于教师排解和释放负面情绪、感受的方式。

冥想并不是让你成为一个不同的人、全新的人或者更好的人,而是训练你的察觉能力以及如何健康地感知自身的能力。你并不是尝试去关掉自己头脑中的想法和情绪,而是学习如何不带判断对错和好坏地去观察它们。最终,你可以更好地了解这些想法和情绪。这里的冥想并不是对问题进行思考和分析,它也不是幻想、白日梦或是让思绪漫无目的地飘荡。冥想训练是一种借助冥想、观察、想象、节律、语言等个体思维与感受方式的运用以凸显、感受、认识人的意识活动的过程。

在冥想训练的操作过程中,教师要通过三个关键技能,即专注、正念、仁爱来强化和引导注意力。其中,专注是指关注呼吸,使意识停留当下;正念是指如实明了自己当下的身心状态及其变化;仁爱是指让自己保持对他人美好品质的积极关注。冥想训练有助于教师的注意力在既定时间内从单一的目标转移到教师自身内心或周围发生的事情上,它可以帮助教师从专注感官敏感向专注精神敏感升华,整合世界的动与静,依托投射与移情统整自我,调节自我与外部世界的关系。在冥想时应注意以下事项。

(一)定义冥想目标

在开始冥想之前,明确你想要通过冥想来达到什么目标。这样有助于你更好地集中注意力并评估自己在冥想过程中的进展。

(二)选择合适的冥想方式

冥想有多种方式,包括专注冥想、正念冥想、体感冥想等。选择适合你个人需求和偏好的冥想方式是至关重要的。如果你不确定哪种冥想方式适合你,可以尝试不同的方法并找到最适合自己的方式。

(三)寻找合适的冥想时间和地点

选择一个安静、舒适的地方,并确保你在该段时间内不会被打扰。找一个安静的时间段,例如清晨或深夜,以避免外界噪音和干扰。在冥想之前,确保身体舒适、放松,以减轻疲劳感并提高注意力。

(四)注意身体姿势

正确的身体姿势有助于提高冥想效果。你应该选择一个舒适的坐姿,保持身体挺直但不僵硬。如果你感到不适或疼痛,可以尝试调整坐垫或靠垫,以减轻不适感。

(五)关闭感官和外部干扰

在冥想过程中,尽量关闭感官和外部干扰。将注意力集中在呼吸上,并努力消除其他听觉、视觉和触觉刺激。这有助于你更好地集中注意力并享受冥想过程。

(六)不要强迫自己

如果你在冥想过程中感到焦虑或不适,不要强迫自己继续,让自己放松并重新尝试。逐渐适应冥想的过程,并给自己足够的时间来适应这种方法。

(七) 保持持续性和规律性

为了获得最佳效果,你需要坚持冥想并保持规律性。建立一个固定的冥想时间表,并努力在每天的相同时间段内进行冥想练习。随着时间的推移,你会逐渐发现自己在冥想过程中变得更加平静、放松和专注。

 课后练习

1. 简述教师职业道德修养的含义。
2. 简述教师职业道德修养提升的途径。
3. 简述教师职业道德修养的提升方法。

第五章

教师职业道德评价

教师职业道德评价是教师职业活动的重要组成部分,在教师职业道德体系中占有突出地位。教师职业道德的形成、教师职业道德规范的遵守以及教师职业道德风尚的改善都需要依靠教师职业道德评价来实现。但目前的教师职业道德评价存在着标准理想化、手段单一化、内容时效性不足等问题。因此,推进新时代教师职业道德建设,就必须在新形势下构建评价形式丰富多样,评价方法科学合理,评价结果真实有效,能够充分体现时代精神和新的教育形式要求的职业道德评价体系,使教师职业道德的标准能够体现社会主义核心价值观的价值导向,适应当前教学改革和课程改革的发展需要,符合加强和改进新时代师德师风建设的客观要求。

第一节 教师职业道德评价概述

2019年,教育部等七部门联合印发《关于加强和改进新时代师德师风建设的意见》,指出,把立德树人的成效作为检验学校一切工作的根本标准,把师德师风作为评价教师队伍素质的第一标准,将社会主义核心价值观贯穿师德师风建设全过程,严格制度规定,强化日常教育督导,严格考核评价,落实师德第一标准。将师德考核摆在教师考核的首要位置,坚持多主体多元评价,以事实为依据,定性与定量相结合,提高评价的科学性和实效性,全面客观评价教师的师德表现。

一、教师职业道德评价的含义

道德评价是指在社会活动中,人们依据一定社会或阶级的评价标准,凭借社会舆论、传统习俗和内心信念等方式,对他人或自身的道德行为和道德品质做出的价值判断。道德评价是道德他律机制的核心。人们总是借助道德评价干预个人行为和社会现象,调节利益关系,实现社会道德的价值导向。

教师职业道德评价是指人们在社会生活中,根据一定社会或阶级的教师道德原则和规范,运用社会舆论、传统习惯、内心信念等方式,对教师的职业道德认知、道德情感、道德意志和道德行为所做的考查和判断。教师职业道德评价的目的是对教师的道德进行全面考查、判断和论证的基础上,探索教师职业道德形成和发展的客观规律,以便更加有效地指导广大教师提高自身的职业道德素质,完善自身的职业道德品质。

当然,人们的道德评价活动一般带有主观意向的性质。人们总是依据自己所认同的道德标准去评价行为的善恶,并且根据自己的道德经验去褒善贬恶,但由于社会关系的复杂性,这就使得教师职业道德评价活动呈现出错综复杂的情况。因此,如何科学而合理地判明教师教育行为的善恶性质、明辨教育行为的道德价值和道德责任,更好地认识他人和自我的道德行为和道德品质并非易事。

二、教师职业道德评价的基本内容

教师职业道德评价的内容,不仅要着眼于约束教师行为层面的职业道德规范,也应关注教师的专业责任和专业精神等内在的伦理品性,可以从教师的职业理念、职业态度、职业情感、职业作风和职业行为等多方面判断其师德水平。

(一)职业理念

教师作为教育事业的核心力量,对于学生的成长和社会的发展具有深远的影响。教师职业理念是指导教师开展教育教学工作的核心,对于教育教学的方向、质量和效果有着至关重要的影响。对教师职业理念的道德评价可以从教师的教育观、知识观和师生观等方面进行考察。

教育观是教师如何看待教育现象和教育基本问题的观念体系,包括对教育本质、目的、功能等问题的基本看法。教师要树立全面发展的教育观,关注学生的品德形成、能力发展,注重学生的个性发展和身心健康。知识观是教师对什么知识最有价值以及如何获取这些知识等问题的回答。传统知识观把知识看作是对世界的描述和解释,但在今天,教师要帮助学生树立主动建构知识、主动创造知识的意识,引导学生主动学习,获取对世界的认知。师生观作为教师职业理念的重要体现,是指教师对师生关系的根本看法与态度。现代教育要求教师树立民主平等的师生观,建立和谐共生的师生关系,教师要做学生成长路上的帮助者、支持者和合作者。

(二)职业态度

职业态度是指个人对所从事职业的看法及在行为举止方面反应的倾向。一般情况下,态度的选择与确立,与个人对职业的价值认识,即职业观与情感维系程度有关,是构成职业行为倾向的稳定的心理因素。积极的职业态度,可以成为教师职业发展的动力,促使教师实现爱岗敬业,教书育人。忠于人民的教育事业是教师应具备的基本职业态度,这要求教师认识到教育工作的神圣性,树立崇高的教育理想和坚定的教育信念,始终心怀教育,心系学生,将学生的发展作为教育的第一要务。在工作中认真负责,言行一致,表里如一。

(三)职业情感

职业情感是指人们对自己所从事的职业所具有的稳定的态度和体验。积极的、强烈的职业情感,能够帮助教师从内心产生一种对自己所从事职业的需求意识和深刻理解,因而无限热爱自己的职业和岗位,并把这种热爱转化为对工作履职尽责的强大推动力,从而不断激发内在潜能,以满腔的热忱、稳定的情绪和顽强的意志,克服从教过程中的各种困难,努力实现客体职业与主体生命的完美结合。因此,教师的职业情感很大程度上决定教师对待工作、对待同事、对待学生的态度,影响着教师对职业道德的践行。其中最具有典型代表性情感,包括教师职业幸福感、教师职业倦怠感等。

(四)职业作风

职业作风是指从业者在其职业实践和职业生活中所表现的一贯态度。职业作风是教师敬业精神的外在表现,直接影响着教育的效果、学校的信誉和教师的形象。教师优良的职业作风具有潜移默化的教育作用,可以在学校和社会中形成勇于探索、开拓创新、尽职尽责的良好氛围和职业风尚,使符合教师职业道德要求的思想、品质、行为蔚然成风,使不符合教师职业道德的行为受到抵制。

(五)职业行为

职业行为是指人们对职业劳动的认识、评价、情感和态度等心理过程的行为反映,是教师职业心理的外化。"学高为师,正身为范",在育人的过程中,教师的教育行为是教师职业目的达成的基础,教师的品德和言行对学生的健康成长具有重要的影响。加强教师道德修养,践行正确的教育行为,已成为社会对教师职业素养的内在要求。教师正确的教育行为包括热爱学生,忠于职守,严谨治学,以身作则,为人师表等。

三、教师职业道德评价的意义

教师职业道德评价是一种无形的精神力量,它不仅对促进教师自身的道德修养起重大作用,而且对形成学校和社会的良好道德风尚,促进精神文明建设,促进学校的可持续发展具有重大意义。因此,一个教师不仅要经常对自己,还要要求别人对自己进行师德评价,这就要求教师进一步领会教师职业道德评价的作用和意义。

(一)维护教师职业道德原则和规范的重要保障

在教师的职业道德活动中,如果把职业道德比喻为职业道德规范准则的外在表现的话,那么可以认为职业道德评价是对这一外在表现的社会监督。教师职业道德作为调整教育过程中教师行为的准则或规范,它不像有关法律法令和教育行政手段那样具有强制性。其作用的发挥,是依靠人们以一定的教师职业道德标准进行道德评价来实现的。教师职业道德的基本原则和规范被教师所接受的程度、所发挥作用的大小,都直接取决于人们的道德评价能力和评价活动的广度和深度。没有评价,教师职业道德规范就不起作用,原因如下。第一,教师职业道德是得到认同还是遭到践踏,在很大程度上标志着教师职业道德传播水平的高低,标志着教师职业道德是得到了弘扬还是走向了沉沦。道德评价不断指出教师行为在道德上的得失,从而激励教师再接再厉选择良好的行为,消除不健康的违反教师职业道德的行为倾向。第二,道德评价是改善道德氛围的有力武器。通过"评价—反馈"系统,教师个体的职业道德行为不断得到调整,同时周围的职业道德氛围也得到改变,从而促进教师环境形成积极向上的职业道德氛围。

（二）使教师职业道德原则和规范转化为教师内心信念并体现于行动的重要机制

教师职业道德只是向教师提供了行为的外在准则，要把这种客观准则转化为教师的内心信念，并见之于行动，必须通过道德评价。道德评价可以使教师深刻地理解职业道德准则和规范，并深入教师的内心，作用于教师的道德情感和职业良心。不道德的事情一旦受到谴责，就会使行为者在舆论的压力下，在精神上产生不安、羞愧，以至于长时间地痛苦；高尚的行为，一旦受到褒奖，就会使行为者在舆论的支持下，内心感到安慰、喜悦，并一如既往地把高尚行为坚持下去。这种谴责和褒奖，可以极大地激发教师的职业责任心和道德荣誉感，有效地提高教师的道德觉悟，唤起教师践行职业道德规范的主动性和积极性，使道德意识和道德行为统一起来。

（三）促使教师个人职业道德品质形成和发展的重要途径

教师职业道德品质的形成和其他品质的形成一样，要在长期的职业生涯学习和训练中逐步形成并以习惯的形式逐步稳定下来。在这个过程中，教师职业道德评价所发挥的影响是十分重要的。

（1）教师职业道德评价具有广泛性。教师的言论和行动不仅在自己和所对学生的评价范围之内，而且会扩展到学校、学生家庭和社会有关方面。这种广泛的评价网络，使教师时时处处都要受到各方面的监督，使教师时时处处要注意自己的言行。

（2）教师职业道德评价的效应是直接的。这种直接效应主要表现在学生对教师的职业道德评价之中。在教育过程中，教师直接的对象是学生，教师的一言一行，会直接引起学生的评价和议论。教师不得体的言行，会招到学生的直接反感而波及学习情绪，甚至会中断教育过程。

（3）教师职业道德评价的影响是持久的。一方面对某个教师的某种评价一经形成，便不会在短期内消失；另一方面，教师与大多数学生的关系不是一事一时的，而是一种长期的、稳定的关系。这就使学生及有关方面对教师的评价不会局限于一事一时，而会持续于较长的教学和来往过程中，甚至会终生保持下去。正是教师职业道德评价的广泛性、直接效应性和持久性，使教师要时时处处注意自己言行的正确性或正当性。

（四）改善校风校纪、调节教育内外人际关系的有效手段

教师职业道德评价，不仅关系着某一个教师的品质和名声，同时也影响着整个学校校风校纪的建设。一所学校，如果重视教师职业道德评价，对评价中的价值导向经常作正确的引导，并通过各种渠道建立良性循环的"评价—反馈"机制，使好的及时得到表扬和鼓励，坏的及时得到批评和纠正，就可以使正气压住邪气，在教师队伍中建立起良好的职业风尚，形成一种有纪必遵、有规必循、心情舒畅、积极工作的局面，并由此影响、带动学生养成有德遵纪的好习惯，从而在全校范围内形成一种井然有序、积极向上的校风校纪。

另外，教育本身是一个开放系统，在教育活动之外，教师还要处理好与学生家长和社会

其他成员的关系;作为一个社会主体,教师还要处理好家庭关系、亲友关系。在这一系列复杂的人际关系中,道德评价发挥着很大的影响。

四、教师职业道德评价的原则

教师职业道德评价的原则是评价的理论依据,也是教师职业道德评价指导思想的体现。在教师职业道德评价过程中,建立和贯彻科学的评价原则,不仅有利于端正主评、被评人员的态度,克服主观性、片面性、随意性,提高评价的信度和效度,而且有利于评价过程的规范化、科学化和有序化,确保评价结果的客观性和准确性。一般来讲,教师职业道德评价应该遵循以下原则。

(一) 全面性原则

教师职业道德评价指标应该具有全面性,不仅要有思想、政治等方面的要求,而且要有世界观、人生观、价值观、职业观等方面的考核。同时,还要注意同一层次之间评价指标的相互独立性,要求每项指标都要有明确的独特含义,内涵明确、外延清楚,每项指标之间尽可能不重复,逻辑上并列,避免交叉或因果关系,以期全面、整体地反映师德状况。

(二) 继承性原则

儒家师德体系中的不耻下问、知过即改、学而不厌、诲人不倦、以身作则、言传身教、热爱学生、有教无类、因材施教、循循善诱、师生互动、教学相长等准则,经过中国历代思想家、教育家的继承与发展,逐渐形成了比较系统的师德评价标准,直到今天仍有重要价值。新时期,教师职业道德评价标准既要适应时代发展的需要,与社会主义市场经济体制相结合,与落实科学发展观、实施科教兴国战略相匹配,也要注意挖掘古代传统道德教育资源,借鉴、吸收人们在相关学科如伦理学、教育学、心理学、哲学、系统科学等方面的最新研究成果,同时接纳国外教师职业道德评价标准中先进合理的内容,力求在继承与创新上找到最佳结合点。

(三) 兼顾性原则

他评与自评是反映教师职业道德他律与自律的两个基本特征,他律与自律是社会规范约束主体行为的两种基本方式,二者的区别在于前者凭借外部力量,后者依靠主体自身的力量。任何事物的外因都要通过内因才能起作用,教师职业道德也是一个由外部他律逐渐转化为内在自律的过程。教师只有严格坚持自律,才能使道德信念、道德思想内化为本色与角色相统一的主体性精神财富。因此教师职业道德评价不仅要充分发挥社会舆论、传统习俗以及教师职业道德规范制度的作用,同时也要注重挖掘教师个人的评价力量。在具体实施评价时,既要采取专家评价、同行评价、学生评价和领导评价,也要充分发挥教师的自主性、主观能动性和创造性,积极实施教师自我评价。

（四）发展性原则

高校师德评价工作最终应以促进教师的发展为目的，实现由侧重评价的甄别和选拔功能向侧重促进教师的发展功能转变。因此，开展师德评价时，不应过分关注评价结果，而要更多地关注评价过程；不应过分强调将师德评价结果与教师奖惩挂钩，而要体现以人为本的师德评价取向；不仅要关注教师当前的行为和工作表现，更要注重教师长远的发展。通过实施师德评价，全面了解教师现有的师德表现，分析教师师德失范的现象和原因。有针对性地对教师进行指导和帮助，规范教师的言行，提高教师的师德修养，增强教师履行本职工作的能力，完善教师的个人发展，从而促进学校的未来发展，实现教师的个人发展与学校整体发展的融合。

第二节　教师职业道德评价的标准、形式与方法

一、教师职业道德评价的标准

教师在接受道德评价的过程中，往往会遇到一些不可避免的矛盾，解决这些实际矛盾的唯一途径，就是要准确地认识和牢固地坚持科学的教师职业道德评价规范和标准。教师职业道德评价标准是衡量、判断教师在教育教学实践中道德行为善恶的准绳和标尺。

（一）教师职业道德评价的一般性标准

从伦理学意义上来讲，评价教师职业道德行为与品质的最一般标准应该是善和恶。"善与恶是人类历史上形成的具有最一般意义的普遍的道德法则"，但这并不意味着教师职业道德评价的评价标准是永恒的、抽象的。相反，它是具体的且随着时代和历史的变化而不断变化的。教师职业道德的善恶标准也是具有历史性和社会性、相对性和绝对性的，然而教师职业道德毕竟不同于社会的道德，在评价标准问题上，也不会简单地等同于一般社会的标准。它在体现其社会性的同时，还有明显的职业性，即要结合教师职业特点，把社会性的道德要求具体落实在教师的职业行为当中。

（二）教师职业道德评价的社会性标准

教师职业道德评价的社会性标准强调善恶标准的社会性，教师道德只是整个社会道德

的一部分,它必须充分反映社会对教师的道德要求。任何一个社会的上层建筑都是从属于并服务于其经济基础的,这是马克思主义学说的一个基本观点。毫无疑问,在一定社会中,教师总是要对一定的社会和事业负责,为所属的社会培养和提供人才,这是教育活动的社会目的。这种社会目的要求教师的行为必须符合一定社会的道德要求和教育规律,最大限度地提高教育效果,极力促进教育事业的发展。凡是与一定社会的道德原则相符合的教育行为就是善的;反之,与其相悖的教师职业行为就是恶的。总之,在评价教师职业行为善恶时,既要以教育道德原则和规范为道德行为标准,又要以从社会利益中引申出来的社会道德原则和规范为道德行为准则。

(三) 教师职业道德评价的教育性标准

教师职业道德评价标准仅仅考虑一般的社会标准是不够的,还必须考虑教育活动自身的特点和要求,要体现教育活动的特殊性,即教师的职业道德行为应符合自身的职业道德规范和原则。教育伦理中的"至善",即人全面和自由的发展,也是教师职业道德评价的最高标准。这一师德评价的根本标准要求教师的道德行为和品质应有利于促进学生的身心全面和谐发展,与之相悖的就是恶的、不道德的职业行为。教师道德评价的最高标准具有抽象性、概括性,而教师在教育过程中的行为又总是具体的,因此,在最高标准的基础上必须有与具体行为相适应的具体标准。其一,教师职业道德评价的善恶标准要求教师行为应符合学生的个性心理特征,并有利于学生的心理健康发展和良好心理品质的形成。其二,师德评价的善恶标准要求教师的道德行为应促进学生德、智、体、美、劳等方面的全面发展。其三,教师道德评价的善恶标准要求教师的职业行为应有助于教育事业的发展,有利于在全社会形成良好的道德氛围。教师道德善恶评价的最高标准和具体标准,既有所区别又紧密联系,二者构成了衡量教育行为善恶内在尺度的两个方面。在具体的教师道德评价实践中需要把教师职业道德标准与教师职业道德评价的外在尺度,即社会性标准密切结合起来,只有这样才能对教师的职业道德行为做出科学的评价和判断。

二、教师职业道德评价的形式

教师职业道德评价主要有两种形式:一种是教师之外的个人或组织对其行为进行的评价,即社会评价。另一种是教师对自己的行为进行的评价,即自我评价。其中,社会评价以社会舆论、传统习惯为基本形式,自我评价主要依靠教师个人的内心信念。社会评价和自我评价从客观与主观、外在与内在的不同角度,共同对教师的道德行为起着制约和调节的作用,因此,我们主张在教师道德评价中将这两种方式相结合,以充分有效地发挥师德评价的作用。

(一) 教师职业道德的社会评价

教师职业道德的社会评价主要是指社会有机体借助社会舆论和传统习惯等外部力量,对教师教育行为的善恶性质作出判断。社会评价作为一种相对持久的精神调节,对教师道德的内化所起的作用是其他手段无法比拟的,它可以唤起教师内心的道德信念,促使其道德人格升华。社会评价的典型形式是社会舆论和传统习惯。

1. 社会舆论

社会舆论是人与人之间、人与社会之间道德关系的反映,它不仅是影响人们的道德意识和行为的强大精神力量,而且其广泛性、强制性的特点也使之成为道德行为评价的重要手段。社会舆论是指某一社会、阶级、阶层、社会集团或集体中的人们,用语言或文字对人的行为和社会组织的活动发表的某种倾向性、具有约束力的较为一致的意见。简单讲,社会舆论就是众人的议论和评论,它通常分为两种形式:一种是依托于国家、组织和新闻媒介,有领导、有目的地以网络、报纸、广播、电视等手段传播的正式社会舆论,这种舆论与统治阶级的社会舆论是一致的,因而它是社会舆论的主体,在道德评价中具有权威性。另一种是在小范围内的人们遵循生活实践经验和已有的道德观念而自发形成的,借助于口头等形式传播的非正式社会舆论,它往往是零散的、不成体系的,但其产生的直接影响力却不容小觑。

社会舆论是人们对教师进行道德评价时运用得最广泛、最普遍的一种形式。教师职业道德评价中所应用的社会舆论,主要是指学校以及社会人员或组织,依据社会所提倡的师德规范和道德标准,对教师在教育教学活动中的道德行为所发表的带有某种倾向性的共同观点。对于教师来说,既要注意广泛听取针对自己行为的各种舆论,又要严格区分和正确对待社会舆论,做到顺应先进、正确的舆论,抵制落后、错误的舆论,只有这样才能使社会舆论发挥其矫正教师道德行为的作用。

2. 传统习惯

传统习惯是指一定社会、一定民族在长期的共同生活中所形成并积累起来的比较稳定的、习以为常的行为倾向和行为规范。它作为一种重要的社会因素和精神力量,具有群众性、稳定性以及历史继承性等特点,在道德评价中具有特殊的作用。传统习惯的内容是广泛而又复杂的,遍布在社会生活的每个角落。对于从事教师职业的人来说,除了要受社会中普遍的传统习惯的影响外,还要受适用于本职业要求、本职业心理特征的教育传统习惯的影响。教育传统习惯是被人们普遍熟悉和承认的教育道德经验和道德行为模式,它是在长期的教育教学过程中逐渐形成的。这种传统习惯往往与教师的职业心理、职业观念、职业理想和职业行为方式交织在一起,是评价教师职业道德行为的一种稳定且简易有效的方式。我国现存的教育传统习惯,存在着新与旧、积极与落后的种种差别和对立。为了正确地发挥传统习惯在教师职业道德评价中的作用,我们必须从旧的教师职业传统和习惯中取其精华、去其糟粕,努力把精华纳入社会主义师德的轨道,同时要充分肯定和传播那些同社会主义师德的要求相一致、有利于社会主义教育事业发展、有利于学生健康成长的新传统、新习惯。

(二) 教师职业道德的自我评价

教师职业道德的自我评价是指教师依据一定的职业道德原则和规范对自身的教育行为所进行的一种道德上的自我认识、自我衡量和自我判断。以教育良心为核心的内在信念是教师能否做好自我道德评价的关键。内在信念是人们在道德生活中对自己的善恶行为进行评价的唯一力量,这种评价形式具有自我激励、自我导向、自主转换等功能,它可以随时帮助教师辨别师德的各种是与非,判明自身教育活动的善与恶,这种约束、指导和调节教师道德行为的作用是其他任何力量所不能代替的。教师的内在信念是师德评价中的直接准绳,在其支配下,教师往往会由于自己的外在行为与内在的道德认知标准相吻合而感到心安理得、问心无愧,得到道德上的满意感和愉悦感,形成一种力量和自信心,并勇于继续坚持这种行为;反之,教师对于自己所做的违背道德原则、规范的行为,则会从内心产生内疚自责和羞愧不安,促使自己作出自我反省与自我批判,进而及时采取有效的纠正措施,以捍卫教师职业道德规范,逐步养成崇高的道德人格。

在教师行为的道德评价中,社会舆论、传统习惯和内在信念三种形式是互相关联、互相补充、互相影响的。一方面,良好的社会舆论和传统习惯两者相互促进,并且共同担当着培养和树立优秀内在信念的重任;另一方面,正确的教师内在信念是形成校内外舆论、教育传统习惯的思想基础,也是社会舆论、传统习惯对行为当事人施加影响的基本前提。只有综合运用社会舆论、传统习惯、内在信念这三种因素,形成内力和外力作用的良性循环,才能充分发挥社会评价、自我评价的优势,消除这两种评价形式各自的缺点,才会建立起有效的师德评价机制,使道德评价得以充分、有效地发挥作用,进而促使教师职业道德水平的提高,推动教师职业道德的发展。

三、教师职业道德评价的方法

教师职业道德评价方法是指在教师职业道德评价的过程中所采用的各种方式和手段的总称。教师职业道德评价方法是实现教师职业道德评价的任务、保证教师职业道德评价的顺利进行、取得教师道德评价良好效果的关键性因素。

(一)自我评价法

自我评价法是指教师个人根据教师职业道德规范和教师职业道德评价的标准、原则等一系列评价体系,对自己的道德所进行的一种自我认识、自我判断、自我评价。简言之,自我评价是教师自己对自己的道德进行评价,在这个过程中教师既是评价的主体,又是被评价的客体。

教师职业道德的自我评价是提高教师职业水平不可缺少的重要环节。在运用自我评价法时,教师需要不断提高自我评价能力。一方面教师要形成强烈的内在信念。另一方面教师要端正态度,提高认识,认真对待评价工作。只有这样,教师才能有效地运用自我评价方法,随时判断自己行为的是与非、善与恶;才能持续地受到道德情感的熏陶,培养丰富、积极的道德情感,形成坚定的道德意志,使自己的职业道德发展到一个新的水平。

(二)学生评价法

教师职业道德评价中的学生评价法是指教师和学生在教与学的相互作用中,学生依据教师职业道德的原则和规范对教师的行为予以判断的一种道德评价方式。学生评价实际上也是一种社会评价，但它是一种特殊的社会评价，这是由教师与学生的特殊关系所决定的。一方面，教师与学生是一种朝夕相处、教学相长的关系，学生最有条件对教师的职业道德进行评价。另一方面，社会主义社会的师生关系是一种相互尊重、相互关心彼此平等的关系。正是这种平等、民主、互爱的师生关系使得学生能够对教师的职业道德进行评价。所以，学生评价法是教师职业道德评价中不可或缺的一种评价方法。

（三）社会评价法

社会评价法是指行为当事人之外的个人或组织如学校或其他社会方面的人员，根据教师职业道德规范，对教师的道德状况做出评价的一种方法。社会评价法主要是通过社会舆论对教师的道德进行评判。社会舆论是指众人的议论和评判，它是人们用语言或文字对其所关心的社会生活中的某种现象、事件或行为所发表的某种带有倾向性的意见。社会舆论评价的内容多样，如政治舆论、经济舆论、道德舆论等。运用社会舆论的方法对教师职业道德评价是必要的，一方面，我们每一个人都生活在一定的社会当中，每个人的思想和行为都受到社会舆论的监督，教师也不例外。另一方面，社会舆论的评价，可以使学校和教师及时获得来自各方面的信息，为学校和教师认清自己的优缺点，提供可靠的依据。在运用社会舆论对教师职业道德进行评价的过程中，首先要广泛收集来自各方面的舆论，充分占有大量信息；其次，要正确地分析、处理和评价这些社会舆论；最后要重视有组织地、自觉地运用社会舆论对教师职业道德进行评价。

（四）加减评分法

加减评分法是指根据国家对教师职业道德的日常行为要求，找出一系列评语式的测评项目，对每一测评项目作一些具体规定，指明达到什么程度、加多少分或减多少分，最后计算分数以表明其等级。我们应当根据《高等学校教师职业道德规范》《中华人民共和国教师法》《中华人民共和国教育法》等法律文件中对教师职业道德的要求，定出一些应予提倡的良好思想行为项目为加分项目，依据其表现程度确定应该加分的分值；列出一些应予取缔的不良行为项目为减分项目，依据其危害程度确定扣分的分值，然后计算总分数。这种方法的优点包括：①把教师职业道德的质量评判转化为数量评判，对每一行为的评判都有统一的、具体的标准，评价结果比较客观、精确；②有利于教师明晰正确的职业道德观念，使他们认识到自己的好坏、得失；③便于领导及时获得反馈信息，采取有效手段进行教学管理调控。

这种方法的缺点也是非常明显的。其一，采用考核量标和加减分值的确定难以做到科学、合理；其二，对教师行为限制较多，不利于发挥教师的主动创造精神；其三，偏重行为评价，容易忽视道德意识和思想动机等。科学地确定各项指标及其所占分值是运用这种方法的一个前提条件，也是这种方法能够取得成效的一个基础。因此，在具体评价工作中，首先要根据《教师职业道德规范》的要求，运用科学的手段确定各项指标及其分值；其次要注意评价过程中的思想教育；最后要特别注意评价时考察教师的行为动机，以提高道德认知为出发点，避免使考察结果伤害到教师的自尊心，影响教师的教育教学。

第三节　教师职业道德评价体系的建构[1]

教师职业道德评价机制是教育运行机制的重要组成部分，也是决定构建科学教师职业评价体系的关键环节。教师职业道德评价的本质是价值判断，在对教师职业道德进行认可与否的判定时，都必须依据一定的价值标准进行。教师职业道德评价体系的建构，应从以下几个方面出发。

一、借助教育创新推进教师道德实践和道德发展

构建教师职业道德评价体系，是为了推动教师的师德教育作用于学生人才培养当中，以立德树人贯彻教师职业的使命感和责任感，同时实现教师师德的评价和教育与专业教学的融合，通过教师教学创新和学科建设，不断推进教师个人道德素养的提升，推进教师的道德教育与专业教育的融合，这有利于深化学生的全面发展。在推进师德教育的过程中，强调校园环境和校园文化对于教师道德发展的重要性，不仅从本校历史文化传承中发扬师德精神，也将教师的师德教育纳入具体教学当中，推进教师师德与学生道德教育的同步性。这不仅有利于不断推进教师道德素养的提升，同时也能够以教师自身的道德修养和道德实践对学生的道德发展起到表率作用，实现学生综合素养的有效提升。

学校应当为教师师德发展提供良好的校园环境和教学环境氛围，保障教师自身发展和职业发展的权益，这有利于帮助教师建立正确的职业价值观，也能够推进教师将自身的道德素养融入具体的教学和科研当中，从而真正发挥教师个人的内在能力。积极推进教师专业教学上的创新，引导教师将个人道德素养和道德实践融入专业教学和实践当中，这不仅能够强化学生对于道德实践的现实价值认知，也能够将教师个人的道德素养转化为具有能动性的教学和科研能力。学校能够以教师在专业教学中的道德实践作为评价教师个人道德能力的重要标准，这也为教师的职业发展提供重要参考。

二、构建师德教育体系，完善教师职业道德评价

构建教师职业道德评价体系，不应过多地强调对于教师职业道德实践的量化分析，而是

---

[1] 东北师范大学．构建"三位一体"教师职业道德评价体系[N]．中国教育报，2021-07-18(4)．

应当以教学型和研究型教师在职业道德上的不同要求，制订科学的教师职业道德教育方案。以道德教育推动高校对于教师职业道德的合理化评价，从而为教师的职业发展提供动力，而非职业道德考查上的压力。例如，东北师范大学所构建的"三位一体"教师职业道德评价体系是以师德教育作为基础，强调将教师的师德教育转化为教学和科研创新，引导教师将自己的道德发展融入具体的学生人才培养当中，不断发挥师德教育的育人价值，这既体现了高校开展师德教育、构建教师职业道德评价体系的育人目标和宗旨，又能够以教师道德教育和教学实践的融合推进高校教师职业道德评价的客观化和科学化，利于高校为教师打造具有个人职业道德要求和发展要求的职业规划，从而不断推进教师开展具有现实教育、科研应用特性的道德教育和道德实践。

以师德教育体系推进教师职业道德评价的科学化，必须要考虑到教师道德发展与现实需求满足之间的契合度，不仅要以道德教育促进教师在教学、科研、育人等方面的奉献，同时也要以相应的物质回报作为教师道德发展和道德实践的正向反馈，只有这样才能让教师明白自己所开展的道德实践、立德树人是能够体现自己的职业价值和人生价值的，这也能够激励教师更加专注于自身道德素养的培养和提升，从而促进教师专业教学和学生人才培养质量的有效提升。高校在开展教师职业道德评价时，要重视对于教师职业道德责任的考查，以学生为观察角度，去综合评定教师在道德实践中的表现，促进教师不断提升自己的道德修养和综合素养。

三、以教师职业发展为导向，推进教师道德能力的自我提升

教师职业道德评价体系，强调教师自身道德修养的现实转化，这不仅有利于教师在专业教学、科研中真正践行道德力量，同时教师在职业岗位中的道德实践也有利于促进教师职业的发展。这种教师道德评价机制能够实现教师职业的良性发展，同时也为教师的教学创新和科研创新提供更多的内涵和动力，且对于学生专业学习和自身发展而言也是十分有利的。学校要以师德教育作为源泉，推进教师在专业教学和科研中实现道德实践与专业实践的融合创新，引导学生在专业学习和实践中明确行业道德和社会道德对于专业应用的要求，从而规范学生的专业实践内容，提升学生的学习和实践质量，这也进一步推动了教师在个人道德素养作用下的教学成果和科研成果转化。学校在开展教师职业道德评价时，既要考查教师的教学和科研成果，也要考查学生在教学过程中对于知识的获取程度，以及对于课堂教学和专业实践的满意度。教师要借助于专业教学充分践行自己的职业道德责任，将学生的发展作为自己职业发展的首位。学校要进一步加大对于教学型教师奖励的权重，制订相应的教学型教师职业晋升方案，将教学型教师职业道德评价进行量化，以匹配研究型教师对于学科发展的作用，这样既能够调动教学型教师开展专业教学的积极性，同时也能够推动研究型教师重视专业教学以及对于学生的学习指导。

四、构建教师师德问责制，强化教师职业道德建设

构建教师职业道德评价体系，虽然强调教师在教育创新中的道德实践，引导教师将自己

的师德教育作用于学科教学和学术研究当中,但是这种教师职业道德评价方法却隐含着对于教师道德发展的强制要求。教师必须要在专业教学和科研中完成自己的职业道德责任,充分实现自己道德素养的现实转化,从而更好地服务于学生的专业学习和综合发展。学校应当以师德问责制作为教师职业道德评价的重要方法,在教师职业晋升上,以明确的职业道德要求约束教师的教学行为和科研行为,这样能够使教师按照明晰的职业道德规范开展自己的教学和研究工作,随着教师道德实践比重的增加,教师不得不重视学校所组织的师德教育培训和校内道德文化实践,这无疑能够增强教师对于道德实践和立德树人的参与度,从而有效地提升教师的职业综合素养。学校应当建立专门的教师职业道德行为考查部门,并且为每一位教师建立专门的职业道德档案,使教师职业道德评价伴随着教师职业的始终,这样能够增强对于教师职业道德行为的约束力,从而引导教师更加重视自己在教学和科研中的行为。学校需要以教研组、学科组为单位,建立教师职业道德相关问责制,不仅要重视单一教师的职业道德问题,也要考查教师之间的互相包庇行为,从而真正切断教师之间的小集团利益,实现教师职业道德评价的透明化,并且配合执法部门,根据教师职业道德行为来判断是否移交法律部门处理,这样能够增强对于教师职业道德评价的公允性,从而引导高校教师重视自己的道德行为规范。

构建教师职业道德评价体系应当以教师的道德实践和道德教育作为重点,引导教师通过职业道德素养的提升促进专业教学和科研的开展,这样能够实现自身职业道德在育人上的有效转化。学校应当将教师职业道德评价体系同教师职业发展联系起来,以明确的教师职业道德评价指标促进教师在专业教学和科研中充分践行自己道德素养的价值,这不仅有利于自身职业发展,同时也能够实现教学和科研上的创新,从而为学生的全面发展提供科学化的指导。需要明确教师职业道德评价对于教师职业发展的重要性,实现教师道德评价科学化、法治化,引导教师明确自己的职业道德责任以及法律责任,从而更加规范教师的教学和科研行为,引导教师专注于对于学生人才的培养。

课后练习

1. 简述教师职业道德评价的含义。
2. 举例说明教师职业道德评价的方法。
3. 论述教师职业道德评价机制的建构。

第六章

教师职业道德中的一般问题

第一节　师生关系中的道德问题

教师与学生的关系是学校人际交往中最基本的关系。了解师生关系的内涵和外延,对于明晰师生关系中的道德冲突,找到合理的解决办法,塑造和谐师生关系,从而促进教师与学生的共同发展,具有重要的意义。

一、师生关系的内涵

师生关系是指教师和学生在教育教学过程中结成的相互关系,包括彼此所处的地位、作用和态度等。它是一种特殊的社会关系和人际关系,是教师和学生为实现教育目标,以各自独特的身份和地位通过教与学的直接交流活动而形成的多性质、多层次的关系体系。

师生关系作为多性质、多层次的关系体现在如下三个方面。从关系内容上看,师生关系包括教师对学生进行教育教学管理的关系和教师为学生身心发展服务的关系,其中前者为后者服务,有效管理更好地促进学生身心发展和教师的专业发展。从关系层次上看,师生关系首先是浅表性的行为关系即教与学的关系,其次还涉及更进一步的感情交流的关系、心理交往的关系以及深层次蕴含的法律关系等。从关系主体上看,师生关系既是教师与学生之间的关系,也是社会人与社会人的关系。也就是说,师生关系首先是因为教师与学生各自社会角色规定性的规约,体现为教育工作关系,即角色关系。同时,教师与学生都是活生生的人,他们之间的关系在本质上来说是社会人际关系即人与人的关系。

师生关系既有作为人际关系的共性,也有为师生角色制约的特殊人际关系的个性。角色是指与人们的某种社会地位、身份相一致的一整套权利、义务的规范与行为模式,它是人们对具有特定身份的人的行为期望,它构成社会群体或组织的基础。教师与学生之间的角色关系是以权利和义务为基础,渗透着社会对教师和学生的角色期待。这种角色期待既有当事者本人的自律,又有社会舆论的监督,还有《中华人民共和国教师法》《中华人民共和国教育法》《中华人民共和国义务教育法》等以国家立法的形式对此予以确认的明文规定。

二、师生关系的冲突表现

师生关系的延续与发展中,出现矛盾并不鲜见。日常的教育教学活动中,师生关系的建构也并不是一帆风顺,正视这些矛盾冲突,分析其中冲突产生的缘由及表现,对建构和谐的师生关系具有重大意义。

(一)师生个体差异引发的冲突

教师与学生作为有着自己独特性的个体,在学识、性格、年龄、经历、思想等方面均有差异,同时他们身份的不同、立场的不同、看问题角度的不同,在实践生活中都有可能引发师生关系中的矛盾冲突。

在知识上,教师普遍要优于学生,尤其是学科专业领域,师生之间在知识领域"闻道有先后,术业有专攻",这也是师者为师必备的专业资格。但有些教师由此对学生在其学习知识时表现的不够尊重,伤害了学生的幼小心灵,造成师生之间的心理隔阂。在性格上,内向型、外向型或兼容型的性格在教师与学生群体中均有分布,不同性格的个体之间在相处时行为方式就会有所不同,也容易制造误解和矛盾摩擦。在年龄和经历上,教师尤其是中老年教师比学生年长很多,经历事情也丰富得多,容易根深蒂固地认为学生在处理问题上是幼稚的,与学生产生代沟,而年轻教师与学生年龄差距小,更容易与学生亲近。正因为师生之间在学识、性格、年龄、经历等方面存在差异,所以师生矛盾是不足为奇的。

与此同时,教师与学生的身份不同从而社会对这两种角色的要求不同,师生的立场不同引起的看问题的角度不同,这些都是正常情况下师生之间发生冲突的可能性源头。例如,关于"考试",师生的认知就会不同,教师认为是检验帮助学生学习的必要手段,学生却未必能对此有正确的认识,可能出现害怕考试,尤其是假期结束前的考试,认为是老师在故意让自己假期不好过,由此有些学生就会抱怨老师不理解自己,从而对老师有意见和抵触情绪。

对于师生之间的个体差异所引起的冲突,教师应该积极而认真地予以正确对待。对学识上的差异,教师应该提高自己的专业水准,增强自己在学生中的学术威望,但不能以"高人一等"自居,对学生提出的较浅显的问题或课堂上的不佳表现不能嘲讽挖苦,而应循循善诱、耐心细致地教学。对性格上的差异,教师应该尽力用理性来控制自己在学生面前的性格表现,同时引导学生克服自身的性格缺陷。对年龄和经历的差异,教师不可固守一些陈旧观念,应该多与新的事物接触,紧跟时代的步伐,多了解现在学生的心理与以往学生的不同,尽量减少代沟和心理差距。而对于身份、立场、看问题角度的不同,教师需要做的内容如下。一是确保自己所做的是出于公心,并且对学生是有益处的;二是多换位思考,从学生的角度考虑做事的方式方法对方能否接受;三是多与学生沟通,让学生理解老师的良苦用心和行为处事的科学性。学生尤其是中学生随着身心发展的成熟,逐渐有自己的判断和思考,教师切不可把学生当作命令的对象,而应作为有思想的有平等人格的个体,多沟通多互相理解。

(二)利益关系处理不当引发的冲突

我国的历史传统向来是耻于谈"利"的,子曰"君子喻于义,小人喻于利",传统的义利观要求品德高尚的人们洁身自好、重义轻利。所以,传道、授业、解惑的教师只能安贫乐道,做红烛、做春蚕、做人梯、牺牲自己、服务他人,而不能为自己谋私利。然而,人们的交往建立在利益的基础上,这是不以人们主观意志为转移的、无法回避的客观事实,从人道的角度来说,也不应该回避。邓小平同志曾说过:"革命是在物质利益的基础上产生的,如果只讲牺牲精神,不讲物质利益,那就是唯心论。"

利益可以分为物质利益和精神利益,在师生关系中这两种利益关系同时存在。在物质利益上,各公办学校教师的各项工资待遇来自国家或地方财政的拨款,学生的学费或学生家长作为社会人所缴纳的各项税费都是财政收入的组成部分,民办学校的人员开支几乎完全依赖学生缴纳的学费。因此,可以说教师与学生是有物质利益关系的。而在精神利益上,教师在与学生的交往中,激荡青春、发挥才能,在以学生为事业的教育事业中实现自己的人生价值,这个过程是让人精神愉悦的,孟子即以"得天下之英才而教育之"为人生一大乐事。桃李满天下的教师收到已毕业学生的祝福、探望,心中的幸福感又岂是其他职业者可以感受到的。

而从学生的角度来说,学生求教于教师,在学校中受教育,为毕业后进入社会、在社会中立足积蓄能量,包括知识的储备、道德的发展、社会化水平的提高等,而这些在未来社会中能获得物质利益是毫无疑问的。另外,学生在与教师的交往中,学习知识和启发道德,促进自身的全面发展,这个不断进步的过程也是学生体验成长快乐、陶冶精神的过程。

如果说传统的师生利益关系是轻物质利益、重精神利益的话,现代的师生利益关系则出现了商业化、物质化的特点。这与当下社会大环境的变化是分不开的。在当下社会转型时期,市场经济蓬勃发展,教育产业化盛行,少数教师即把市场经济的等价交换原则、利益最大化原则等运用到教育教学活动中,拜金主义、功利主义泛滥。少数中小学教师有的热衷家教、课外补习班,而在正规教学活动中有所保留,有的在选举学生干部、评选三好学生、参加学校活动甚至编排座位等问题上与学生家长进行权钱交易,有的在遇到私人问题时直接点名要求学生家长提供帮助等,相关现象不一而足。

与有的教师主动从学生身上获取不正当利益略有不同的是,当下也有些学生和学生家长为了自己的特殊利益,如能进重点班、重点校、获得教师的特殊关照,而主动对教师投其所好、展开攻势,如送礼、请客等。当然,在利益关系中,教师无疑是处在主导地位,对家长的"礼"是收还是不收,主动权在教师。

(三)管理活动引发的冲突

在现实的教育教学活动中,教师对学生的管理活动是最容易引起冲突的部分。管理活动是教育教学活动能够顺利有效进行的必要保证,其中包括学校对学生的制度管理,教师对学生的课堂管理、学业成绩的监管、学生交往的管理、遵守校规校纪和班级规定的执行情况的管理等。其中虽说所有教师都负有对学生的监管职责,但是实践中,几乎是由班主任老师全方位地负责学生,可以说对学生的管理与关心事无巨细,大到学籍信息录入,小到迟到早退、仪容仪表,甚至有学生家长就孩子在家的不良表现跟班主任诉苦,向班主任寻求帮助。所以相较于科任教师,班主任对学生责任最大,与学生接触最多,与学生之间发生冲突的可能性也最大。

教师与学生之间由于管理活动引发的冲突,究其原因可能有三个方面导致。一是制度本身的不合理、不合人性化,导致学生对此有意见,甚至以极端方式表达不满。二是个别教师的职业素养有待提高,在从事管理活动时没有注意方式方法,言行态度有不合适的地方,对学生造成了一定的负面刺激,从而激化了矛盾。如有的教师在学生犯错时讽刺挖苦、冷嘲热讽,不顾及其在其他学生面前的自尊心,或者采取体罚或变相体罚的方式,对学生身心造成严重的伤害。在这些情况下，师生之间的冲突甚至会演变成家长与教师之间的冲突，家长与学校之间的冲突，后果一发不可收拾。三是个别学生品性的不成熟，自我约束力不强，尤其青春期的学生叛逆性强，容易以自我为中心，一旦教师的管理活动与自己的所想所做不一致，便有可能与教师之间发生冲突。例如，当下很多学校会对学生在校使用手机加以严格监管，目的是控制手机对学生学业可能带来的负面影响，如上课玩手机、考试利用手机作弊等。但有些痴迷手机娱乐的学生对此非常抵触，在被教师发现违规使用手机时拒绝接受相关处理，甚至与教师当场爆发激烈冲突。类似的事情在实际学校生活中时有发生。

对待这些管理活动所引发的冲突，首先，学校层面应确保制度的合理性和科学性，在制度试行时多征集教师及学生的意见，力求科学民主决策。其次，教师要提高自身的素质，在实施对学生的管理活动时，理性控制自己的情绪，切实尊重学生的人格，保护学生的自尊心，不可言语行动上有失为人师表的风范。再次，对于学生自身不合情理的因素，过于自我和放纵的想法，教师要多加引导，在平时多注意对学生的相关教育，并多与学生家长沟通，寻求与学生家庭的教育合力，共同致力于学生的成熟与理性发展。最后，教师切不可为了不与学生起冲突，而对学生的违纪违规行为视若不见、放任不管，这样的不作为既是对自己工作的懈怠，罔顾自己的教师职责，又是对学生的极端不负责任，对学校的正常教育管理活动和学生的身心发展都极为不利。

（四）应试教育引发的冲突

应试教育是以应对考试、提高升学率为终极目标，教育教学活动以此目标为指挥棒，各项活动围绕此目标展开的一种教学模式。在教育教学实践中的表现有：以学习成绩作为评价学生和教师的唯一标准，课程安排上所有非中高考科目为中高考科目上课时，划分重点班级并给予优质教育资源的配备，压榨学生所有课余时间用于各门考试学科的学习，甚至劝退可能影响到学校升学率的成绩落后的学生等。由于现实的显效性、可衡量性和可比性，很多地方学生的考试成绩和升学率关乎教师的奖金和名望，关乎学校的社会地位和名声。即使违法违纪的行为有所收敛，但普遍来说当前中小学里应试教育的取向还是很明显的。

应试教育的目标导向和实践操作无疑是对德智体全面发展的教育目标的窄化，造成了一系列的教育不公，不利于和谐师生关系的培养，不利于学生的长远的发展。一方面，应试教育中，学生的学习成绩成为学校考核教师的重要标准，同事之间对学生分数的比较和排名，让教师倍感压力，导致教师对学生学习成绩的唯一看重性，并将这种压力传递给学生。教师在教学中对学生期望过高，压力过大，可能采用些违背教育规律的手段来提高学生成绩，如布置过量作业、题海战术、考试排名等，易激起学生的逆反心理。而且，当有些学生的学业表现没有达到教师的期望和要求时，教师若采取不理智的态度，如讥讽挖苦或者过激的惩罚方式，都有可能导致师生之间的激烈冲突。另一方面，教师看重的是学生的考试成绩，往往会忽视学生内在的心理需求和精神发展，即使教师会给予学生关怀，关怀的对象往往也是考试成绩优秀的学生，而中等生和学习成绩差的学生通常很难获得教师耐心地关注和关怀。这易造成成绩优秀的学生以自我为中心和大部分学生对教师的疏离怨恨，师生之间隔阂加深。另外，学生的所有时间和精力全部被安排放在学习成绩的提高上，对其他方面的发展如生活自理能力、人际交往能力、个人兴趣爱好的培养必然有所欠缺，对师生关系这一人际交往关系的处理未必能成熟,更严重的是不利于学生未来的发展。

对于应试教育所引发的师生关系的冲突,一方面,我们呼吁全社会对素质教育的重视,能用长远眼光来看待学生的发展,致力于推动中高考制度的改革,教育公平的普及,从制度层面减少分数对教师和学生的压力,削弱师生之间的冲突源。另一方面,即使社会大环境难以改善,应试教育之风横行,教师也不是无能为力、只能无所作为的。在平时的教育教学活动中,教师应理性控制自己的言行举止,把学生当作与自己平等人格的人来看待,多换位思考、互相体谅、尊重学生,多考虑学生的心理感受和承受力,尽可能在自己的职责范围内保护好学生的身心发展,绝不可以肆意发泄自己的情绪和不满,把社会对自己的压力转移到学生身上。

三、和谐师生关系的构建

(一) 树立以生为本的教育理念

学生作为国家的未来、民族的希望,他们肩负着建设社会主义事业的历史使命。学校的教育教学活动就是要以学生为中心,针对学生的发展特征展开设计工作。此外,现代学生个性张扬、喜欢追求新鲜事物,热衷自我表达和人际交往,教师要认识到学生是逐渐成长起来的独立个体,他们有自己的知识经验和生活方式,有自己的兴趣爱好、个性性格以及生命体悟,教师应当理解时代背景与成长环境对学生群体的塑造作用,尊重学生的个性与成长方式,将他们视作有待发展的生动个体。

(二) 营造平等互信的对话氛围

现代教育的价值取向即为民主与平等。构建新型师生关系要从人格尊重入手,通过人格平等来构建师生双方在心理上、态度上、行为上的全面平等,避免"教师中心"和"学生中心"这两种极端模式,在教育教学活动中构建起互为主体的平等关系。师生之间要依靠彼此理解和尊重夯实信任基础。教师理解学生的生活方式,尊重学生为学业、为发展做出的努力;学生理解教师的生活阅历,尊重教师为教育教学活动付出的时间与精力。只有师生双方都给予对方应有的理解与尊重,才能以对方视角考量师生关系,共同奠定信任基础。

(三) 推动师德学风的全面建设

师德不正,教育不兴。教师应当将师德建设放在职业生涯发展的重要位置,要不断拓展学术视角、更新专业知识,成为学生学业发展的真正领路人。教师要加强思想政治、道德品质、个人修养等方面的自我教育和自我约束,用人格魅力和优秀品质去感染学生、影响学生,为学生做好道德表率。学风不振,学业难成。学生应当树立民主意识、追求师生平等,但在强调个体意识、维护自身权益的过程中,必须遵守社会道德与教育秩序的基本准则,积极履行自身义务。尊重教师的劳动付出,在自律意识下努力成为专业知识扎实、专业技能过硬、思想品质可靠的优秀人才。

(四)重构积极互动的新型课堂

教师对待每一位学生都要保持科学理性的价值中立,而不是用自己的思维方式、知识经验去干涉和控制教育教学过程。每个学生的知识经验和生活经历不同,在学习层面也会有不同表达和认知反应,教师不能因为学生的表达不够流畅而失去耐心强势打断,也不能因为学生的思想观点有失偏颇而立即生硬纠正。而是要给予学生完整表达的机会,了解学生的思想与意图,发现学生的优势与潜能,肯定学生的努力与付出,激发学生参与课堂互动的主动性和积极性,从而在师生双方的沟通之中,实现彼此间的知识、观点以及经验的积极共享,实现师生间的心灵交流和情感共鸣,创造富有生命活力的教学课堂。

(五)构建教育教学活动评价机制

学校应以学生为中心重构课堂教学评价体系,为建立平等健康的师生关系提供保障。首先,在课堂教学中,学校应在尊重教师主导地位的同时,突出学生在课堂教学中的主体地位,以学生通过课堂教学行为特征、专业知识、专业技能的变化,作为教师课堂教学评价的主要依据,以评价指标的变化促使教师课堂教学活动的改革与更新。其次,学校应重视学生在教育教学活动中的评价作用。学生是学校教育教学活动的主要参与者,只有重视并明确学生在教育教学活动评价中的权利,学生才能真实表达对课堂教学的真实感受,提出中肯建议。教师应注重通过学生参与教育教学活动评价,促进课堂教学组织的反思与改革,激发学生参与教育教学活动的积极性与能动性。

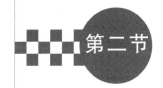

第二节 教师集体组织关系中的道德问题

与其他形式的劳动相比,教育劳动是建立在集体协作基础上的教师个体的脑力劳动。教师集体组织作为教育劳动的必要形式,其对于教育活动具有极为重要的意义。由于教师集体组织是各个不同个体的组合,就不可避免地会发生摩擦、矛盾。正确认识教师集体组织关系中的道德问题,对于构建和谐的教师群体关系,发挥教育的最大效用,具有重要意义。

一、教师集体组织的类型

《辞海》把社会组织的特征表述为有特点的组织目标,一定数量的稳定成员及制度化的组织结构。在我国教师集体组织主要包括教研组织、教师进修学校、名师工作坊等,这些组织在教师专业化发展的道路上发挥着重要作用。

（一）教研组织

教师组织不是一下子就出现的，而是从个体演变一个群体，经过了漫长时间的洗礼。教师专业发展需要专业组织的支持，没有一个教师能离开专业组织获得发展。

新中国成立初期，我国学习苏联的经验，结合本国实际，在高等学校建立了教学研究室，作为学校教学和科研的基层组织；在中学和部分小学，按学科分别设置教学研究组，简称教研组。教研组的主要职能是组织教师学习党的教育方针和政策，研究教学大纲、教材和教法，钻研教学理论和专业知识，以及总结交流教学经验，帮助新教师提高业务能力等。在省、地、县三级教育系统设有教学研究室，主要负责本地区一部分教学管理工作，以及学科教学研究与指导工作。

1. 学校教研组织

我国学校层面的教师组织不同于自愿集合、非政府性质的社会组织，它是学校组织结构的一部分。学校教师必须加入教研组和年级组，没有自主选择的权利。学校教研组织虽然属于非正式的学校行政组织，但实际上属于学校进行行政管理、监督培训教师的辅助组织，是以教师为对象的学校基层组织。

学校里的教师处在各种职能岗位上，就像一盘棋，每个人站在固定的岗位上，各司其职。纵向层面的学科教研组和横向层面的年级组分别负责学生学业和生活上的诸多事宜。学校教研活动主要包括集体备课、听课评课、编制试卷和分析试卷等。

（1）集体备课。集体备课有两个典型特点：一是在个人充分准备的基础上，相互参照、彼此佐证，自然可以取长补短；二是因为一所学校同年级教学是要统筹规划、进度相当的，不可能每个班级各行其是，集体备课所形成的基本教案也为此提供了保证。集体备课的步骤为，课组长每个学期制订备课工作计划，按教材专题（或单元、章节）分配到个人，教师担任某一专题的主要备课者（也称主备教师），阐明自己对本专题（单元、章节）里面教材解析、所需课时、课堂设计、教学方法的运用以及编制测验等各方面的规划，再由组内教师对主备教师的备课进行讨论评议，点明出彩之处和不足，不断讨论调整、充实内容、完善教学方法，最终制订出全组较为满意的教案。但是这并不意味着同一年级组里的老师可以"照本宣科"，而是要结合自身特点、班级情况再度完善。

（2）听课评课。听课评课是现行的教育体系中一种很常见的教研活动。教师在听课评课过程中观摩学习，取长补短，促进自身的专业发展。"听课"是教师借助眼、耳、手等感官以及笔、纸等辅助性工具，直接从课堂中获取相关信息资料，加以分析总结，形成理性教学知识的过程。"评课"是教师对课堂教学的成败原因及出彩之处加以分析，做出一针见血的评价，并能从教育专业理论角度对一些常见的课堂现象做出正确的活动解释。每个学年或是学期，学校都会例行举办"听课、评课"活动，有针对新手教师的，也有针对新教材或是推行新教法的听课评课等。有的学者认为公开教学和听评课活动属于不同的教研活动，但是也有学者认为公开课属于听评课里的一种。

（3）编制试卷和分析试卷。常规考试可以分为学校和地区两类。学校的常规考试一般是学校自己出题，也可能邀请其他学校老师或者名师出题，但承担这一任务的一般是教研组。出题方式可以是备课组通力合作,也可以由备课组长或教研组长单独命题,或指定某个人、某几个人完成。阅卷方式可以是任课教师自己批阅自己所教班级的卷子,也可以交叉阅卷。在每次期中、期末或校际、区域联考之后,学校都会要求教师或备课组长或教研组长进行教学质量分析,先由教研组自己组内交流,然后各教研组进行组内教学质量分析总结。这样可以提高命题质量,并进一步研讨学生的学和教师的教,以便能够得出切实可行的改进措施。有些优秀的学校教研底蕴深厚,师资力量雄厚,还能够自己出版自己的习题册和讲义。

2. 县级教研组织

县级教研组织和地级、省级教研组织不同,它直接涉及学校这一层面,所以我们需要拿出来单独介绍。这种县级教研活动通常按照学科或者年级两个维度来安排。老师们按照通知参加会议,讨论一些教育议题,例如期中期末的复习。县级的教研组织和学校里的教研组织相似,但是相比学校的教研活动,县级教研组织的班底更加强大,优秀的教研员们对于课程的设计、新概念的引入运用往往会更胜一等。除了每周一次集中的教研活动,举办教学比赛、组织公开课、进行教材过关、组织老师定期考试和外出考察学习等也是县级教研组织经常开展的活动。县级教研组织在组织各式各样的活动、贯彻落实中央文件、促进教学改革、提升本地区的教研质量和教学水平等方面发挥着巨大的作用。

3. 省(自治区、直辖市)级教研组织

相比于学校、县级教研组织,省级教研机构除了开展常规教学研究与指导之外,还偏向宏观管理和政府决策服务以及教育科研课题研究。总体而言,省级教研机构偏向宏观管理和政府决策服务;县级教研机构则主要是面向一线教师开展常规性教研活动;学校教研组织则是学校生活的一部分,更有利于打造学校品牌特色。新手教师在经历了职前教育的熏陶之后,又能在三级教研组织中获得持续发展的动力,从课前备课到教学设计,从教材分析到考试评价结果的思考,教师在教研组织的帮助下不断反思领悟,提高专业素养,以便于他们从新手教师发展为合格教师,再由合格教师发展为卓越教师。

(二)教师进修学校

《中国大百科全书·教育》中对"教师进修学校"的定义是:"国家不断提高在职教师的业务水平而在各地设立的教师进修机构。"与此相近的另一个概念是"教师进修学院",其定义是:"能使在职教师通过业务进修达到相当于大专毕业水平的高等学校。"这与教师进修学校产生的初衷有关。

教师进修学校产生于20世纪80年代初,其主要职能是对中小学教师进行学历补偿,这与当时我国教育体制不健全、中小学教师学历普遍不高的时代背景密切相关,不置可否的是教师进修学校的出现为我国基础教育的发展夯实了师资人才基础。近年来,我国职前培训的师范教育日臻完善,教育水平稳步上升,再加上大学扩招,拥有本科学历的中小学教师越来越多,特别是2002年《教育部关于加强县级教师培训机构建设的指导意见》颁布之后,县级教师进修学校的生存问题引发人们的关注。教师进修学校的教师培训工作迫切需要转型,不能局限于要求教师在入职前达到本科学历,更需要确保入职后教师素质仍能不断提升,这也体现出我国教育改革已经由原来的数量要求向以提高教师整体素质为目标的继续教育新阶段转变。从中我们可以看出教师进修学校的对象是在职教师，且无论是学历进修还是素质提升，都旨在提高教师的教学水平，并都属于独立办学单位。

目前教师进修学校的主要职能是什么？是开展中小学教师继续教育。目前很多教师进修学校朝着研训行一体化的目标努力。首先，教师进修学校利用自身丰富的教学实践经验和与当地小学联系密切的优势，积极开展中小学实践类课程继续教育。其次，教师进修学校积极对标国外的专业发展学校，借鉴美国大学的有益尝试，旨在为一些大学的师范院校或教育学院的未来教师开展职前的临床性实践训练，同时还兼顾开展在职教师培训与促进学校改革发展。

与此同时，教师进修学校紧跟教师发展与教育研究一体化的大趋势，开展并推进中小学教育行动研究活动，但是需要指出的是，教师进修学校与县级教研组织的部分功能发生重叠，这会导致机构之间产生矛盾冲突，也会浪费资源。因此，实现有效整合促进教师专业发展势在必行。

在信息化的时代背景下，社会不断变革、不断更新，这就要求中小学教师必须终身学习。为了扩展教师教育体系为中小学教师终身学习服务的功能，教育部组织实施全国教师教育网络联盟计划，各地教师进修学校也致力于构建教学资源的网络共享平台，为中小学教师终身学习提供信息化资源服务。

（三）名师工作坊

名师工作坊是在承认学科独立的同时注重学科融合的背景下，建立的一个联系密切、具有研究共同取向、由专家教师领衔的组织团队。名师工作坊属于自发组织的教师专业发展共同体。

工作坊相比于工作室，更聚焦于地区的联动和多学科的整合，更加注重各名师工作室以及基地学校的交流融合。借助网络技术的辅助，名师工作坊的辐射作用也进一步得到强化。各名师工作坊之间形成大联动，能有效缩小城乡之间的差距甚至是发达地区与欠发达地区之间的差距。

名师工作坊促进集团学校的高质量发展。目前在集团化办学的背景下，很多地区的学校借助名师工作坊的大联动优势，将不同类别的基地学校进行整合，构建研修学校联盟，实现双向互赢。一方面，集团内不同类型的学校为名师工作坊的研修提供大量丰富的个性化案例和全方位检验成果的实验站。另一方面，名师工作坊也在不同类型的校情、学情中锻炼自己解决实际问题的能力，从而摆脱单一学科"工作室"的窠臼，形成适应不同校情、聚焦不同学段、不同层次的研修模式，促进集团内部教师队伍的高质量发展，实现集团学校的可持续发展。

名师工作坊为一线教师的专业发展提供切实可行的路径。首先，名师工作坊聘请教研室教师或师范院校的教授做导师，以专家讲座、专题调研等方式为入选教师提供扩展性、体验性的学习机会和高质量的沟通平台，通过与名师互动整体提高教师的专业发展。其次，名师工作坊不仅在工作坊内开展教学研讨活动，还和区教研室开展合作，在学区范围内开展新课题或某些前沿问题的教学研讨，推动区域内教师均衡化发展。最后，工作坊通过任务驱动型的专题研究，扩大研究主题的影响力，提高成员的科研理论水平和实际解决问题的能力，鼓励成员之间合作交流，凝聚专业化团队，打造地区特色。

二、教师集体组织关系中的道德冲突

就一般情况而言,教师集体中各成员之间具有价值目标和根本利益的一致性。从价值目标上来说,各个教师的教育活动所追求的是,将被教育者培养成德智体美劳全面发展的社会主义的合格建设者和接班人。从根本利益上讲,只有当教师集体成为一个团结协作的和谐整体时,广大教师才可能具有舒心的工作环境,才能够将集体的作用发挥到最大。

然而,教师集体中各成员之间的矛盾乃是一种客观存在,这种矛盾主要表现为两大类。一类是教师和学校领导之间的矛盾,另一类是教师之间的矛盾。在后一类矛盾中,又具体表现为同一学科教师之间的矛盾、不同学科教师之间的矛盾、一般教师和优秀教师与暂时处于后进状态教师的矛盾、不同学术观点和教育思想教师之间的矛盾,以及不同年龄和人生阅历教师之间的矛盾,等等。所有这些矛盾将不同程度地影响到教育劳动的成效。正是由于教师集体中这种矛盾及其负面效应的客观存在,在教师职业道德建设中,分析教师集体人际矛盾产生的原因,寻找化解这一矛盾的办法,设定教师处理同事关系时行为之应然,成为非常紧迫的重要课题。

(一) 由于教育劳动的分工所导致的矛盾冲突

教育劳动必须以教师之间必要的分工为前提,但如果有的教师不能以必要的德性参与分工,就可能导致教师集体中的矛盾冲突。比如,有的教师过分强调自己所教授的课程的重要性,并出现和其他教师争自习和辅导时间、争留作业等现象,这就很有可能产生和其他教师的矛盾冲突。再比如,一些教师为了使学生能对自己所教授的课程更感兴趣,往往片面夸大自己所教授的课程的作用而贬低其他课程的意义,而这也蕴含着教师集体产生矛盾冲突的可能性。从教育劳动的分工和目的来看,学校所开设的各门课程都是培养和造就全面合格人才所必不可少的,各门学科都有存在的依据和价值。如果教师不恰当地抬高自己所在学科而贬低其他学科,不仅说明自己的无知,还会对学生的全面发展带来不利影响,更会为不同学科教师之间的协作沟通造成麻烦甚至障碍。在教学实践中,人们往往还会看到一些教师不负责任地在学生面前议论甚至贬损其他任课教师,这种做法常常会使后者在学生面前失去威信而导致其教学工作难以有效开展,最终有可能导致教师之间在感情上的严重对立和工作中的相互拆台。

(二) 由于个体差异所产生的矛盾冲突

作为教师集体,一般是由不同年龄、不同个性、不同专业、不同阅历和工作经验以及不同思想觉悟的教师组成的。这种个体差异,虽然并不必然导致相互之间的矛盾冲突,但却存在着产生矛盾冲突的可能性。例如,不同年龄的教师对新事物、新观念的接受认同程度和速度可能不同;不同个性(如性格、情感、意志、兴趣等)和不同专业(如文史哲、数理化、体育、艺术等)的教师对问题的关注点也有差异;不同阅历和工作经验的教师对于具体问题或现象的思考剖析的广度和深度未必相同;不同思想觉悟的教师往往有不同的世界观、人生观和价值观。教师的个体差异往往导致他们在教育教学实践中产生教育思想、教学手段和教学方法方面的分歧。特别是在教育改革的宏观背景下，教师对新旧观念和新旧思想的认识程度往往不同，更难免产生行动上的不一致乃至分歧，从而产生教师集体中的矛盾冲突。

（三）作为不同的利益主体所导致的矛盾冲突

在教师集体中，各个教师个体都是具体的利益主体。虽然前文已论及，教师集体中的成员在根本利益上是一致的，但在实际生活中仍然会面临着各种具体利益上的矛盾。例如，学校制度性、经常性的总结考核、评选先进、职称评聘、晋升工资、外出进修等工作，都把看得见的切身利益摆到教师面前，能否获得这种利益直接决定了教师的生活水平。而这种利益需求旺盛与供给相对不足的矛盾便使广大教师面临着实实在在的考验。特别是在利益分配机制不完善的情况下，教师的谦让精神和协作道德自然成为教师集体升华为奋发向上、和谐协调整体的重要因素。在市场经济条件下，在人们的自主意识、利益意识普遍受到催发和强化的情况下，这一问题的有效解决面临着新的难度。在实际工作中，我们固然可以看到在利益面前推辞谦让的教师，但确实也不乏毫不相让之人。这一现象的存在，不仅造成了人际关系的紧张，而且直接影响到工作的正常开展。

（四）社会转型时期多元价值观所导致的矛盾冲突

多元文化的盛行导致每个人都可能享有自己专属的文化，而每一种个体文化或群体文化又都有特定的价值取向，因此不可避免地产生了越来越多的频度渐繁、层次渐多、范围渐广的文化冲突。通常，这种文化冲突要得到真正意义上的缓和或消解，短时期内是很难的，或几乎不可能。结果导致几乎所有社会领域都存在多元价值，并将逐渐成为一种普遍现象。但这种多元不只是文化类型的多元，也是价值取向、道德趋向的多元，而且这种现状在相当长的时间内不会得到有效改善。就学校教育而言，多元价值取向也使教师间的思想和价值观念不断发生碰撞，不可避免地导致他们在价值观念、思想意识、道德规范上的分歧和冲突，教师们不知如何选择，他们的行为方式和思想观念受到了巨大的冲击，道德行为和道德判断上产生困惑和迷茫，继而导致道德失范。

（五）教师集体组织关系的道德调节

教师集体中客观存在的人际矛盾，需要通过各种有效的手段加以消解和调节，从而为广大教师营造有利于团结协作，共同发展的集体环境。

1. 抓师德教育，激励教师爱岗敬业，打造一支师德高尚的教师队伍

百年大计，教育为本；教育大计，教师为本；教师大计，师德为本。可见师德建设工作不仅是时代的需要，更是全面推进素质教育、强化教师队伍建设、创办人民满意教育的需求。教师有良好的职业道德修养，是教师事业心的重要组成部分。学校要为教师打造坚守心灵的宁静，做快乐阳光的教师的氛围，让教师在快乐的集体生活中，感受到教学的乐趣；在体会教书育人的成就中，感受到浓浓的师生情；在校舍改建的奋斗中，品尝到发展的快乐、变化的快乐、劳动的快乐；在学校各项工作取得优异成绩的时候，真正体味到粉笔生涯的艰辛，品尝心灵劳作的甘美，享受成功的喜悦，只有这样，才能增强教师间的凝聚力，弱化教师间的冲突与矛盾。

2. 抓练功活动，强化教师的基本功，打造学习型的教师组织

所谓教学基本功，是指教师完成教学工作所必需的条件性的技能和技巧。新的课程标准提出："改变传统的过于注重知识传承，强调学生的主动知识构建；增强课程的整合性和选择性并实施三级课程模式等改革目标。"这些改革目标能否实现，依赖于教师角色的转变，依赖于教师教学行为方式的改变和转换。教师在集体教研中，应坚持"八个一"，即坚定一个信念（忠诚党的教育事业的信念），树立一个观点（正确的教育观），写一本好教案，上好一个学科的课，写一手好字（包括粉笔字、毛笔字），合作开发一门校本课程，每周完成一次网上培训或网上教研，搞一项教改科研。树立教师终身学习的理念，工作中充分发挥教师的潜力，使他们能获得不断发展。要使每一位教师的个人成长与学校的发展达成共同愿景，让每一位成员由衷地感受到学校目标与个体目标一致所带来的好处。唤起每位教师内心真实的理想目标，充分挖掘个体的积极性，让广大教师生活富有活力和激情，从而让学习成为习惯。

3. 抓和谐的人际关系，促使教师心态良好，打造阳光和谐组织

在全面推进素质教育、深化教育改革的进程中，越来越显现出团队精神的重要性。教育改革和教育教学是一项复杂的工程，不是一个人能够单独完成的。一所学校的教育理念转化为教育实践需要全体教师的共同努力，需要依靠共同的创造性劳动，因此，我们应当在教师队伍建设中倡导团队精神，营造和谐的合作氛围，树立正确的竞争观。一是发扬"双赢共好"的精神。通过竞争激发活力，最后达到共同进步，从而使学校既充满生机又能将每个人的追求融入集体的成功之中。二是发扬"自觉协调"的精神。教育的改革与发展需要教师与学生之间的协调、教师与家长之间的协调、教师与教师之间的协调。这种协调不应该仅由领导来组织，而应当成为教师的本能。这样才能使合作成为生存的主动需求，使和谐成为发展的自觉需要。三是发扬"交替引领"的精神。一般学校现有的体制是，学科带头人和名师等总是一部分教师在长期引领，其他教师习惯于跟随，这样教育教学工作就难有更新和突破，大部分教师就难以超越这部分固定权威和水平。其实教师往往各有所长，在不同时期、不同方面重视发挥不同教师的引领作用才是保持学校持续发展的不竭动力。有了双赢共好的愿望，有了自觉协调的习惯，有了交替引领的能力，这样的教师队伍才能是和谐的团队。

师者为师亦为范，学高为师，德高为范。让学习成为风气，让研究成为习惯，让合作成为能力，让师德风尚成为品质，打造阳光和谐的教师集体组织。

第三节 家校关系中的道德问题

学校和家庭是学生成长过程中最重要的环境。教师和学生家长的关系，是教师在教育劳动过程中面临的重要关系，它对教师的教育劳动的成败有着重要的影响。

一、家校关系中存在的矛盾

学生是把家庭和学校联系在一起的枢纽,家校关系围绕对学生的教育展开,家校关系中的矛盾同样与双方对学生的教育活动紧密相连。当前家校关系中存在的矛盾,这些矛盾一部分是家庭与学校这两个不同的教育机构与生俱来的,还有一部分则是随着时代和社会的发展而新产生的。具体分析如下。

(一)学校教育的独立性与学生学校教育中家庭参与不可或缺性之间的矛盾

原始社会,年幼者向年长者学习如何使用劳动工具进行生产劳动,教育活动与生产劳动融合在一起,此时教育活动处在"非形式化"教育阶段,教育的权威主体是家庭和社会。奴隶社会末期,学校作为专门的教育机构出现,教育活动进入"形式化"教育阶段。近代,由于社会化大生产的发展对培养的人的质量和数量的要求大幅提高,教育场所、教育内容、教育时间、教育者和被教育者都固定为制度,教育活动进入"制度化"教育阶段。

在学校教育发展的这一历程中,可以明显看到学校教育的独立性逐步发展。学校代替家庭成了教育的权威,学校教育制度也相应地从其他社会制度中独立出来,相对独立地制约着学校教育的运行。久而久之,学校教育自然地产生了自我封闭性,削弱了与社会的联系。学校教育排斥来自社会和家长等的参与,也就不难理解了。

然而,即使在制度上学校似乎已经将教育的权力全部收入囊中,学校对学生的教育却不能就此拒绝家庭的参与。学生并不是生活在学校的"象牙塔"里,学校教育与家庭教育也不是能截然分开的。当学生来到学校时,他必然带着从家庭教育中受到的德育、美育、劳动教育、体育以及智育的成果。而当学生回到家庭中,学生在学校中所受到的教育也必然要与家庭中受到的影响相互作用。暂不论家庭教育的重要性,即使在学校教育中,家长的参与也是不可或缺的。学校对学生采取的种种教育措施都必须考虑到家长的意愿,大量实践表明,如果遭遇到大多数家长的反对,学校原定的教育措施就不得不宣告取消。正因为学校教育的对象学生,同时还有另一个身份,即家庭的孩子,所以学校教育必须要对学生的家庭负责,学校教育的独立性与学生家庭参与的不可或缺性之间的矛盾成为必然存在。

(二)教师和家长由于社会角色的差异产生矛盾冲突

家长和教师是两种不同的社会角色。对家长而言,孩子不仅寄托了父母未竟的理想和梦想,也寄托了父母的希望。许多父母将自己晚年的幸福和子女目前的发展状况自然地联系在一起。特别是在我国还未普及高等教育,人们的收入水平和生活质量越来越决定于受教育程度的情况下,家长对自己孩子的学习状况更是具有一种发自内心深处的关切,决定了他们希望教师也能如此关注自己的孩子。当教师对学生的关切程度未如家长对孩子的关切程度之高时,家长就可能认为教师对自己的子女不关心而心存怨意。再者,家长和教师对学生的成才状况的不同态度也可能会导致矛盾冲突。以升学为例,假设成功率达到99%,而失误率只占1%,教师认为个别学生的落榜完全是自然的,因此是可以理解的。但这种1%的失误却被落榜学生的家长看作是100%的失败。所以,学生家长对教师这种公务式的态度往往心存不满。反过来,教师也对学生家长过分要求教师关注自己孩子的做法存在反感,从而引起两者间的矛盾冲突。

教师和学生家长扮演的社会角色的差异,决定了两者看问题的角度不同。特别是当教育的过程发生了困难,或者教育教学效果不佳时,如果双方不是冷静地先从自身查找原因,而是轻率地指责对方,将责任一股脑儿地推向对方,就可能会引起矛盾。家长认为,学校是专门教育人的地方,教师是专门教育人的人,孩子被教育得不好是教师的责任。因此,有的家长在心理上对教师产生较强的依赖性,有时会对教师提出脱离实际的要求,不谅解教师工作的甘苦、艰难,不理解教育过程的复杂性。而教师常常也会产生这样的想法,为什么同在一个班上,有的学生稍做教育就能明显奏效,而有的学生对其花了九牛二虎之力也很难见效呢?这也许是家庭教育的失误,是家长素质不高导致的。因此,有的教师也简单地把学生各方面素质的高低,视为衡量家庭教育好坏和家长素质高下的标准。教师和学生家长的这种相互抱怨,有时使得两者之间的矛盾一触即发。

教师和家长作为两种不同的社会角色,两者之间存在不同的教育学修养水平,这是很自然的事。这种差异并不必然导致两者的矛盾冲突。但如果教师和学生家长存在着不同的教育理念和教育方法,双方又缺乏必要的沟通,甚至对对方的理念和方法持否定态度,当对学生的教育过程发生困难时,两者之间的矛盾冲突就将不可避免。

(三)传统意义上教师在教育领域的权威性与现代社会家长挑战教师权威性之间的矛盾

教师权威主要取决于制度性因素和个人因素两方面。制度性因素形成教师的制度性权威,包括传统权威和法定权威。传统权威指社会的文化传统赋予的权威,法定权威指社会制度和法律法规等因素赋予的权威。个人因素形成教师的个人权威,包括知识权威和感召权威。知识权威由教师个人的学识、专长等产生,感召权威则源自教师本人的人格魅力、爱心、同情心等。正是这两方面的因素,尤其是我国尊师重道的历史传统、当下的教育制度以及教师的教育学和本学科专业知识,赋予了教师在教育领域传统意义上的绝对权威。

然而,现代社会教师在教育领域的权威性正受到来自家长的挑战。挑战主要集中在教师的个人权威上。一方面在知识权威上,教育学知识并不是教师所专有的,而是作为教育者(包括为人父母者)都应该具有的通识性知识。随着现代社会的发展,家长们的文化素质也越来越高,很多家长有自己对教育的理解,也有一定的教育学的素养,所以对于教师的一些教育行为并不认可。另一方面在感召权威上,有的教师的师德也是难以应对家长的质疑的。当家长在教师个人权威上持怀疑态度时,往往会通过行为表现出来,如通过给学校施加压力要求更换教师或解雇教师。这种现象在现代社会并不鲜见。另外,不仅是教师的个人权威,现代社会家长对教师权威的挑战甚至也会涉及教师的制度权威。有些自身素质和思想都比较前卫的家长认为当下我国的学校教育问题普遍较多,直接质疑教育制度。

二、构建和谐的家校关系

（一）建立有效的沟通机制

首先，建立有效的沟通机制是创建和谐健康的家校关系的基础。学校和家庭之间应该建立定期的沟通渠道，包括家长会、家访、电话沟通等多种形式。通过这些渠道，学校可以及时向家长反馈学生的学习和生活情况，家长也可以向学校反映学生的需求和问题。同时，学校应该鼓励家长积极参与学生的教育过程，了解学生的学习进度和表现，为学生的成长提供更好的支持。

（二）加强家委会的作用

家委会作为家庭和学校之间的桥梁，其作用十分重要。家委会可以协调学校和家庭之间的合作，促进双方的沟通和交流。同时，家委会还可以组织各种活动增进学校和学生之间的感情，提高学生的学习积极性和创造力。要发挥家委会的作用，就要给予家委会足够的支持和重视。学校应该积极邀请家长参与学校的决策和管理，让家委会成为学校管理和教育的重要力量。

（三）共同关注学生的发展

学校和家庭都是学生成长的重要环境，它们应该共同关注学生的发展。在教育过程中，学校和家庭应该相互配合，共同参与学生的教育过程。家长应该积极配合学校的教育计划，关注学生的学习进度和表现，为学生提供良好的家庭环。同时，学校也应该关注学生的家庭情况和生活环境，为学生提供更好的教育服务。

（四）尊重彼此的独立性和自主性

学校和家庭虽然有密切的合作关系，但它们之间也应该保持一定的独立性和自主性。家长应该尊重学校的决策和管理，不干涉学校的正常教学秩序。同时，学校也应该积极听取家长的反馈和意见。只有彼此尊重，才能更好地发挥各自的作用，促进学生的健康成长。

（五）加强培训和指导

为了更好地发挥家委会的作用，学校应该加强对家委会的培训和指导。学校可以定期组织家委会成员进行培训和学习，提高他们的素质和能力。同时，学校还可以邀请专业的家庭教育专家为家委会成员提供指导和帮助，让他们更好地发挥作用。

总之，只有通过建立有效的沟通机制、加强家委会的作用、共同关注学生的发展、尊重彼此的独立性和自主性以及加强培训和指导等多种方式，才能更好地实现和谐的家校关系。让我们共同努力，为学生的成长和发展创造更加良好的环境。

第四节 学校管理中的道德问题

学校管理工作与教职工个体、群体以及学生的利益息息相关,健全的规章制度和合理的组织结构对师生的发展会产生积极影响,反之会带来不利。

目前我国各级学校管理正向着管理方法科学化、管理手段现代化的方向发展。然而,在加速学校管理系统化、科学化的过程中,依然存在着一些不容忽视的问题,从而影响学校管理的效率。

一、管理目标的突出的功利化

目前,在管理目标上,许多学校特别是中小学校的管理者,以升学率作为学校管理的终极目标,把教师视为实现这一目标的工具。学校管理者对教师的要求就是高质量、高标准、高效率地完成分派的升学率目标,否则要受到经济处罚。即使是高等院校也存在着过分注重功利的趋向,如重理轻文,重科学精神的培育,轻人文精神的涵濡。在这种极端功利性目标的管理体制下,教师承担了沉重的工作负荷和巨大的心理压力,教师个体的追求被剥夺,个体的尊严和价值得不到体现,教师活不出生命的意义。在这种管理目标的驱使下,教师和学生都成了应付考试的机器,何谈教育人文价值的实现?更何谈管理育人的价值目标?而且,这种以功利为终极目标的学校管理只能是低层次学校管理,低层次的学校管理永远不能造就高素质的国民。只有符合现代伦理精神的、人道的、以每个人全面自由幸福发展为价值目标的学校管理才能真正担当起培养高素质人才的神圣使命。

管理的真谛在于发挥人的价值、发掘人的潜能、发展人的个性。现代人本管理理论认为,人既是管理的对象,更是管理的目的。管理必须着眼于人的发展,把人的发展作为管理的第一要义。所以学校管理者必须认识到管理的效率和功利追求必须服从于人的发展这一教育的终极目的,而不能伤害教育的价值追求。当管理作为一种技术进入教育领域,它首先是被当作提高教育工作效率的技术,但一旦它与学校教育相结合,它就不再仅作为充当提高效率的技术工具,而应该被赋予文化的、道德的育人功能。所以学校管理要以关怀人的成长为终极指向,这样学校管理才不会为过分注重功利等外在性的东西而失去方向。

二、组织机构僵化的科层化

我国大部分学校现在实行的是科层式的管理体制,其组织机构是"金字塔式"的分层等级结构,即按照管理权限和责任将每个组织机构排列在不同的层级上,由低到高、权力逐渐集中,构成一条垂直分叉如金字塔形态的权力线。科层制作为工业社会以来相对有效的组织体制,它对学校管理的有效性产生了一定的作用。但是由于科层式的管理体制强调等级层次、职能分工和对既定程序的恪守等,一定程度上影响了教职工的民主参与和主动性、积极性的发挥。

在这种科层制的管理体制下,学校就好像一台机器,教师就好比是机器上的一个齿牙,整个机器的运转给教师规定了基本固定的运行路线,这决定了这种管理体制的机械性和对人的主体性的漠视。对于大多数教师而言,教学变成了例行公事或对既定程序的遵守,照章办事,不敢越雷池一步。

因此,我们必须将程序化规范化管理与民主管理相结合,淡化金字塔式等级森然的官僚化教育管理模式,强调管理层级之间的双向有效沟通,强调个体化、平等化和民主化。

三、过分注重物质奖惩

目前许多学校的管理方法受科学主义管理方式的影响,过分注重物质激励,而忽视精神激励。这种管理方法以"经济人"假设为其人性认知态度,以单一的效率追求为其目标价值取向,以程序化控制和金钱刺激为其领导行为模式。特别在中小学管理中,管理者依据各个教师所代科目成绩,把教师分为三六九等,论功行赏,按学生考试成绩把学生排名先后,大张旗鼓地宣传,重奖成绩优异者,无视师生的心理感受和情感需要。更有甚者,师生迟到、早退,甚至病假都要处以罚款,这显然与今天所提倡的人性化管理格格不入,阻碍了教师的积极性与主动性发挥。

作为以育人为主的学校,要以发展师生健康的个性和人格为根本目标,而不应该无视师生心理和情感需求,动辄以惩罚为手段,违背育人的教育本义。

四、学校管理中道德问题的解决路径

(一)树立以人为本的学校管理理念

坚持以人为本,全面、协调、可持续的科学发展观,是新世纪、新阶段党和国家事业发展的重要战略思想,也是从事各项社会工作的重要指导。在学校管理中,教师作为"人"的因素,最为突出,因此,学校管理应坚持以人为出发点,以教师为出发点。

学校的管理制度的制定要建立在对教师心理、工作特点的充分理解,对人性尊重的基础上,要充满人性化、合理性、可操作性,才能得到广泛的认同和支持。同时在制度管理过程中要渗透人本思想,在制度规范的空间之外,尽量给教师更广阔的自主发展和积极创新的空间,努力创设一种相互完善、尊重、信任、充满温情的工作氛围。另外,制度的建立要与人的自然需要相结合。作为自然人,教师与其他人一样有生存与安全的需要,而人文的关怀首先要体现对人基本需要的保证。同时,学校管理要以关注人的自然需要为出发点。学校的制度要主张人格平等、机会均等，同时重视人文关怀，营造宽松民主的文化氛围，使学校形成规章的严肃、人情的温馨、人心的舒畅、整体活泼的文化校园。

（二）唤醒主体意识，调动教师积极性

教师的主体意识是教师主人翁意识的根本体现，是学校管理制度民主化的根本指征。教师主体意识是否强烈和校长是否具有强烈的民主意识有很大关联。现在大多数学校实行校长负责制，校长掌握着人事权和财权等诸多权力，涉及职工的切身利益，职工往往对校长产生敬畏感。如果校长缺乏民主意识，相当多的教师就会认为那是校长的事，与己无关。教师强烈的自尊心和自信心，迫切希望能以主人翁的身份参与学校重大问题的研究，愿意执行民主研究决定的决议。教师的这种情感是正确的，应该予以满足。只要教师真正感到自己是学校的主人，就会焕发出主人翁的责任感，为学校分忧解难。为此，校长必须把学校中的问题交给群众想办法，越是重大问题越要保持尽量大的透明度，让教师人人参与民主决策，形成人人都是决策者，越是能最大限度实现群策群力，发扬民主的精神。

（三）多元激励手段，营造良好育人环境

打造多元化的激励手段，主要就是将物质激励与精神激励相结合。学校管理者需要意识到，师生群体是一个具有较高文化素质和道德素质的特殊社会群体，不分情况的以罚款为主的物质惩罚，不仅使教师难以接受，损伤教师的自尊心，同时也会降低教师的威信，从而影响教育教学质量。盲目的物质奖励刺激，也并不会始终起到激励作用，还需要精神激励作为补充，来满足教师内心的情感需求。

与此同时，科学合理的奖励机制，对于营造良好的校园精神文化氛围，打造清新的育人环境，也能起到积极影响。学校精神文化建设是校园文化的核心内容，也是校园文化的最高层次，它体现着校园文化的方向和实质。创造一个健康向上、以人为本，关怀人、注重人的校园文化，可以满足广大师生的多样文化需求，会对师生心理产生积极而深远的影响，也为学校管理目标的实现创造了一个更加宽松和谐的道德氛围。

 课后练习

1. 简述师生关系道德冲突的表现。
2. 如何构建和谐的师生关系？
3. 简述教师集体组织道德冲突的表现及调节。
4. 简述家校关系道德冲突的表现。
5. 如何建构和谐的家校关系？

第七章

教师专业发展

第一节　教师专业发展概述

一、教师专业发展的含义及其特征

教师是一种从事专门职业活动的专业人员,必须具备专门的资格,符合特定的要求。主要有三点:一是教师要达到规定的学历;二是教师要具备相应的专业知识;三是教师要符合与其职业相称的其他有关规定,如语言表达能力等。教师必须专门从事教育教学工作。

师者,所以传道授业解惑也。自唐以来,此话流传至今。教师是承担教育工作的专职人员,主要任务为教书、育人,传递和传播人类文明。教师专业发展是一个人们熟悉的词语,但是专业、教师专业、教师专业化和教师专业发展等各自的内涵和相互间的区别仍然是一个需要深入研究的问题。

(一)教师专业发展的含义

国内外研究者对"教师专业发展"的界定仍然是众说纷纭。国外学者霍伊尔认为:"教师专业发展是指在教学职业生涯的每一阶段教师掌握良好专业实践必备知识和技能的过程。"而国内学者叶澜等认为:"教师专业发展就是教师的专业成长或教师内在专业结构不断更新、演进和存在的过程。"国内学者宋广文等人提出了教师本位的教师专业发展观,认为:"教师本位的教师专业发展是针对忽视教师自我的被动专业发展提出的,它强调的是教师专业发展对教师人格完善、自我价值实现的重要性和教师主体在教师专业发展中的重要角色与价值。"

因此,我们可以得出结论,教师专业发展是指教师作为专业人员通过学习、实践研究等途径,不断改进自己的专业思想、专业品行、专业道德,提高自己的专业知识、专业能力、专业智慧,强化自己的专业情意、专业信念、专业情操,促使自身综合专业素养不断完善,实现由专业新手向专家型教师转变的过程。进一步讲,教师专业发展是教师的专业理解、专业能力、专业情感与专业思维同步发展走向成熟的历程。显然,教师专业发展是教师的自然成熟与自觉努力的共同作用过程。只要身处教育实践中,教师都会自然成长,如基于专业经验持续积累得以成长。一旦教师有了专业发展的自觉意识、自觉心态与自觉行动,教师的专业发展就可能成为一个自主、自控的过程,如教师基于培训、研修,专业得以发展。

但是当前,教师专业发展的重要性还未被充分认识,无论是职前教育还是在职教育,都对专业能力训练不够重视,表现为主要是以基本知识能力训练为主,重知识轻应用、重学历轻能力。无论是提高学历(专升本、研究生课程班、在职读教育硕士)的学历教育,还是几年一轮的全员继续教育,对于解决教师在学校和教学中碰到的困惑和困难都有一定的帮助。以教师专业发展为指导的教师教育,能够解决教师培训的低效和无效问题,促进整体教育质量的提升。

目前,对初出大学校门的新教师的培训主要采取集中培训和校本培训两种途径。集中培训是指教师们集聚在一起,通过专门的培训班进行学习的一种方式。这种方式通常在学校内部进行,旨在迅速传达重要信息或教学模式,提高教师的教育教学水平。校本培训常用方式:一是师徒帮带,即找有经验的教师和新教师结对子,老教师指导新教师的教学工作;二是新教师上公开课,其他教师给予评价和反馈,例如,有的学校规定新教师每个学期要上一节公开课,全体教研组教师参与听课并提出反馈意见。这两种形式给新教师提供了学习和促进专业发展的机会,但有时会遇到指导教师的水平因人而异、指导教师的选拔及指导活动缺乏严格的支持和评价程序、有经验的教师的评课和指导是零碎而不系统的等问题。

(二) 教师专业发展的特征

1. 在国内方面

(1) 教师专业发展受到中国文化历史发展的影响。1840年鸦片战争以后,受西方师范教育体系的影响,中国创立了第一所培养教师的师范学院,这在中国教师专业发展史上具有里程碑意义。中国近现代一批教育家呕心沥血,为此付出了大量艰苦努力。中国传统文化发展呈现出的断续性,并不意味着传统文化的消失。深深植根于中华民族的传统文化形成了独特的中华民族文化心理结构,在不同阶段,民族文化心理结构以"显性"与"隐性"两种不同形式,分别在民族价值观取向和思维方式上得到了充分体现。这决定了教师专业发展在借鉴外国经验时,不可能"全面西化"。无论是近代输入西方师范教育,还是现代引进西方教师专业化,中国多只借鉴教育体系等制度层面的东西,而对其具体教育内容中的宗教、功利方面加以筛选,保留了中国传统教师专业发展中侧重教师自身品性修养的职业伦理道德教育,以达到自身发展的目的。

(2) 教师的职前培养几乎都由师范院校进行。在我国的教师教育进程中,一直是三级师范并举,即高等本科师范院校培养高级中学教师,高等专科师范院校培养初级中学教师,中等师范院校培养小学教师。这是由我国当时的国情所决定的。但随着社会的发展,人民受教育程度普遍提高,由中师毕业生担任小学教师和由专科毕业生担任初中教师已经不适应社会对教师素质的要求。信息化、数字化社会的高速发展推动了教育的发展,小学教师开始由本科师范院校培养,许多具有研究生学历的毕业生也开始进入教师队伍,对研究生层次的教师教育需求越来越大,我国对教师的学历要求也越来越高,我国教育由高速度发展走向高质量发展。

(3) 打破教师任职资格的终身制。教师资格制度的建立确保了合乎一定标准的人员才能做教师,是教师从教的门槛。教师资格制度以教师专业化发展要求教师,一方面,要有深厚的学科集成、活跃的学术思想,能够了解和跟踪学科的发展,成为学科方面的专家;另一方面,要有优秀的教师职业素养,能不断更新教育思想与教育观念,有很强的教育教学能力,成为教育教学方面的专家。有学历的要求,更有教育实践的要求。不仅局限于理论方面的学习,更要求有较高的教学能力。新社会的发展要求教师具有较高的文化素养,开阔的知识视野,能跟上时代发展的潮流,以前的"铁饭碗"被打破,教师自身的专业发展越来越重要。

2. 在国外方面

(1) 建立严格的教师资格认证制度,整合教师培养课程资源。传统的由师范院校培养教师的做法已经被打破,通过建立严格的教师资格认证制度,可以把好教师的入口关,这里我们将论述英国、德国和法国的教师培养制度。

英国的教师培养分为两类:一类是面向中学毕业生开设的教育学士学位课程(BED),它同时进行学科教育和专业知识教育,并整合了教师教育课程资源;另一类是目前英国教师培养的主体。两类培养教师的课程都是根据英国国情所设计的。

德国资格证书是教师行业的准入证,教师的培养和教师资格证书的取得紧密挂钩。教师的培养是专业化定向培养,第一阶段是修业,第二阶段是实习,结束两年的实习阶段就可以终身任职。法国的教师培养机构由专门的教师培训大学及学院承担。招生对象是获得学士学位的大学毕业生,学制为2年。经过学科教育和教学论的学习,参加国家教师资格考试。通过国家教师资格考试的学生开始深入学习教育和教学方面的理论,再提交论文通过学院评审委员会和学区评审委员会的评审后,才能获得教师资格。

(2) 注重实践体验,教育实习实践在教师培养过程中占较大比重。国外各国都意识到在教师培养过程中实践环节的重要性,并且将实践实习环节贯穿到整个教师培养的过程中。仅有理论的学习远远不够,美国的教师培训最早的实践训练安排在第一学年,学生通常充当课堂教师的助理,建立专门进行实习的学校,为学生提供实践场地。而英国的教师教育一般与大学学习进行合作,被称作"伙伴关系模式"或者"以学校为基地的教师教育",这样就可以确保培养学生更加具有针对性。学生实践所用的占比大幅度增加。最后,德国的教师培养中第二阶段就是专门的实习阶段,为期2年,并跟随老师进行实习,全程获得实践指导,提高教学技能。

(3) 重视对农村地区教师的培养。城市地区和农村地区的教育质量存在差异的重要原因之一就是教师的问题。发达国家非常重视农村地区教师的专业发展。美国2001年和2004年分别颁布法案进行规定,文件要求为农村教师提供足够的学习进修时间,同时配合各州自身资源的利用,帮助农村教师通过相关途径实现专业发展。高校也主动调整教师教育计划,适应农村教师专业发展的需要。极力缩小城乡差距,各州也发布相关的教育文件,并有负责培训指导的专业教授前往农村课堂,与农村教师一起发现教学中的问题并探讨解决策略。

(4) 完善的教师进修制度。美国教师的进修由各州教育委员会和地方学区委员会负责制定和实施,教师进修的机构和形式多种多样;英国教育科学部制定了较为系统的教师进修制度;日本教师通过在职进修可以取得学分,经过鉴定可以获得高一级教师资格证书,由此获得加薪的机会。相关教师进修机制可以帮助老师进行学习、成长,更快地适应工作,提高自身的素质能力。

二、教师专业化与教师专业发展

（一）教师专业化

20世纪初期，"教育是否能成为专业"引起教育界和学术界的重视，业界围绕教师的专业属性问题展开了讨论。教师职业究竟是"专业"还是"半专业"？当时业界主要有下列看法。第一个论点是构成教师专业属性的核心是教育的科学原理与技术发展，特别是"学科教学法"的学术水准，尽管不同学科有所差异，但总体说来低于其他专业的科学原理与技术。第二个论点是教师职业范围的明确化与合理化问题。教师的职业范围同其他专业相比并不明确，亦即学校的教育服务同家庭、社区的教育分工不明确。第三个论点是自律性问题。由于来自学校教育的公共性这一社会性质的制约和支配现实社会体制的公共政治、行政权力的压力，以及教师专业能力等因素交织在这些权力关系之中，"自律性"的范围是有限的。由于教师工作的复杂性、混沌性、不确凿性等，所以不能像医生、律师那样有明确的专业领域的"知识基础"。也就是说，只能把教师职业视为一种半专业、准专业（semi-profession）或是中位专业（middle-status profession）。

教师专业化意味着传统的教师技能如教学设计技能、应用教学媒体技能、课堂教学技能、组织指导学科课外活动的技能、教学研究技能、课堂管理与纪律维持技巧、提问技巧等必须得到拓展。此外，教师所需要的新技能包括：①动力技能，即了解学生个性特点，激发学生的学习动机和发展学生的潜能，为学生的需要提供支持，促进学生掌握学习方法，有效地改进学生的学习；②个人小组辅导技巧，即促进学生合作学习，个别辅导学生，满足特殊学生的需要，培养学生思考能力的技巧；③多方面沟通的技能，即与校外专家、心理医生、社会工作者进行交流的技能，与家长、社区沟通的技能，参与学校事务和社会活动的能力。

我们认为，教师专业化本身有以下两层含义。

(1) 教师职业专业化，即教师作为一种社会职业逐渐达到专业标准，成为专门职业，获得专业地位的过程。这是从社会学的角度来强调教师职业从普通职业向专门职业的转型。

(2) 教师专业发展，即教师个体提高专业水平，逐渐符合专业要求的过程。这是从教师个人的角度来看待教师专业化问题。教师专业化与职业多有不同，从全局来看，教师的专业发展经历了一个从教师职业专业化到教师专业发展的过程。经过社会的发展，教师也更加注重教师自身的专业发展，从内部增加自身的专业性。

（二）教师专业发展

国内外研究者对"教师专业发展"的界定仍然是众说纷纭。国外学者埃里克·霍伊尔（Eric Hoyle）认为："教师专业发展是指在教学职业生涯的每一阶段，教师掌握良好专业实践必备知识和技能的过程。"迈克·富兰（Michael Fullan）和安迪·哈格里夫斯（Andy Hargreaves）指出，教师专业发展既指通过在职教师教育或教师培训获得的特定方面的发展，也指教师在目标意识、教学技能和与同事合作能力等方面的全面进步。国内学者叶澜等认为："教师专业发展就是教师的专业成长或教师内在专业结构不断更新、演进和存在的过程。"宋广文等人提出了教师本位的教师专业发展观,认为:"教师本位的教师专业发展是针对忽视教师自我的被动专业发展提出的,它强调的是教师专业发展对教师人格完善、自我价值实现的重要性和教师主体在教师专业发展中的重要角色与价值。"这一界定强调了教师个体内在专业特性的提升。因此,教师专业发展是指教师个体的专业知识、专业技能、专业情意、专业自主、专业价值观、专业发展意识等方面由低到高,逐渐符合教师专业人员标准的过程。可以看出,以上观点都强调教师个体专业水平的形成和提高。

有国内学者将教师专业发展的概念作了概括,指出,对于教师专业发展,有两种理解或在两个层面上加以使用,即教师专业的发展与教师的专业发展。前者指教师职业与教师教育形态的历史演变,后者则强调教师由非专业人员转变为专业人员的过程。两种不同的理解体现了两种不同的思路和研究视角:前者侧重外在的,涉及制度和体系的、旨在推进教师成长和职业成熟的教育与培训的发展;后者侧重理论的、立足教师内在专业素质结构及职业专门化规范的养成与完善。

我们总结概括教师专业发展,是指教师作为专业人员通过学习、实践、研究等途径,不断改进自己的专业思想、专业品性、专业道德,提高自己的专业知识、专业能力、专业智慧,强化自己的专业情意、专业信念、专业情操,促使自身综合专业素养不断完善,实现由专业新手向专家型教师转变的过程。进而言之,教师专业发展是教师的专业理解、专业能力、专业情感与专业思维同步发展走向成熟的历程。

在专业发展过程中,教师要完成的主要任务有以下四点。

(1) 理解学生的心性特点与学情,调整自己的专业认识与思维,努力形成最合理的教育策略与教育行为,培养自身的教学专长,成就名师的专业追求。

(2) 形成并更新自己的教育教学理念,丰富自己的专业认识,形成科学的教育思想与教育立场。

(3) 发展自己应对具体教育情境、问题的能力与智慧,形成一定的教育教学实践应变力或教育智慧,实现教学活动的游刃有余。

(4) 培养自己对教育事业的情感、信念与情操,努力形成积极的教育人生观与教育价值观,提升自己对教育事业的认识境界。

三、教师专业发展的一般阶段

教师发展理论是一种以探讨教师在历经职前、入职、在职和离职的整个职业教师的成长与发展生涯过程中所呈现的阶段性发展规律为主旨的理论。在不同的发展阶段,教师会面对不同的发展问题,这些问题的不断解决推动着教师职业生涯的不断发展。由于关注的焦点不同,不同的专家划分了不同的发展阶段。

(一) 叶澜的五阶梯式发展阶段

叶澜教授在《教师角色与教师发展新探》一书中,把教师专业发展过程细分为五个阶梯式发展阶段,即"非关注"阶段、"虚拟关注"阶段、"生存关注"阶段、"任务关注"阶段、"自我更新关注"阶段。这五个阶段中,教师在专业发展上的关注重点是有差异的。

1. "非关注"阶段

该阶段处在预备教师接受师范教育之前,是教师专业定向尚未形成的阶段。在该阶段,预备教师无意识中以非教师职业定向的形式形成了较稳固的教育信念、教育认识以及与教育教学专业密切相关的一般能力。

2. "虚拟关注"阶段

该阶段特指预备教师的师范学习阶段,因为在虚拟的专业学习环境中师范生缺乏特殊的专业发展支持环境如学校教育教学环境、教育文化生态等,师范生自我专业发展意识淡薄,如果参与实习、实训、实践期限较长,师范生可能出现教师专业自我意识的萌芽与启动教师专业发展进程的要求。

3. "生存关注"阶段

该阶段是指初任教师阶段,这是教师专业发展的关键期,突出特点是骤变与适应它需要新教师实现由师范生到正式教师的角色的巨大转换,需要克服对教育教学实践的不适应。在该阶段,教师由于专业化水平还很不成熟,他们中多数是刚参加工作的青年教师所以在工作中很关注自己的教育教学班级管理、家长工作等在同事和领导中的影响,尤其是关注领导的评价。

4. "任务关注"阶段

该阶段是教师专业结构诸方面稳定持续发展的阶段,由关注自我生存转向追求更好地完成教学任务。此时,教师积极主动地寻求各种教师专业发展活动,以获得职业的升迁和更高的外在评价。

5. "自我更新关注"阶段

自我更新关注是指教师在专业成长过程中,具备强烈的自我发展意识和动力,能够自觉地承担专业发展的主要责任,通过自我反思、自我规划、自我学习和自我调整等方式,不断追求个人专业能力的提升和教育理念的更新,涉及教师个体在专业知识、教育理念、教学技能及个人成长等多个方面的不断更新与提升。

(二)富勒的教师关注五阶段

这是较早的一类理论探讨,大量集中的研究均在 20 世纪 60 年代弗兰西斯·富勒(Frances Fuller)的教师关注研究之后。富勒首先提出了教师成长过程中的教师关注三阶段模式,后来根据大量的调查和数据分析,她又对教师关注三阶段模式进行了修改,提出了教师关注五阶段模式,主要内容如下。

1. 教学前关注(pre-teaching concerns)阶段

该阶段是职前培训时期。主修教育的师范生此时还沉浸在学生角色中,因为未曾经历教学,对教师角色的认识仅处于想象阶段,所以只关注自己。对他们的班级教师还经常持批判、甚至敌视的态度。

2. 早期生存关注(early concerns about survival)阶段

该阶段是初次接触实际教学的实习阶段。在此阶段,教师们所关注的是自己的教学、班级控制、教学内容的熟练程度和上级的视察评价等生存问题。因此在这个阶段,教师们都表现出明显的焦虑与紧张,压力相当大。

3. 教学情境关注(teaching situations concerns)阶段

该阶段既包括生存关注,同时也会关注教学上的种种需要、限制以及挫折。教师关注较多的是自己的教学表现,如关注教学所需的知识、能力与技巧以及尽其所能地将其所学运用于教学情境中,而不是学生的学习。

4. 关注学生(concerns about students)阶段

虽然许多教师在实习教育阶段就能表达出对学生的关注,但是他们通常要在学会应付自己的生存需要后,才能对学生的需要做出反应。在这个阶段,教师开始把学生作为关注的核心,关注他们的学习、社会和情感需要,以及如何通过教学更好地影响他们的成绩和表现。总之,富勒的研究显然没有囊括教师发展的方方面面,而只是从教师所关注的事物在教师不同发展阶段的更迭这一个侧面来探索教师的发展。尽管她提出的这一套教师关注阶段论还不尽完善,但的确为教师发展理论的研究开辟了先河,提供了许多有意义的信息。

5. "自我更新关注"阶段

该阶段教师已不再受外部评价或职业升迁的牵制,自觉依照教师发展的一般路线和自己目前的发展条件,有意识地自我规划,以谋求最大程度的自我发展。此阶段教师能关注学生的整体发展,积累比较科学的个人实践知识。

(三)费斯勒的教师职业生命周期八阶段

教师职业生命周期阶段论是以人生命自然的老化过程与周期来看待教师职业发展的过程与周期。保罗·伯顿(Paul Burden)等是较早的研究者,保罗·伯顿、拉尔夫·费斯勒(Ralph Fessler)、迈克尔·休伯曼(Michael Huberman)等人从教师职业发展出发进行研究,各自提出了许多重要的见解,这类研究中,较有代表性的是费斯勒的研究。他提出的教师职业周期模式是一种动态、灵活,而不是静态、线性的发展模式。以此为基础,费斯勒把教师职业周期分为八个阶段。

(1)职前教育阶段(pre-survive)。这个阶段的教育是为了特定的教师角色而做准备的,通常是在大学或师范学院进行的师资培育阶段。

(2)入职阶段(induction)。这个阶段属于教师任教前几年,也是教师走向社会、进入学校系统和学习每日例行工作的时期。

(3)能力形成阶段(competency building)。在这个阶段的教师努力增进和充实与教育相关的知识,提高教学技巧和能力,设法获得新的信息、材料、方法和策略。

(4)热心和成长阶段(enthusiastic and growing)。教师在这个阶段已经具有较高水平的教学能力,一位热心教育和继续追求成长的教师会更积极地追求其专业形象的建立,发挥热爱教育的工作热忱,不断寻找新的方法来丰富其教学活动。

(5)生涯挫折阶段(career frustration)。在这个阶段,教师可能会受到某种因素的影响,或是产生教学上的挫折感,或是工作满足程度逐渐下降,开始怀疑自己选择教师这份工作是否正确。

(6)稳定和停滞阶段(stable and stagnant)。这个阶段的教师抱着"做一天和尚撞一天钟"的心态。这一阶段教师只做分内的工作,缺乏积极的工作态度。

(7)生涯低落阶段(career wind down)。这个阶段属于教师准备离开教育岗位、打算"交棒"的低潮时期。有的教师打算继续发挥余热,有的教师则打算功成身退。

(8)生涯退出阶段(career exit)。这个阶段属于教师离开教职后天涯寂寥的时期。有些人可能会寻找短期的临时工作,有些人可能颐养天年,总之,是到了生命周期的最后落幕阶段。

总之,费曼的理论对教师专业发展的框架提供了一个思路。

(四)教师社会化发展阶段论

教师专业社会化与教师专业发展虽不相同,但两者有交叉,因为在社会化过程或者说社会性相互作用过程中要实现两种功能:一是社会化功能,即个人调整自己的行为以适应教师专业的价值、规范;二是个性化功能,即帮助认识自我的专业个性特质,形成自我专业发展意识,进而把握自我专业发展。因而我们在这里对这一理论划分的研究对教师专业发展是很有借鉴意义的。教师社会化发展阶段论的主要代表学者有莱西、王秋绒等人。

我国一些学者受教师专业社会化研究框架影响较大,如傅道春将教师的职业成熟分为角色转变、开始适应期和成长期,殷国芳、全日艺将教师成长分为适应期、稳定期和创新期三个时期,张向东也把高中教师的成长归为角色适应、主动发展、最佳创造、缓慢下降和后期衰退五个阶段。近些年来,有人把教师发展阶段划分为如下四个阶段,得到很多专家学者们的赞同。

(1)准备阶段。从开始考虑选择教师职业以及接受培训起,老师就进行积极的专业准备和发展,包括教师进入师范院校学习和入职前培训,学习教师专业和接受相关训练。

(2)新手(初步)发展阶段。这个阶段是指教师进入学校任教后,教师的成长受到多种因素的作用,个人知识和技能开始紧密地与自身生存和发展联系了起来,在生存压力下开始加强专业发展,但这一阶段更多的是应用在学校学习的各种知识和教育技能,以常规方法为主。努力发展能使教学得以顺利进行又能得到专家认同的教学模式。

(3)成熟阶段。教师在胜任教学基础上,开始从关注自身转向关注学生发展,开始超出原知识和教学技能,发展更加实用和自主的教育方法,能灵活自如地应用各种教学技能,并组合成新的教学方式,开始走出上一阶段形成的固定教学程式,在教学和专业知识上逐渐提出自己的一些看法,进入成长的成熟阶段,实现由胜任到教学能手的转变。

(4)专家(创新)阶段。教师在努力钻研业务和开展科研中,结合自身特点和教育发展要求,逐步发展新的教学技能和教育思想,形成独特的教学模式,成为专家型的教师。总之,教师专业发展阶段的论述不仅使教师更清楚地知道自己目前处在什么发展水平,而且使他们知道为了将来进一步发展应该怎么做。

第二节　教师专业发展的途径与方法

一、教师专业发展的途径

影响教师专业发展的因素很多，要促进教师专业发展就必须从多角度进行。在教师的专业发展中，教育政策、学校和教师自身是影响专业发展的主要因素，以下将从这几方面讨论。

（一）专业学习

教师专业发展的一般途径是进行专业学习，专业学习是教师完善其专业素养的方法。任何人要发展，就必须参与学习活动，投入学习过程中去。在专业发展中，教师学习的方法、对象是多样化的，他们可以向教师、本专业同学和教育对象学生学习，可以学习书本知识和学习实践经验。教师开展专业学习的样式是丰富多彩的，教师学习的空间是无限的。

（二）同行交流

教师完善其知识结构的另一重要途径是开展专业共同体内的经验交流。交流是实现教师专业知识增长、专业素养结构合理化的有效方式。从某种意义上说，同行交流就是一种无意识的学习、一种随意的学习。同行专业交流，是两个或几个人在一起相互倾诉、交换观点、探讨问题、商讨对策、分享经验的一种对话活动。交流的内容几乎是无所不包的，有关教育活动的认识、体验、感受、考虑、见解、突发奇想等，都可以交流。交流的形式也是多样化的，可以搞研究会、开座谈会、举办沙龙、开经验交流会、举办各式各样的聚会，等等。同行交流是教育观点、经验、智慧的碰撞，可以促成教育创新，是新教育思想的摇篮。在专业社群中，教师应该举行各种形式的讲坛、论坛、沙龙，并邀请相关教育人士、学者参加，以此来创造一个良好的交流平台。同时，学校还可以利用优越的网络资源，在校园网上或专业社区内开展专业交流。此外，开办网上虚拟社区、QQ 群、教育博客师范专业网站等已经成为现代教师专业交流的重要形式。

（三）教育实践

教育工作是一项具有很强实践性的工作。将专业知识灵活地应用于实践，形成丰富的实践性知识与专业实践能力，是成就教学名师的必经环节。对教师来说，参与教育实践，获得相关实践性知识，是其专业持续快速发展的重要路径。在专业发展中，教师仅仅习得大量教育教学理论知识,是难以适应教育工作要求的,因为这些理论知识只有在被灵活运用后,才能转化成为一种"活"知识,成为一种能够对提高教学质量产生直接效能的知识。否则,教师所拥有的教育理论、专业知识极有可能退化为"本本式"的教条,难以走进鲜活的教育实践领域,转化成为教师的专业实力。总之,参与实践是教师将知识变"死"为"活",增强知识的灵活性和适应性的必然选择。

(四)工作研究

教师所需的一切知识并非都来自其专业教师的传授,这些知识中的相当一部分实际上来自教师自己的创造和发现,这就是研究与反思。其中,研究是教师借助于既有的研究资料、信息情报来发现新知识,在搜集有关教育问题的资料的基础上通过细心揣摩、探索思考、实验分析、数据处理等方式,来获得对教育问题的新见解的过程。在教育实践中,教师常用的工作研究方式是课堂观察、课例研究、行动研究与叙事研究等,他们是教师专业发展的加速器。研究活动中获得的知识常常是没有定论的知识,是有待于实践者继续去验证的知识,而课堂学习活动中获得的知识,一般是人们已经对之达成共识、形成定论的知识,是他人经过探究得来的知识,但这些知识与教育工作者自身经历之间常常有一段距离。因此,要想获得对教育活动的鲜活知识教师还需要自己参与研究活动,学会利用科学的方式来探索、研究教育现象,以获得大量生动、鲜活的知识。

(五)教学反思

没有反思,就没有发展和进步。因此,波斯纳给出了一个著名的教师发展公式,即"教师成长＝实践＋反思"。在教师专业发展中,反思是一种"元认知",是教师审视自己的学习活动;是回顾自己的教学实习、实践,建构实践性知识的重要途径;是他们体察自我、观照自我、审视自我,发现自己知识结构缺陷的有力武器。在专业实践中,教师进行反思的方式主要有三种:第一种是对自己学习方向及过程的反思,即反思自己的学习内容、方式是否有效、合适、科学,是否需要调整和改进;第二种是对自己知识结构的反思,即及时依照教师职业需要,审查自己的知识结构是否与之相适应,从而发现自己知识结构的误区和偏差,及时补充欠缺的知识,使自己的知识结构逐渐符合教育工作的需要;第三种是对自己教学实践的反思,其目的是形成实践性知识。与书本知识不同,实践性知识具有个体性、经验性和情境性,用语言难以对之进行准确的表达、言明,是一种心领神会却不可言传的知识。这部分知识的获得,主要是通过教师对教学经历、实践的反省和对自身教育教学经验的总结。

(六)教育政策改革促进教师专业发展

从国家层面看,要促进教师专业发展,主要应从教育政策入手。当前,教育政策方面存在诸多问题,国家要从教师发展角度,改进和完善政策。

从职前教育培训角度看,当前教师职前教育存在的主要问题是培养模式单一,主要采用普通院校基础知识教学和应用知识教学混合实施的培养模式,不仅学科知识学习难以到位,而且教育教学实践能力也得不到充分训练。随着教育改革的深入发展,传统的四年制、三年制或二年制的本、专科师范教育亟须改革。首先,改革教师职前教育体制和培养模式,构建以师范大学和高水平综合大学培养教师的开放式教师教育体制。其次,改革教师教育课程设置,合理设置教师教育课程计划。最后,改革教师的教育教学实习,加大教师教育教学实习和见习的学时比例,完善教师实习制度,加强与实习基地的建设发展。

二、教师专业发展的方法

(一)校本教研

校本教研是教师圈中最为常见的一种教师专业发展方法,是学校开展日常教研活动的常见形式。校本教研,即学校根据自身教育教学改革的需要及存在的现实教育问题,借助教研组全体教师的力量开展合作研究,以此推进学校教育教学工作改进、质量提升的一种教师群体专业发展形式。校本教研的优势主要体现在"三个便于"上,即便于开展中学教育教学中面临的共同教育教学实践问题的联合攻关,便于提升学校整体的教育教学改革实力,便于开展学校层面的专业研究协作。

(二)业务培训

所有新教师都必须在参加学校组织的一系列业务培训后,才能进入学校正式开展工作。每遇到一次全国性的教育教学改革时,教师一般都要通过参加业务培训,来获得最新的教育教学改革要求与改革理念。在入职后,教师也必须参加各种各样的教师业务培训,如"国培""省培"等,来持续提高自己的专业水平。因此,参加业务培训是学校经常会采用的一种教师专业发展方法。

(三)师徒制

师徒制是新教师拜学校中的优秀教师为师,以接受优秀教师"身教"的形式展开的一种教师专业发展方式。对业务上尚不精通、不成熟的新手教师而言,拜优秀同行为师,直接学习他们的先进经验,无疑是一种颇为有效的教师专业发展方法。该方法的最大优点是,教师能够从优秀教师那里习得一些专业的诀窍与隐性的知识经验,尤其是那些连优秀教师自身也难以言明的。

(四)课堂观摩

在学校中开展课堂观摩活动,进行课例研究,是教师专业发展的最常见形式之一。在中学,教师开展每周教研活动的常见形式就是课堂观摩,它是促使教师迅速成长成熟的好方式。在课堂观摩中,开展听课评课、研课磨课活动能让教师从中习得大量有用的实践知识与工作经验,及时从中凝练教育认识、升华教育信念。

(五)案例研讨

课例研讨是中学中较为常见、简单易行的一种教师专业发展方式。所谓课例,就是教师授课中的一个相对完整的单元或片段。它是教师课堂教学现状全面、直观、生动的反映，是一线教师喜闻乐见的研究素材，是教师开展课例研讨的物质依托。一个完整的课例是对教师授课全程的记载与再现，是优秀教师成功教育教学经验的集成，是普通教师自我反思、相互交流的物质依托。课例研讨是教师共同体在一定理念的指导下，针对教师课例的实录、视频、录音等进行全面分析，从中发现教育教学问题，探究课堂教学改革的方向与思路的研究活动。显然，作为一种工作研究形式，课例研讨具有以下优点。教师对此方式非常熟悉，便于开展专业对话，研究的理论性层次较低，教师参与度高，易于从中直接汲取专业发展所需的实践性知识经验。教师开展课例研讨时，要遵循一定的程序，即"授课教师说课—教师群体研课—课堂教学改进建议与经验形成"，顺着这一程序开展课例研讨，是教师专业发展的一条快速通道。

（六）同课异构

同课异构是当代教师最为熟悉、最为喜爱的一种教师专业发展方式。同课异构是指不同教师在不同班级、不同时间和不同课堂环境中开展同一节课的授课活动，进而形成同一节课的多种授课实例，同样的授课内容、不同的授课教师、不同的教法，便于回避不同授课内容对评课活动的影响，得出的研究结论较为客观实用、有效。教师在开展同课异构时，可以遵循以下程序，即"确定教学内容—不同教师授课—教师群体研课—形成教改经验"。

（七）小课题研究

小课题研究是近年来较为流行的一种教师专业发展方式，是我国各地教育行政管理部门正在大力推行的一种教师工作研究形式。小课题也叫微型课题，即问题小、变量少、涉及范围窄、研究情境具体，一般教师就可以在自己能力可驾驭的范围内独立组织开展的课题。小课题研究之所以在教师中较为受宠，是因为它具有开口小、易开展、周期短、见效快等特点。这种工作研究的一般组织方式是，由教师结合自己的工作实际提出小型研究课题，再向上级教育行政部门或学校提出课题研究申请或计划，并定期开展研究活动，形成研究结论，及时转化为实践研究成果。

小课题研究步骤一般采取规范的课题申报程序进行，即"上级部门发布研究规划—教师提交小课题申请—课题管理部门评审筛选—发布评审结果—正式开展研究"。当然，教师也可以在校内广泛开展小课题研究，不需要通过上级教育行政部门立项的形式来进行。可以说，这是教师学会开展正式课题研究的平台，是卓有成效的一种教师专业发展方式。

（八）行动研究

行动研究是指教师针对自己在课堂上遇到的问题来展开研究的一种工作研究方法，是一种将课堂改革行动与课堂问题研究合二为一的好研究方法，这是在中学教师专业发展领域中最为基本、最为重要的一种专业发展方式。教师行动研究的基本做法是教师边工作、边实践、边研究，研究的出发点是课堂教学中的现实问题，研究的途径是在教学过程中对研究对象进行干预，研究目的是改善自身教学行为。

教师开展行动研究的基本思路如下。

（1）教师成为研究者。其意即教师发展的目标是成为研究型教师，此处的"研究"主要是指行动研究。教师既是教学活动的行动者与实施者又是教学活动的研究者与亲历者。

（2）尊重实践成师的规律。优秀教师是在实践摸索、实践改进中成长起来的，在实践中获得的经验、体验、教训智慧是教师走向成功的逐步积累。行动研究本身就是一种教育实践。

（3）追求教育实践的合理性。行动研究追求的是教师教育实践活动的合理性，而非教育理论体系的合理性。合理性是理论合理性与实践合理性的统一，是合规律性、合目的性、合现实性的统一。行动研究中，教师追求的是现实合理性。

（九）E-learning

E-learning即网上学习或在线学习。这是教师借助网络开展专业学习活动的一种现代教师专业发展方式。在当前，各种各样的教育网络是教师学习资源的海洋与宝库，引导教师经常上网收集相关学习资源，开展自助式学习活动，教师的专业发展就能够突破时间与空间的局限，迅速习得大量的专业知识与经验。

（十）用"教师教育"的观念取代"师范教育"的观念

传统"师范教育"观念的局限性在于片面强调教师的定向和计划培养，缺乏开放与竞争，过分突出教师的职前培养，忽视教师的职后培育和终身教育。师范教育中对学科专业基础学术能力的强调与教育专业技能或教育类课程的学习之间存在巨大的冲突，不利于教师职业专业化的顺利发展。在市场经济和信息时代，在知识经济日益壮大的今天，传统的师范教育观念已经总体落后于时代，教师培养模式必须引入市场竞争机制，师范教育必须吸取教师职业专业化，教师教育职前、职后一体化的终身教育理念等。因此，必须实现由"师范教育"到"教师教育"的观念更新。

（十一）注重职前教育与职后教育的衔接

近几年来，持续、快速的课程变革使教师职后教育迅猛地发展起来。这使教师培养与培训不得不面对一个问题"如何处理好职后教育与职前教育的关系"。从目前情况看，我国教师的职前与职后教育严重脱节，其结果是职前与职后教育在许多内容重复，且对教师职业素养的某些缺陷和空白点视而不见。按照基础教育新课程对师资的新要求，教师职前教育机构和在职培训机构应合二为一，职前教育和职后教育都应该在教师专业生涯的所有阶段支持教师的专业发展。职前教师教育应能够使未来教师具备他们今后整个专业生涯中，完成教学专业任务所必需的大多数的能力，能获得持久的专业学习和发展所必需的全部知识结构和态度。

（十二）变革教师培训和培养模式

教师培训是推动课程改革的有力保证。新课程改革将出现多元化的课程体系，特别是主题性课程、综合性课程、研究型课程的出现等，使得教师培训和培养模式的转变成为课程改革的必然要求。面对新课程改革的教师培养，必须打破传统的划一型、封闭型、理论型和终结性培养模式，开放培养体系，实现教师培养模式的多元化。

把师范教育定向培育与非定向培育、院校培训、校本培训、远程网络培训及研训结合培训与"自修—反思"培训模式有机结合起来。

（十三）调整教师教育专业课程结构，提高教师的专业化水平

教师专业化是提高教师素质、提高教育质量的一条重要途径。课程设置是体现教师专业化的中心环节。尽管不同学者对教师教育专业课程的基本构成有不同的见解，但在基本的方面存在一定共识，即一个教师需要掌握普通科学文化知识、学科专业知识、教育学科的基本知识、教育教学的基本技能和技术。根据这种认识，教师教育课程的基本结构大致上是由普通文化课程、学科专业课程、教育学科课程、教育技能课程和教育实践课程构成的。其中，普通文化课程和学科专业课程是教师教育的基础性必备课程，教育学科课程、教育技能课程和教育实践课程是教师教育专业的标志性必备课程。一个教师只有具备了这五个方面的知识，才能成为一个合格的教师。

课后练习

1. 人生有哪几个阶段？
2. 人生每个阶段之间的关系是怎么样的？
3. 我还需要掌握哪些辅助性的专业技能？
4. 我的职业目标是什么？
5. 我如何实现我定的职业目标？
6. 决策就是做选择，我们在生活中基本上一直在做着各样的选择，小到选择现在读这本书，大到选择人生伴侣或职业。请回想一下你是根据什么来做出判断的？
7. 我所学的专业能教会我做什么？
8. 进入教师行业需要具备哪些基本知识和能力？

第八章

教师专业发展的理论和模式

自 20 世纪 60 年代末,美国学者富勒(Fuller)以其编制的《教师关注问卷》(*Teacher Concerns Questions*)揭开教师发展理论研究的序幕以来,教师专业发展的相关理论研究已成为一个重要的研究领域和世界各国教育界关注的新焦点。目前,随着教育改革浪潮的不断推进,人们逐渐认识到教师的专业发展在教育、教学中的重要作用,教师专业发展的理论研究在教师专业发展过程中的作用也越来越得到教育者们的重视。

本章主要从教师专业发展理论和类型、教师专业发展的模式相关理论进行分析探讨,将教师专业发展的理论基础和实践教学发掘相结合,提升教师专业发展过程中的实践理论,进而促进教师的个体专业发展。

第一节　教师专业发展的理论

根据对教师、教学、知识等概念理解的不同,可以把学术界有关教师专业发展的理论归结为三类:教师专业发展的理智取向(intellectual approach)、实践—反思取向(practical-reflective approach)和生态取向(ecological approach)。不同的取向对"教师专业发展什么"有着不同的理解。

一、教师专业发展的理智取向

(一)教师专业发展理智取向的起源

对任何教育理念本质与意义的把握都需要从其起源入手,并结合理念最初产生时的社会现实与教育发展水平进行综合考虑。理智取向教师专业发展强调"专业知识与技能"对于教学专业的重要性,认为教师只要具备坚实的知识基础,掌握教学的一般技能,进而培养教学专长,便能应对复杂的教学环境,做出有效的教学行为,提升学生的学业成就。因此,它主张教师的专业发展便是对专业知识与技能的习得,并且认为主要途径有三个,即接受教师教育机构的培训、听取权威专家的指导意见或建议和个体的着意训练。想要获得对这些基本观念全面、深入的理解,就必须对其进行追本溯源。

其实,理智取向视角与"教师专业发展"从一开始便是密不可分的,甚至可以说是相伴而生的。自 20 世纪下半叶以来,在世界范围内,公共教育由于被视为改良社会的有效手段而越来越受到重视,如何提升教育质量成为社会各界普遍关注的话题。而由于教师教学与学生学业成就之间的密切相关关系得到共识,人们将教育的期望最终转嫁和寄托于教师的教学中。教育学者们认为教学质量的高低取决于教师专业水平的高低。因此,如何提高教师的专业水平成为教育学术研究的重点,也成为教育改革的主要着眼点。另外,教师在现代社会职业中地位较低,也不断促使教师团体努力提升自身的专业地位与职业形象。最终,社会的普遍期望与教育的自身发展需要相结合,催生了教师专业化运动。

在这一过程中,无论是学者们的理论研究,还是地区及学校的教育教学实践与改革,都体现着理智取向的理念。在教育理论研究层面,最初,由于受科学实证主义以及行为主义心理学的影响,学者们对教师专业性的研究主要集中在教师教学行为(behavior)和教学技能(skill)等方面。而后,由于心理学领域发生了转向,即认知心理学兴起,对教师专长(expertise)和教师知识(knowledge)的研究开始占据主流。此外,通过对医生、律师、工程师等具有较高社会认可度的职业进行观察和分析,教育学者们发现,"这些成熟的职业通过专业教育和临床实践已经建立了一套专门化知识,它们所宣称的专业地位也是基于这些知识"。因此,不少研究者也开始致力于对教师专业知识基础的探寻。这一时期关于教师专业发展的研究都是理智取向的。这一时期地区及学校的教育实践与改革主要有两个方面:第一,通过分析专家教师的特质,细化教师所应具备的知识与技能,以此来研制和确立教师专业标准;第二,根据教育研究者的研究成果来确立教师培训的具体内容、一般模式和方法,形成结构完善的教师教育体系。可以看出,这些教师专业化运动中的基本举措,无不透露着理智取向的气息。

(二)教师专业发展理智取向的内容

教师专业发展的理智取向认为,教师想要进行有效的教学,一是要自己拥有"内容"(知识、技能、价值观等),即学科知识;二是要具有帮助学生获得这些"内容"的知识和技能,即教育知识,这两类知识是教学专业最为基本的知识。知识基础对于教学专业是非常重要的,教师专业发展的重点是知识获得和行为变化。教师获得的专业知识基础是教师行为变化的基础,教师通过全面地掌握和仔细地应用理论,便能将其转化为良好实践,而掌握了有关理论的教师如能用理论来推动自己的实践工作,知识就会对其行为的变化起到刺激作用。基于这种取向,教师专业发展途径主要是通过正规的培训方式,包括职前的或在职的,或者向专家或大学学者学习某一学科的学科知识和教育知识。教师专业发展就是要为教师提供最基本的专业知识基础,通过"传授"的方式让教师获得这些知识基础。这种教师专业发展方法虽然在不断受到质疑,但在我国至今仍然被广泛地运用着。

理智取向者认为,假设知识基础的获得是行为变化的基础,理论能够指导自己的实践,借助于理论的掌握和应用,教师能将学到的知识基础自主地转化成良好实践。教学之所以还不能成为一个公认的专业,原因就在于教学职业还没有一套有效且专门的知识技能系统。

理智取向的教师专业发展模式注重对教师专业发展内容进行客观、理性的分析,建构教师专业知识、能力结构,并最终形成可测量、易操作的指标体系。但此模式因过分强调理论知识的获得而饱受诟病。

(三)教师专业发展理智取向的意义

无论是教师职业的发展,还是教育教学理论的完善与深入,抑或是对教育教学实践的深化,理智取向教师专业发展均具有十分重要的作用。

(1)理智取向教师专业发展对教师职业的专业化提升有推动作用。理智取向教师专业发展强调教师行业的专门性与独特性，主张教学具有可以与医生、律师等行业相媲美的"专门知识与技能"，教师教学应成为一门理智的职业，超越传统所认为的经验总结式的活动。这有利于提高教师群体的专业化水平，摆脱教师行业的"非专业"形象，改变教师在人们心中旧有的印象，提升教师在整个社会职业中的地位，为教师赢得更多的社会尊重。

（2）理智取向教师专业发展极大地发展了教育教学理论的科学化与实效性。在一定程度上，教育教学理论的科学化倾向和教师专业发展的理智取向是相互催生和相互促进的。理智取向教师专业发展坚信教师专业知识基础的实在性，主张要不断探寻有效教学的知识基础，发掘教学的一般规律。在此过程中，由于理智取向教师专业发展推崇教育学术研究的重要性，强调科学研究方法与工具的运用，从而使教育教学理论的科学性及实效性得到巩固和发展。

（3）理智取向教师专业发展对于教育教学实践的深化具有显著的实用价值。由于注重对现代科学原理、技术工具和管理方法的借鉴和运用，理智取向教师专业发展所倡导的理念、模式与方法，都具有较强的可操作性和推广性。它关注课堂中教师教学行为的突然状况，聚焦于教师在课堂运用中的方法，并基于此总结出各种实用的教学技巧和教学案例。它对教学专业知识基础的探寻，最终形成了结构化的教师知识与技能，为教师教育课程的设置提供了基本框架。它所提出的教师专业发展的多种模式，至今还被广泛运用。另外，现代教师专业标准的基本内容与教师教育体系的基本架构也均获益于此。实际上，理智取向之所以仍然是当前教师专业发展活动中最具主导地位的取向，便是由于这些实用价值的存在。

二、教师专业发展的实践—反思取向

（一）教师专业发展实践—反思取向的起源

教师专业发展的"实践—反思"取向的生成来源于"反思性实践"理论。"反思性实践"理论是舍恩教授基于"技术理性常常忽视实践活动的具体性、情境性，过分强调技术的价值，造成了对技术的过分信任，并最终导致技术与实践之间的分离与脱节"的时代背景提出的，但最终可以追溯到杜威提出"反思"这一概念。在杜威的用法中，"反思"一词更接近汉语中"追根溯源"的意思，将反思定义为一种科学思维，即对某一个问题进行持续不断的反复深思，并从中总结经验教训。这样的解释也被保留在后世英语国家教育界关于反思的解释和论述中，随着20世纪70年代中后期行动研究的再次兴起，教育界普遍认可将反思与行动关联起来。学者们开始关注二者的关系，并认为反思是行动改进的途径之一。这样，反思便在其后有了新的解释，即针对行动过程或行动结果进行的"反溯性思考"。杜威的理论是在单纯地探讨"反思"作为一种思维的根本性质，而舍恩则基于"行动中的反思—反思性实践"这一原理揭示了反思与行动的关系。这种关系不单存在于形式上，还体现在时间维度中。同时，舍恩又将反思性实践的特征概括为三点：第一，反思在具体课堂情境中产生，并尝试解决具体或特定问题；第二，反思在数学行动中进行；第三，反思目的和结果是掌握实践性知识。

阐述反思和反思性实践等概念，不是简单地回顾该理论的演变历史，而是以"基本概念是如何被修正的"为主线来追溯整个理论的发展脉络，因为教师教育并非一门纯粹追求复杂学科知识谱系与理论建构的纯智力学科。舍恩之后,关于反思的研究焦点就从反思的过程转向反思的内容和作用。不少学者试图从各自不同的视角或研究领域去充实和发展这一理论的内涵。"反思性实践"内涵的拓展主要集中于教师教育教学的社会意义和伦理价值。范梅南、布鲁克菲尔等人强调批判性反思,正是关注反思性实践的社会意义的体现。他们不仅关注教育实践本身的合理性,还关注教师个体、群体乃至整个社会的教育信念、教育理念、教育价值等的合理性,范梅南的观点则是从反思与行动在内容维度上的关系这一角度切入,将反思分为技术理性反思、实践反思和批判思这三个层次。

(二) 教师专业发展实践—反思取向的内容

实践—反思取向,就是教师通过对自己的教学实践进行反思,从而获得个人成长。与理智取向强调教师专业知识与技能的掌握,寻求教师专业普遍知识与能力结构不同,教师专业发展的实践—反思取向强调教师作为一个"人"的独特性,强调教师个人生活与其专业生活的关联,更为注重教师"个人的""实践的"专业知识在专业活动中的作用。这种观点认为教师主要不是通过接受知识,而是通过反思更清晰地理解自己和自己的实践,并因此而实现专业发展。

实践—反思取向更注重教师专业发展的过程性与体验性,因而非常关注情感与态度在教师成长中的重要作用。他们认为教师发展不仅是理性的成长,还包含着情感的丰富与深化。情感、态度并不是与认知、理性相对立的,情感与知识是内在交织的,知识以感情为前提,认知建立在情感偏好的基础上,情感又以认知为基础——情感离不开认知的诠释。因此,情感与态度在教师发展中同样具有重要作用。

基于这种取向,教师专业发展的方式有:通过写日记、传记、构想、文献分析等方式单独进行反思;通过讲故事、信件交流、教师交流、参与观察等方式与人合作进行反思;以"合作的自传"的方式,即由一组教师一起围绕目前工作的背景、当前使用的课程、所掌握和信奉的教育理论、过去的个人和专业生活等主题,写出自我描述性的文字,然后进行批判性的评论。通过这些方式,加强教师对自身实践的认识,并在此基础上提升教育实践。教师专业发展的实践—反思取向在我国已经被越来越多的学校和教师认可,不少中小学也开始了这方面的探索并取得了一定的成果。

(三) 教师专业发展实践—反思取向的意义

反思实践是丰富教师实践性知识的有效途径,是理论和实践结合的桥梁。反思和实践在一定程度上可以使教师的内隐知识外显化。知识外显化可以为教师改变自身实践中的无效能行为作出贡献。一般来说,教师的教育教学行为都是基于自己的实行理论(theories-in-use),而不是采纳理论(espoused theories)。问题的关键在于,教师基于实行理论的行为客观上并不总是理想的,有些甚至是错误的,但他们却不自知。其原因在于教师的实行理论早已整合成为他们生活中的一部分而难以清晰地划分出来,它们从教师意识的中心消失而变成了意识的背景。通过反思,教师的内隐知识在一定程度上外显化了,从而使教师实践行为背后的深层原因(信念、价值等)又会回到他们的意识中心,进而为他们澄清自身行动所依托的实行理论提供可能。这很显然是有利于教师的行为改进的。每当教师的行为发生刻意转变后,其自身的实践性知识一定会增加。教师可以清晰地把自己的反思结果与采纳理论作对比,然后通过顺应或同化的方式实现采纳理论与实行理论的交融,这个过程也是理论和实践的对话过程。

反思实践可以提高教师的自我监控能力和教学监控能力。反思必依据一定的框架,包括反思的内容指标、评价指标和途经方法指标等。反思框架的设计过程实际上就是提高教师对自身及教学辨识力的过程,框架的落实过程实际上就是教师对专业自我的观察、检查、反馈、设计以及对教学活动的内容、对象和过程进行计划、安排、评价、反馈和调节的过程。这两个过程中所涉及的种种因素都是构成教师监控力的必不可少的要素。由此可见,反思实践有赖于教师的监控力,反之,教师的监控力在反思实践的过程中也可以得到锻炼和提高。

反思实践有利于教师形成正确的自我概念。自我概念是教师专业发展的基石,但是教学实践中的教师"身在此山中",难识"庐山真面目",教师对自身及教学的方方面面素质的认识难以做到客观准确,要么自负,要么自卑,这是"实践中的人"对自身认识常易出现的偏向。而反思实践的行为是已"跳出了山中"的行为,当事者会以旁观者的眼光审视自己,并主动参考别人的意见,这就使教师能尽最大可能地认识客观的自我,从而较易形成正确的自我概念。

反思实践可以提高教师的人际交往能力。正如上面论及的,科学的反思是建立在客观的证据基础之上的,证据的来源可以有个人日志、同事或学生的反馈等各种途径,而其中在运用同事或学生反馈这一渠道时,就涉及教师的人际交往能力。教师为了搜集到客观全面的材料,必然要有意识地调动和运用自己的人际交往技巧。教师自觉运用交往技巧的过程就是自身人际交往能力得到锻炼和提高的过程。

反思实践可以增强教师的高层次能力。反思实践不仅是对单纯自我的反思,高质量的反思对象还包括实践中的各种关系,如自身与他人(包括集体)的关系、活动与背景的关系、活动与活动所依据的价值的关系等。反思者以这些关系为对象进行反思时,一方面,个人的洞察力和判断力是高效能反思的基础;另一方面,个人专长的这些方面也会得到发展。另外,直觉与个体丰富的知识和经验分不开,通过长期的反思实践,教师的个人经验会日渐丰富,这就为教师形成敏锐的直觉提供了基础。

三、教师专业发展的生态取向

生态发展取向关注教师专业发展所赖以存在的环境。生态取向认为,教师专业发展不全然是依靠自己孤军奋战,也并非孤立地改进其教学的策略与风格,而是更大程度上依赖于"教学文化"或"教师文化"。正是这些因素,为教师的工作提供了意义、支持和身份认同。因此,促进教师专业发展最理想的方式应当是一种合作的发展方式,构建一种合作的教师文化。教师文化包括教师在群体中的态度、价值、信念、习惯、假设和做事的方式。

所谓教师专业的生态发展,就是在教师专业发展的过程中,以环境为依托,以环境促教学。这里所指的"环境"包括学校物质环境(如管理制度评价激励制度等)和教师文化环境(如教师共同体等)。生态取向教师专业发展更加关注教师的情感、意志、兴趣等因素的发展,强调教师所处的社会环境、文化氛围、人际关系等因素对教师发展的影响,这种新的发展取向自觉地彰显出整体性、交与性、生成性、平衡性、多元性等特点。

（一）生态取向教师专业发展追寻教师之间相互依存的"整体性"

生态系统里的有机生物个体与群体之间存在着一种相互依托、和谐发展的关系，人是社会性的生物，其个体的发展同样离不开群体的依托，群体对个体的成长与发展有着至关重要的影响。生态取向教师专业发展借用这种生态学与社会学原理，重视教师群体的发展，关注教师专业发展的"整体性"。"整体性"注重教师专业发展的群体效应，要求教师个体之间及群体之间相互交流与协作，正确看待自身与同行、学生乃至周围环境之间的相互依赖与相互影响。此外，生态取向教师专业发展还要求教师重视团队精神，共同研讨课程与教学问题，掌握专业发展的显性知识与隐性知识，提高专业能力，进而促进整体教师的专业发展。

（二）生态取向教师专业发展展示教师之间互利共生的"交互性"

生态系统内部的有机个体之间、有机个体与周围的生态环境之间存在着一种相互制约、交互联系的关系，这构成了生态圈的共生状态，基于生态学原理，生态取向教师专业发展也关注教师专业发展的共生状态，自觉追求出教师专业发展的"交互性"。"交互性"指在生态化的发展模式中，教师个体之间、教师个体与群体之间、教师与学生之间存在着互利共生的交互影响。这就要求教师之间、师生之间积极互赖，同时教师要认识到自身与其他教学成员之间存在着同舟共济、荣辱与共的关系，积极开展形式多样的交流与合作，交互影响、取长补短，进而促进其专业发展。

（三）生态取向教师专业发展体现教师动态发展的"生成性"

生态系统里的有机体不是一成不变的，而是处在一个生成的境遇中不断演化发展的。生态取向教师专业发展利用有机体这一发展特点，提倡教师专业发展的"生成性"。"生成性"是指生态化的教师专业发展是一个动态的发展过程，要求教师与时俱进，顺应时代发展潮流，具有创新意识，及时更新教学观念与策略，不断充实自己的学科知识与教育教学知识，努力使自己的专业发展保持在动态发展的生成境遇中。

（四）生态取向教师专业发展彰显了教师和谐共生的"平衡性"

生态取向教师专业发展的"整体性""交互性""生成性"等特点也决定了其发展的"平衡性"。"平衡性"主要体现在两个方面：第一，教师个体发展的"平衡性"，这要求教师自觉追寻一种全面综合的发展观，努力促进自己整体素质的发展，拒绝做学术的巨人，道德的矮子；第二，教师群体的专业发展也要体现出平衡性，教师及教育相关部门要重视团队精神，妥善处理师资力量和教学资源的分配问题，努力消除教师群体里的不平等现象。

（五）生态取向教师专业发展还体现出教师发展的"多元性"

生态环境里有机体的多元性和差异性构成了生态系统的多样性与丰富性，教师是社会环境里的有机体，其专业发展也应体现出"多元性"的特点。一方面，教师个体要体现出"多元性"的特点，尽量展示多方面的才艺。另一方面，教师群体也应体现出"多元性"的特点，这要求教师积极形成自己的教学风格,改善旧有的教学方式与策略,尊重同行教师之间的差异性以及学生之间的差异性,积极鼓励学生的创新意识,求同存异,形成一种"百花齐放,百家争鸣"的发展局面。

生态取向的教师专业发展与理智取向和"实践—反思"取向两者最大的区别可能在于,它超越了理智取向和"实践—反思"取向中主要关注教师本身的局限,强调教师发展的过程和成功与它所发生的环境十分相关,关注包括学校、社会在内的多种因素的和谐发展,尤其是文化的发展。发展的种子再好,若撒在石头上也不会生根发芽,因此要创造一个支持教师专业持续发展的环境。生态取向的教师专业发展模式强调教师需要保持开放心态,加强教师之间在教学实践活动中的专业切磋、协调和合作,分享经验、互相学习、共同成长。即由小组的教师相互合作,确定自己的发展方式,但这种方式的主要注意力不是学习某些学科知识或教育知识,也不是个别教师的所谓"反思",而是构建一种合作的教师文化。在我国,教师文化在学校中是客观存在的,但形成一种真正意义上的合作教师文化,并通过这种文化来实现教师专业发展确实还有待进一步研究。

教师专业发展的三种取向是相互联系、相辅相成的。在教师专业发展过程中,我们很难把三者完全分裂开来,也不应该把它们分裂开来。我们需要做的是,学会根据不同的教师发展情况进行有选择性的使用。因为在具体的学校情境中,很难明确哪一种行动取向对教师专业发展具有价值或无价值。

教师专业发展是一个连续的过程,教师在不同的成长发展阶段具有不同的任务和需求,面临不同的发展问题,需要解决不同的制约性因素。一般来说,在教师专业发展的初级阶段,理智取向的发展较为合适;在教师专业发展的高级阶段,"实践—反思"取向和生态取向的发展模式更为贴切。实际上,这三种取向分别从不同的侧面反映了教师专业发展的本质,对教师专业发展都有促进作用,只是强调的重点有所不同。所以,在对待教师专业发展取向的问题上,我们没有必要刻意去遵从某种取向或是去贬低某种取向,而是要倡导选择适合自己、能够真正促进教师专业发展的取向。存在即合理,同样的道理,适合才完美。

第二节 教师专业发展的模式

一、培养和培训

培养,即教师职前培养(pre-service preparation),由各级各类师范院校承担,培养中、小学和幼儿园准教师;培训,即教师在职培训(in-service training),是现有师资的在职培训,主要由教育学院、教师进修学校负责。由于历史的原因,我国教师培养与培训形成机构并存分离的二元结构,这种结构存在着严重的不足和缺陷,主要表现在两个方面:一是资源配置不合理处于这种条块分制的师范教育系统内的各个学校,相互难以沟通,给管理上带来一定的困难与障碍,也造成教育资源的浪费与闲置;二是教师职前培养与在职培训分离造成教学内容、教学技能培养等方面与教育实践相脱节。终身教育与教师专业发展思想的确立,要求拓展职前培养与在职培训功能,改变职前培养与在职培训体系分离的状态,建立专业、开放、一体化的教师教育体系。

(一) 强化教师教育的专业性

专业的教师教育才能有效地促进教师专业发展。强化教师教育的专业性,应从职前培养与在职培训两方面入手。教师职前培养从职业定向到专业教育转变。职业定向的教师培养有助于保证教师的数量,而专业教育则强调教师的质量,两者的不同主要在于以下三点:第一,在课程结构上教师教育增加教育教学课程的比例,提高教育教学课程的质量;第二,在大学中设教育学院来承担教师培养任务;第三,教师教育要以其他具体的专业教育为基础或与其他专业合作进行,突出"边际性专业教育"(marginal professional education)特点。

教师在职培训从学历教育向非学历教育转变。随着教师教育的发展,教师在职培训的目的也不断发生变化,呈现出多层次和多样化的趋势。一是以取得学历、学位或晋升等级资格为主要目标;二是以更新知识为主要目标;三是以提高教师的教学能力、改进中小学教育实践为主要目标。为切实促进教师的专业发展,我国中小学教师在职培训重点从学历教育转向非学历教育。

(二) 建立开放、多样化的教师培养培训模式

1. 职前培养模式

中共中央、国务院在《关于深化教育改革全面推进素质教育的决定》中提出:"调整师范学校的层次和布局,鼓励综合性高等学校和非师范类高等学校参与培养、培训中小学教师的工作,探索在有条件的综合性高等学校中试办师范学院。"这一决定打破了师范院校教师培养一统天下的局面,确立了我国教师教育体系的开放性。开放的教师教育体系意味着独立设置的师范院校与综合性大学将在专业教育方面并轨,而在职业教育方面分离,促进师资培养教育的专业化、多元化、开放化和综合大学化。教师培养则有多种具体模式可供选择,如"3+1""2+2""4+X"和主辅修模式等,可适用于不同层次的教师培养目标、不同类型与条件的学校。无论师范专业还是非师范专业的学生,都可以选择培养模式,实现自己的职业理想。

2. 在职培训模式

我国教师在职培训的形式应呈现出灵活多样的特点,主要有五种模式:一是课程本位模式,以高校为主,以教师进修高一级学位为目标;二是教师本位模式,以大学、教师培训中心、民间非营利教师委员会、协会为主;三是学校本位模式,由教师任职学校自主制订培训计划、自主组织培训活动;四是协作式的培训模式;五是网络培训模式。无论哪种模式,都以促进教师专业发展为目的。

二、观察学习与专家指导

(一) 观察学习

1. 观察学习的理论

阿尔伯特·班杜拉(Albert Bandura)提出观察学习,也称替代学习理论。观察学习是指学习者在社会情境中,通过观察他人(或称榜样)的行为表现方式以及行为后果(得到奖励或惩罚)间接学习的过程。观察学习受到注意过程、保持过程、再现过程、强化过程等一系列相互联系的心理过程的支配。

(1) 注意过程。对榜样的知觉。班杜拉认为,除非学习者给予示范活动以足够的注意,并精确知觉到示范行为的特点和突出的线索,否则观察者就不能学到多少东西。影响个体注意过程的因素主要有榜样的特点、观察者的特征、观察者与榜样的关系。

(2) 保持过程。示范信息的存储。在观察他人或榜样示范的基础上,将所观察的行为以表象或言语的形式,保留在记忆中,当示范活动不再存在时,能为观察者提供指导。

(3) 再现过程。从记忆向行为的转化。这一过程把个体观察到的,并保持于头脑中的信息转化成相应的行为。在再现示范行为的初始阶段,再现的行为并非是准确无误的,还需要通过自我检查或他人提供反馈信息来纠正或调整。再现过程比较复杂,个体如何组织自己的行为,能否进行自我反馈与纠正,能否对行为进行监控都影响着行为的实际再现。

(4) 强化过程。从观察到行动。经过注意、保持和再现几个过程后,示范行为基本上为观察者所掌握。但实际上,人们并不是把观察到的都表现在行为上。通过观察学习到的行为是否会被模仿表现出来,还要受到行为后果的影响。除了后继结果的影响外,个体的倾向与动机也影响观察行为的出现与否。一个人是做出还是抑制某种观察学习的反应,在一定程度上取决于他认为做出这种行为是会受到奖励还是惩罚。

观察学习的四个过程是紧密联系不可分割的。没有产生注意,记忆中无相关的储存信息,没有能力再现或没有足够的再现行为的动力,这些因素均可以导致观察者不能重复一个观察到的示范行为。

2. 教学观察

班杜拉发现,几乎所有起源于直接经验的学习现象都可以通过观察他人的行为及其结果而替代性地产生。这种通过观察进行学习的能力,使得人们不必通过漫长乏味的尝试错误,就能够获得产生和调控行为模式的规则。教学观察是我国中小学普遍的一种专业活动方式,这种专业活动方式实质是帮助教师更好地进行观察学习。

实施教学观察应先请专家对教学观察的目的、态度、技巧和注意事项等进行培训,让广大教师了解这种观察的内涵和目的。每次教学观察都应按以下程序进行。

(1) 教学观察前的准备。在同事讨论的基础上确定教学观察的课题时间和教学观察的重点。在咨询专家或查阅文献的基础上,授课者与教学观察者共同制订教案、教具及准备教学资料。

(2) 课堂观察。教学观察者针对与授课者共同拟定的范畴或问题,从学生的视角出发观察课堂,记录下课堂里发生的真实情况以及自己的思考,以便在讨论时和授课的教师一同研究;也可以在课后直接和个别学生交谈,收集部分学生的练习和作业,了解他们对课题的掌握情况和感受;还可以用录音录像设备记录下"焦点学生"的表现,以便在讨论时分析研究。

(3) 教学观察后的讨论。教学观察教师把教学观察记录的资料和用其他方式收集的资料提供出来,与授课教师一同做出分析,看这些资料是否能够回答课前大家都想探讨的问题。对成功的经验进行剖析,找出存在的不足,共同制订改进措施。

(4) 改良再行动。授课教师根据上次教学观察的反馈,把改进措施实施到课堂教学中,调整教学策略,改进教学行为。可用访谈、学生作业等资料分析改进措施的实施效果,必要时可用微格教学等手段观察分析改进措施的实施效果,不断调整教学策略,使教学行为更趋合理。

(二)专家指导

专家指导是指具有更丰富的理论知识专业技能或工作经验的人作为教师、援助者、鼓励者、咨询者和朋友,为缺乏知识、技能或经验的人提供服务,目的在于促进后者的专业和个人发展。

1. 谁是专家

我国指导教师专业发展的专家一般包括两类人。一类是从事理论研究,掌握科学的、先进的、与时俱进的理论的专业研究人员;另一类是在教学实践第一线,具有丰富的教育教学实践经验的教研员,即专家型教师。

2. 指导什么

除了传递新的教学知识与技能外,专家还应指导教师学会研究和反思开展教育科研,了解其是教师专业发展的重要途径之一。教育科研需要理论的指导、方法的引领、科学的假设,而这些正是一般教师比较缺乏的。一般教师的教育理论素养相对比较薄弱,教师忙于教育教学事务,很少有时间和精力投身于系统的理论学习,并且缺少科研方法的掌握和具体运用,很需要专家在这些方面予以指导。

教师在日常教育教学中有着丰富的体验和实践知识,蕴藏着许多智慧和经验,但大部分教师却难以将隐性经验显性化,或将感性体验理性化,使之成为能与人共享的资源。教师通过反思总结,将自己的隐性知识显性化,这一过程本身就是教师专业发展的过程。要做到"教师知识显性化"需要漫长的过程,教师的实践经验需要专家引领和提升。

3. 怎样指导

(1) 合作研究。这种指导主要指专业研究人员与中小学教师一起组成合作研究小组,共同观察、讨论某些特定的教育现象。其目的在于唤醒教师的提问意识和解题意识,由此捕捉那些值得研究的教育问题(研究主题),并以合理的方式解决相关教育问题,帮助教师在实践中成长。

合作研究的基本研究步骤如下。首先,专业研究人员进入学校,观察教师的教育活动并与教师一起"交谈"有关教育问题,比如听课、评课、专题讨论等。其次,专业研究人员与中小学教师一起寻找本校的文化特点,并细心观察学校尤其是教室里发生的"教育问题"。最后,听课以及课后的讨论是合作研究的重要内容。讨论时先由教师自己反思教学或班级活动,教师反思的内容被有选择地作为交谈的重点。交谈是合作研究的一个基本方式,合作研究中的交谈重视专业研究人员与中小学教师之间相互倾听、相互提问、相互交流。这种交谈、对话不仅限于了解对方、理解对方,它同时针对对话、交流中出现的问题,谨慎地寻求解决问题的出路。

(2)师徒制。教师专业的发展存在阶段性,处在高阶段的人(指导教师或专家型教师)能够对处在低阶段的人(新老师或新手教师)施加积极的影响力,这是师徒制施行的最主要的依据。梅根·纳利(Megan Nally)从支持性和挑战性两个维度,将指导教师分为三个类型。高支持、低挑战的指导教师,这类指导教师更关注合作过程中对新老师的支持和培养,愿意给予新老师较多的自由;高支持、高挑战的指导教师,这类指导教师既重视对新老师的支持,又对新教师有较严格的要求;低支持、高挑战的指导教师,这类教师往往强调自己的权威地位而忽视对新教师的理解和扶持。

三、合作学习与同伴支持

(一)合作学习

1. 合作学习的理论基础

合作学习是以学习目标为导向,以小组为基本组织形式,以学习各动态因素的互动合作为动力资源,以团体成绩为奖励依据的一种学习活动和策略体系。合作学习提出的理论依据是什么呢?建构主义认为,知识的建构发生在与他人交往的环境中,是社会合作与社会互动的结果。动机理论认为,人的学习动机是借助于人际交往过程产生的,其本质体现了人际相互作用建立起来的一种积极的依赖关系。不仅如此,激发动机的最有效手段就是建立起一种"利益共同体"的关系。因此,合作学习也有利于激发和保持学习中最为重要的因素之一——学习动机。另外,合作学习的提出,还和观察学习理论有着密切的关系。学习者被认为可以通过观察他人行为及其结果,总结或领悟到他人行为的特征,形成规则,并通过对这些规则的重新组织,形成自己的行为。因此,学习者之间的深入合作,必然也能使他们互相学习。

2. 教师合作学习

教师合作学习有利于激发教师专业发展的积极性、主动性,有利于发掘和利用教师的群体资源。美国学者罗伯特·布林克豪夫(Robert Brinkerhoff)和麦克·吉尔(Mark Gill)对成人学习的相关研究报告进行了元分析,结果表明,成人90%的新学习是通过在工作中的自我发起(self-initiated)学习活动来实现的,而不是通过在工作场所之外的有计划、有组织的培训活动。里特尔(Little)研究发现,当一个学校内教师时常谈论自己的教学,观察彼此的教学,一起设计和准备教材以及互相辅导时,这种学校中学生一般会具有较高的学业成绩,同时大多数教师也显现出较好的专业成长特性。因此,教师寻求同事间的合作与互动,时常从他人那里获取有价值的信息来提升自己的专业内涵,这是新时期教师专业发展的重要理念和途径。

陈向明指出,教师合作学习的内在条件包括以下三点:第一,小组学习中参与者的心理感受,如安全感、信任感、相互依赖感。第二,小组的思维特性,如群体内聚力群体思维。第三,小组成员的合作技能,特别是他们的基本社交技能。要有效地实现合作学习就必须采取积极的措施以培育良好的环境。教师合作学习的内在条件如表8-1所示。

表8-1 教师合作学习的内在条件

项 目	内 在 条 件	具 体 措 施
小组学习中参与者的心理感受	增强安全感	(1) 制定活动规则 (2) 控制小组规模(4~6人) (3) 鼓励积极参与 (4) 通过"做中学"增强参与者信心
	促进正相互依赖	(1) 建立有效的合作交流机制 (2) 所有成员任务分工明确,各自承担相应的责任、义务
小组的思维特性	提高群体内聚力	(1) 使参与者认同自己的小组 (2) 提高小组目标与个人动机间的一致性
	避免群体思维	创设具有自我批评意识的学习氛围
小组成员的合作技能	改进社交技巧	(1) 组成小组的技能 (2) 小组活动的基本技能 (3) 交流思想的技能 (4) 表达情感的技能

资料来源:陈向明.小组合作学习的条件[J].清华大学教育研究,2003(4):11-16.

(二) 同伴支持

同伴支持(peer coaching)也称同伴互助同伴指导,产生于20世纪80年代初期的美国,当时主要用于促进教师实施新的课程和教学技术。经过十几年的发展,同伴支持已成为众多国家所采用的教师专业发展的策略。同伴支持是指教师结成伙伴关系在一起工作,通过共同阅读与讨论、示范教学、课例研究,特别是系统的教室观察与反馈等方式,彼此学习并分享新的知识从而改进教学策略,提高教学质量,促进自身的专业发展。

作为教师专业发展的一种策略,教师同伴支持是一个"为教师所有"(of teachers)"为教师所参与"(by teachers)及"为教师所享"(for teachers)的过程。其直接的意义在于促使教师掌握某种新的教学技术和策略,改善教学行为,提高教学效果。更为重要的是,教师同伴支持具有培育教师文化的潜力,这种教师文化以合作和探究为核心特征。这种文化既是专业特性的表现,又能为教师的专业发展提供一个良好的环境。因此,教师同伴支持对于教师专业发展具有十分重要的意义。

同伴支持以实践中的教师为主体,视教师同伴是教师专业发展最重要的资源之一,认为教师应该成为并有能力成为教师教育者。教师同伴支持就是实践中的教师采用结对子或组成学习小组的形式,参与多种研究学习活动,通过相互支持获得专业发展。同伴支持的实质就是教师作为专业人员对话、探究、合作。同伴支持的目的在于促进教师专业发展。

教师同伴支持的活动方式非常多样,根据结构化程度可以分为正式指导和非正式指导两大类型。在日常的学校情境中,教师之间相互学习有非常多的机会,在这些活动中,尽管教师之间并没有正式的伙伴关系,但通过合作活动,教师能够相互支持,相互学习。正式的指导源于新教师辅导,有正式的结构,即教师之间形成正式的辅导关系。不同于新教师辅导,教师同伴支持中,参与者互为指导者。但由于指导者在教师同伴支持中扮演的角色不同,指向的具体活动不同,因此,正式的教师同伴支持也有多种形式。但教师同伴支持的模式通常是上述多种活动形式的组合,其中最典型的模式是合作备课、课堂观察和反馈所构成的过程。

四、学校文化与学习型学校

心理学中的多元文化论者指出,文化是决定行为的重要因素。一种社会行为不仅受到行为者个体内部因素的调节,也为社会的文化因素所制约,并由于个体的某些内部因素如需要、动机等也是在社会文化的影响下形成的,所以从根本上讲,行为是社会文化的产物。因此,教师专业发展深受其所在学校文化的影响。

(一)学校文化

1. 学校文化的结构与类型

学校文化是以学校内部形成的内化了的观念为核心,以预定的目标为动力,通过一系列活动形成的多层面、多类型的社会组织文化。按照由内到外、由深层到表层的变化过程,学校文化的结构包括学校精神文化、学校制度文化、学校行为文化和学校物质文化四个方面。其中,学校精神文化是学校文化的深层表现形式,是学校文化的集中体现;学校制度文化、学校行为文化和学校物质文化是学校精神文化的外化,是学校精神文化的自然表达。

学校文化的类型根据学校文化的创建过程可分为成长型学校文化、成熟型学校文化和衰退型学校文化;根据学校各组成部分的不同可分为各种学校亚文化群体,如教师文化、学生文化等。

2. 学校文化与教师专业发展

使用《组织氛围调查问卷》(*The Organizational Climate Descriptive Questionnaire*,简称 OCDQ)小学修订版进行测验,通过因素分析得出,学校组织氛围的刻画主要依赖两个因素,即教师行为和校长行为。将不同类型的教师行为与校长行为适当搭配,可以得到学校组织氛围的四种类型,即开放型、使令型、松散型和封闭型,如表8-2所示。

表8-2 学校组织氛围类型

行为		校长行为	
		开放	封闭
教师行为	开放	开放型学校氛围	使令型学校氛围
	封闭	松散型学校氛围	封闭型学校氛围

资料来源:赵中建.学校文化[M].上海:华东师范大学出版社,2004:351.

这四种组织氛围类型的基本特征分别如下。

(1) 开放型学校氛围(open climate)。校长和教师之间互相合作、互相尊重。校长愿意倾听教师的意见,适时、经常地给予教师以赞扬,尊重教师的职业发展,给予教师教学自由,并尽量使其免于繁重事务的干扰。同样,教师之间能够交流教学经验,私交甚笃,彼此真诚合作,愿意为学校的教学工作奋斗。

(2) 使令型学校氛围(engaged climate)。一方面,校长极不尊重教师的职业发展,也不考虑教师的个人需求,而是极力加强自己对教师的控制,同时还给予教师过重的工作负担。另一方面,教师则不管校长如何要求,而只是专注于自己的教育教学工作。同事之间互相合作,私交也不错。

(3) 松散型学校氛围(disengaged climate)。校长愿意倾听教师的意见,并支持教师的专业发展,注意减轻教师的工作负担,给教师自由发展的权利。但教师却不愿意接受校长的种种行为,既不喜欢校长,同事之间也很少交流,彼此之间相互隔绝、互不尊重、各做各事,对学校也没有什么举献可言。

(4) 封闭型学校氛围(closed climate)。校长和教师仅仅是在完成任务。校长忙于发布行政命令,给教师施加工作负担,教师反应迟钝,教师之间态度冷漠、互不关心,缺乏彼此之间的尊重。

安迪·哈格瑞夫斯(Andy Hargreaves)分析了以下四种教师文化:一是个人主义文化(individualistic culture),在这种文化中教师之间相互隔离,教师的主要精力用于处理自己课堂里的事务;二是分化的文化(balkanized culture),教师个体分别忠诚、归属于不同的派别,各派别之间相互分立,有时为争取权力与资源而相互竞争;三是自然合作文化(collaborative culture),基建于教师之间的开放、互信和支持;四是硬造的合作(contrived collaboration),教师被要求围绕行政人员的意图与兴趣进行"合作"。在这四种教师文化中,个人主义的教师文化与分化的教师文化,仍然是一般学校里最为常见的教师文化;自然合作的教师文化对于教师专业发展,是最为理想的一种文化;而人为的合作文化,哈格瑞夫斯认为是"引导合作的人最当警惕的一种状况",因为来自教师群体之外的意图与兴趣,很容易打着合作的幌子销蚀了真正的合作。

(二) 学习型学校

1. 学习型学校理论

学校不是一般的组织,本质上,学校是一个学习共同体。学习共同体与一般组织的区别在于:在组织中,成员间的关系是由他人构筑的,组织的控制依赖外在控制,团队建设是组织安排的结果,也是领导者构建团队技能的体现。而共同体内的控制更多依靠规范、目的、价值观专业精神、团队精神以及成员间自然而然的互依性,彼此间的责任感等情感和规范方面的因素。良好关系共同理想和浓厚文化,对学校发展而言都是很关键的因素。因此,要建设更加有效的学校组织就必须把学校转变成学习共同体,即学习型学校。

学习型学校是一种每个人都在学习的文化氛围。在其中,每个人都是一个完整的个体,每个参与者都为学习和共同受益而负责。同时,对于教师而言,它也是一种教师专业共同体,通过促进教师学习以及教师管理者之间互动,来最大限度地提高学校中的教学水平和学生的学习成绩。

克罗斯·罗伯特·艾克(Krous Robert Eak)等提出教师专业共同体具有反思对话、关注学生学习、教师间的互动、合作价值观和规范五个要素。反思对话指的是教师之间关于教学行为和学生学习成绩的谈话,旨在鼓励教师讨论如何通过教学实践以及合作来提高教学水平。

(1) 关注学生的学习。专业共同体的所有行动目的都应该是所有学生的成长和发展,所以该要素包括持续的交流、课程决策、教学和学习,而这些都应该集中在学生成果方面。

(2) 教师间的互动。通过教师间的互动和工作关系的建立,可以鼓励教师分享观点、互相学习、互相帮助。

(3) 合作。合作通常发生在教师们需要分享教学策略和技巧、做出教学决策以及提出加强共同体中所有成员学习的想法时。共同的价值观和规范表达的是专业共同体的成员就学校的使命达成了共识,并且这种价值观和规范会形成他们作为职业者的行为。

克罗斯·罗伯特·艾克和路易斯·理查德·杜福(Louis Richard Dufour)(1995)还提出了对建立专业共同体至关重要的五个建构条件和五项人力/社会资源。五个建构条件包括:第一,为教师提供充足的时间见面,并交换想法;第二,在地域安排上,教师相互之间比较接近,以便他们互相观察和互动;第三,保证教师的权利和学校自我管理的权力,这样教师就能自由地做他们认为对学生最有益的事情了;第四,建立学校范围的交流体制,包括专门为教学、学习和其他事务召开的日常会议;第五,采用诸如团队教学等需要教师们发挥他们技巧的教学方法。五项人力/社会资源包括:第一,支持那些乐于提高的教师,他们愿意分析反思、尝试新的教学方法;第二,信任并尊重学习共同体中所有成员的能力;第三,管理者的支持;第四,使教师融入组织文化的社会化过程;第五,接受建立学习共同体所需知识和技能的机会。

2. 学习型学校的构建通过分权

向学习型学校转变需要由孤立氛围向对话氛围的转变;从关注教育学生向关注所有成员的教与学的转变;从几个人掌握领导权向所有人分享的领导方式的转变。为了完成这些转变,校长必须与教师以及更广泛的共同体一起建立学校的共同愿景和使命,传播这一愿景,获取和运用培养合作及承诺的交流技巧,计划和实施改革过程,促进教师向合作领导者和学习者的发展,并且保证学习成绩的稳定。

(1) 通过持续的专业发展活动。学习型学校的专业发展和教学工作是分隔不开的,有效的专业发展计划也是和学习共同体的特点联系在一起的,专业发展计划的最基本关注点就是提高学生成绩。这一过程是合作的、反思的和持续的,同时要考虑成人学习的特点,以及与专业发展的标准相联系。教师们为自己的专业发展承担越来越多的责任,并且积极参与专业发展活动的计划、领导和评估。

(2) 通过团队合作。将具有相似兴趣,教学水平和课程领域的一群教师组成一个学习者共同体,合作学习,各抒己见,相互支持,可以更好地解决问题、做出决策。而且,由于每个人都有机会投入其中,成为学习型学校最有力的支持者。团队合作带来了生机和活力,是学习型学校的生机。

(3) 通过学习文化维持。学习文化是一种生态文化,它既能自我更新,又具有开放性和包容性。学习文化是学习者与学习者、学习者与学习环境交互作用形成的,在教师层面上表现为组织学习(具有共同的学习目标的教师合作学习)、自我更新与自我超越。

课后练习

1. 主张教师专业发展除了个人努力外,更大程度上依赖教师学习团队的建设。这种观点属于教师专业发展的(　　)。

  A. 感性取向   B. 理智取向
  C. 文化生态取向   D. 实践—反思取向

2. 实践取向理论认为教师专业发展最重要的途径是(　　)。

  A. 个人反思   B. 同伴互助   C. 专业引领   D. 课题研究

3. (判断题)按照教师专业发展的理智取向,教师要进行有效教学,一要有学科知识,二要有教育知识,三要有实践知识。　　　　　　　　　　　　　　　　　　　　(　　)

4. 请你谈谈教师专业发展的三种取向之间的关系。

5. 你认为教师专业发展应以知识更新为主还是以能力培养为主?

6. 你认为什么样的教师专业发展模式是理想的?

7. 怎样进行教学观察?

8. 学校文化与校园文化有什么异同点?

第九章

教师专业发展的标准

教师专业化是世界教师教育发展的趋势和潮流,也是教师教育改革所探讨的热点问题之一。随着新课程改革的全面推开,人们越来越认识到确立教师在学校教育和教育改革中的主体地位,发挥其主导作用的重要性。

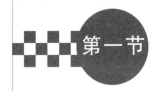

第一节 国外教师专业发展的标准

一、与教师资格标准相分离的专业标准

美国于1987年成立国家专业教学标准委员会,卡内基基金会组织编制了《教师专业标准大纲》,这是迄今为止最明确地界定了教师专业标准的规范性文件。它强调教师的第一职责在于参与并帮助学生的学习与成长;强调构成教师职域的教与学的专业性内容及其知识基础,特别是强调知识的生成性理解与知识的综合利用,突出了教师作为"反思性实践者"的角色等。这些对教师的发展具有很强的规范和指导意义。

从作用方式上看,教育政策的引导有直接引导和间接引导之分。直接引导是指教育政策对其调整对象的直接作用。例如,日本的《教师资格法》中"国家实行教师资格制度"的规定,对教师应该具备的特定条件和取得教师资格的法定程序提出了明确的要求。间接引导是指教育政策对非直接调整对象的影响。又如,提高教师地位和生活待遇的政策,会间接影响人们就业的选择,引导青年学生积极报考师范院校,从而吸引一大批优秀人才从事教育工作。教育政策对教师的引导作用主要从两个方面表现出来:一是为教师的发展提出明确的目标。人的活动是在一定需求基础上进行的有目的的活动。教师的教育活动更是在一定的目标引导下进行的活动。明确的目标极大地激发了教师的工作热情和积极性,对推动教育事业的发展,实现教育目的有着重要的意义。二是指导教师行为。教育政策不仅为教师明确了目标和方向,而且通过确定实现目标所必需的行动策略、方法、措施,指导教师的行为。

二、与教师资格标准相契合的专业标准

美国是世界教师专业发展运动的旗舰,其教师专业标准研究与实施对世界产生了重要的影响。美国有两套国家层级的教师专业标准:一是"州际初任教师评价与支持联合会"

(INTASC)发布的初任教师资格和发展模型标准,适用于初任教师;二是"全国专业教学标准委员会"(NBPTS)发布的专业教学标准,适用于教学三年以上的资深教师。通过两套不同教师层级标准的设定而实现教师专业发展标准的进阶性特征。州层级的教师专业标准主要参考以上两套标准,其主张的内涵重点大致与此相同。以犹他州教师专业标准为代表,美国部分州的教师专业发展标准实现了在同一标准框架内体现不同层级教师专业标准的进阶性特征。

作为世界教改龙头之一的英国,经常引领许多国家的教育改革,在有关教师专业标准、教师分级进阶制度上的研究更是走在世界的前列,较美国具有更完备的教师层级和专业标准制度。2006年,英国重新对教师的专业发展进行全程规划,将教师职业培养、入职培训和在职教师发展各个阶段整合起来,形成了一个一体化的教师专业标准框架,并于2007年9月在英格兰和威尔士正式实施。2007年,新教师专业标准把合格教师标准、入职教师核心标准、门槛教师标准、卓越教师标准和高级技能教师标准进行统整与组织,建立了一体化的教师专业标准框架,为教师搭起了终身专业发展的阶梯。此外,以它为依据,英国将教师专业发展全面地纳入国家的规划和管理。

澳大利亚从20世纪80年代开始加强了教师专业发展的研究,在长期致力于探讨如何保证、提高教师质量的努力下,于2003年7月正式颁布了全国教师专业标准框架,确立了职前、入职、职后三阶段的一系列针对教师、教师教育机构及用人单位的考核标准,概述了制定标准遵循的原则,阐明了标准衡量教师的能力要素。基于澳大利亚全国教师专业标准框架只是一些要素和条目引领性的标准框架,不同州际可以根据实际情况对各项标准作出具体规定,以新南威尔士州教师专业发展标准为例,其内容体现了鲜明的教师发展的进阶性标准。

三、分类分级型的教师专业标准

(一)美国教师专业标准

19世纪初,美国政府不断审定、完善和提高教师的入职标准,到20世纪80年代,随着一系列促进教师专业发展报告,教师专业标准体系进入相对成熟期,全国性教师专业标准相继建立。1954年,美国全国教师教育认证委员会(NCATE)宣告成立,取代了美国师范院校联合会,开始承担起全美教师教育机构的资格认证工作(候选教师);1987年,美国州际新教师评估与支持联合会(INTASC)制定了全国通用教师的入职标准(新教师);同年,美国国家教师专业教学标准委员会(NBPTS)制定了在职教师(优秀教师)的专业标准;2001年,美国优质教师证书委员会(ABCTE)制定的在职教师(杰出教师)标准对教师提出了更高的要求。上述四大标准从学科知识、教学策略、反思能力、了解学生四个维度着手,构造了当前美国教师教育职前、入职和职后三位体的质量认证体系,贯穿于每一位教师的职业生涯,教师要达到四大标准就要进行终身学习。

（二）英国教师专业标准

20世纪80年代，为提高教师队伍的整体素质，英国政府提出了职前教师教育改革和促进教师持续发展的设想，教师教育与培训的内容及结构成为政府教育政策的重要内容。1992—1998年，英国教育主管部门下发的有关师资培训的指导性文件中多次修订、充实、提高职前教师教育的要求和标准。1998年5月颁布《职前教师教育课程要求》；2002年颁布了《英国合格教师资格标准与教师职前培训要求》；随后几年为了更加有效地领教师终身的专业发展，英国研制了教师专业发展各个阶段的标准，并于2007年颁布英国现行教师专业标准。现行教师专业标准将教师分为5个由下至上的发展层次，即合格教师（qualified teacher）、核心教师（core teacher）、资深教师（post threshold teacher）、优秀教师（excellent teacher）、高级技能教师（advanced teacher），并从专业素质（professional attributes）、专业知识与理解（professional knowledge and understanding）和专业技能（professional skills）三个方面对教师具备的素质提出了具体要求。

（三）荷兰教师专业标准

20世纪90年代中后期，为提高荷兰教师队伍的整体素质，荷兰教育工作者协会提出了"构建教师教育工作者专业标准和促进教师教育工作者专业发展"的设想，并把制定专业标准作为工作的重点。1998年，由20位教师教育工作者组成发展团队负责起草了专业标准的内容。1999年1月荷兰教师教育工作者协会在工作会议上讨论和修改了专业标准的初稿，1999年，出台了第一套教师教育工作者专业标准；2003年，荷兰教师教育工作者协会在第一套标准的基础上修改形成了第整套教师教育工作者专业标准，并于2007年进行了补充；2008年，出台了第三套专业标准，并从专业能力、专业知识、专业技能、专业态度、专业价值观和专业品质六个方面规定了教师应具备的能力。

（四）新西兰教师专业标准

新西兰是个教育发展较早的国家，1887年开始实行义务教育法。1877—1988年，新西兰百余年来教育行政体制并无重大变革。20世纪80年代，教育不断改革，教育主管部门的权限逐步下放，学校和培训机构自扩大，教师专业标准成为工作重点。1989年，新西兰出台《教育法案》《教师聘用条例》和《新西兰中小学教学人纲》；1997年，新西兰所有学校强制实行绩效管理制度（PMS），1999年，教育部颁布《专业标准：优质教学标准——中学教师与学校所有者标准》和《专业标准：优质教学标准——小学教师与学校持有者标准》；2004年，颁布《幼儿园教师专业标准》；2007年，新西兰教师协会公布《新西兰教师教育毕业生标准》。新西兰中学教师专业标准从专业知识、专业发展、教学技巧、学生管理、学生激励、有效沟通、合作与贡献和"毛利教育"八个方面描述了三个层次的教师，即新教师（beginning classroom teachers）、注册教师（classroom teachers）和有经验的教师（experienced classroom teachers）具备的素质。

这些标准可能因国家、地区和教育体系的不同而有所差异，具体的分类方式和标准可以根据不同地方的教育政策和要求来确定。

第二节　中国教师专业发展的标准

一、教师专业发展标准出台的背景

2012年，国务院出台《国务院关于加强教师队伍建设的意见》（国发〔2012〕41号），明确提出要建设和完善各类教师的专业标准体系。根据各级各类教育的特点，出台幼儿园、小学、中学、职业学校、高等学校、特殊教育学校教师专业标准，将其作为教师培养、准入、培训、考核等工作的重要依据。制定幼儿园园长、普通中小学校长、中等职业学校校长专业标准和任职资格标准，提高校长（园长）专业化水平。制定师范类专业认证标准，开展专业认证和评估，规范师范类专业办学，建立教师培养质量评估制度。

随着我国经济社会的不断发展和教育整体改革的不断深入，我国教师教育正发生着更深入的、整体性的变革，教师教育的进一步改革与调整再次成为变革的核心，加强师资队伍建设成为优先事项。其中，构建科学的教师专业标准体系已成为改革的当务之急。国外教师专业标准研究始于20世纪80年代，以美国为最早。经济合作组织在20世纪90年代末开展了会员国教师质量的大规模调研，为教师专业标准制定提供了科学数据。亚洲部分国家如日本、菲律宾、泰国等近年也着手制定不同形式的专业标准。早在20世纪70年代就设有教师注册委员会并强调教师入职标准和资格证书颁发的澳大利亚，在2003年7月，颁布了全国性的专业标准框架。可见，重视教师专业标准的研究、制定已成为许多国家促进教师专业发展、提高教学质量的一种重要趋势。

在我国，教育部"2003—2007教育振兴行动计划"提出"全面推进教师教育创新，加强教师队伍建设"以后，国内教育科学学术界在"十五"教育科学规划指导下，出现了大批关于教师教育改革与创新、教师专业发展、教师校本教研和教师教育制度比较等研究成果，其数量之多、内容之新、由一线教师完成研究的比例之大，超过了以往任何一个时期。但是大部分研究忽略了在新的学习环境下教师作用的深刻变化，忽略了教学作为一个专业的本质特点，因而也忽略了借以评价教师业绩和作为专业发展进阶的专业标准。因此，教师资格认证、教学水平和培训效果评估缺少科学的依据。

教师专业标准是确立和提升教师专业地位的重要前提，建立科学的教师专业标准是教师从一种"职业"变为一种"专业"的基本标志，是使教师如医生、律师、工程师等"专业工作者"一样确立专业地位并提高其社会、经济地位的重要前提。教师专业标准是客观评价师资队伍素质和教师教学质量的依据，也是学生学习质量及一个国家和民族未来发展的保障。

教师专业标准体系的建立是一个系统工程,应反映不同阶段、不同水平的教师专业素质要求,从而为实现从"教师培训"转向"教师专业学习"提供系统的、循序渐进的专业发展台阶,为建立促进教师终身学习和教师教育制度奠定科学的"能力本位"的专业发展基石。

二、教师专业发展标准的理念

基于对教师专业标准的重要性的认识,我国加强了教师专业标准建设。教师专业标准体系不仅应包括教师的准入标准,还应包括教师教育的课程标准,教育质量的保障标准,职前、入职、职后不同阶段的考核标准,行政、教学不同岗位的标准,不同学科的标准等。目前,我国教育部已经制定颁布了《幼儿园教师专业标准(试行)》《小学教师专业标准(试行)》和《中学教师专业标准(试行)》等。幼儿园、小学、中学教师专业标准,从"师德为先、以学生为本、能力为重、终身学习"的理念出发,分别对幼儿园、小学、中学教师提出了60多项标准与要求。这是加强教师队伍建设、提升教师素质的又一重大举措,也是强化教师专业地位、职业地位的一项重要举措。[①]

(一)师德为先

党的十八大报告首次把立德树人作为教育的根本任务。教师是一种特殊的职业,不仅具有传道、授业、解惑的职能,而且教师的言行举止会影响学生发展。为人师者先正其身后育人,教师要以高尚师德、人格魅力、学识风范教育感染学生,把社会主义核心价值体系融入人才培养全过程,使每一位学生都能够成为对国家、对社会、对人民有用的人才。

1. 当前师德教育现状

新时期,随着国家经济的快速发展,国家教育经费的大力投入,社会公众对教育的期望值也随之加大。教师队伍素质,尤其是师德越来越成为社会公众关注的焦点和热点。不可否认,当前广大中小学校的师德教育开展得有声有色,教育工会、共青团、教职工代表大会等充分利用各种载体广泛开展各种形式的群众性师德建设活动,取得了一定成效。但由于当前学校师德教育与教师专业发展的结合存在以下两个方面的问题,师德教育存在一些不尽如人意之处,尚未达到其应有的实效。

1)师德教育内容偏重职业道德中的共性部分,没能突出教师专业化中的特殊道德要求

师德是指教师的职业道德,是教师在从事教育劳动时应遵循的行为规范和必备品德。当前,中小学校普遍重视师德教育,一般由学校党支部书记直接负责,学校师德教育活动开展得不少。但总体而言,其教育内容较多注重各行各业职业道德中共性方面的学习和宣传,如师德规范中的"爱国守法""爱岗敬业"宣传得较为深入,而作为促进教师专业发展的特殊的师德规范如"关爱学生""教书育人"等的学习相对薄弱。这种现象具体表现在两个方面:

---

① 杨春茂. 提升教师素质的又一重大举措——解读教育部中小学幼儿园教师专业标准[J].人民教育,2013(2):21-23.

一方面,学校师德培训侧重于教师的政治思想素质提升,多与党员教育活动相结合开展,而体现教师专业道德方面的培训活动少。另一方面,学校的师德教育以配合响应各级党政部门、教育工会组织的师德建设活动为主,缺少教师自身职业的特色。反映教育活动特殊要求和特殊方面的行为调节的教师道德教育相对太少,真正触及教师作为"人类灵魂工程师"的职业特点和特殊责任的师德教育开展力度不够,师德教育没有切实发挥出对教师专业化发展的促进作用。

2)师德教育趋于简单化和形式化,没有深入到教师专业发展的实践过程来开展

当前,中小学校仍然十分重视师德教育形式的多样性与创新性,借助各种载体如展览、报告团、演出等开展宣传和学习,以使教师群体形成一种职业的道德习惯。但有些学校往往把开展形式多样的师德教育活动和创新师德教育形式作为学校师德教育追求的目标,忽视了师德教育与教师专业知识、专业技能等的结合,脱离了具体工作和任务实体,使得师德理念、师德规范缺乏具体可操作性,不够务实,以致成效不大。如有些农村中小学校"拖堂"现象屡禁不止,教师甚至视"拖堂"现象为爱岗敬业、工作责任心强的表现。这是教师没有真正领悟到"爱岗敬业"背后的教师职业中"关爱学生"的特殊师德要求,是师德教育没有与课堂教学实践过程有机融合的体现。久而久之,学校师德培训的内容、师德问题的认知容易走形而上的教条主义,师德逐渐变成一个教条、一句口号。教师自然也就容易在专业化发展中忽视了自身的师德修养。

2. 师德教育未能深入到教师专业化发展层面开展的成因分析

当今的社会是信息爆炸的社会,教师的专业知识技能和教育能力面临着全新的挑战。新课程改革三位一体教学目标的达成,学生科学思维、创新意识和探索精神的养成,特别是学生获取信息的多通道特点与学生成长环境复杂化的严峻现实,这些都要求现代教育必须将人性的因素纳入教育的目标体系中。现代教育中的教师不仅要有丰富的知识、精湛的技能,还要有高尚的师德,才能以人格魅力和学识魅力教育感染学生,做学生健康成长的指导人和引路人,才能不辱使命,承担起延续知识、延续思维、延续文明的重任。在这种背景下,师德教育与教师专业发展紧密结合,就显得尤为迫切和必要。师德教育与教师专业发展两者相辅相成、相互包容。教师专业发展包含师德的提升,师德是教师专业持续发展的根本动力,对教师职业生涯有着重大意义。加强师德修养,可以使教师在对学生实施教育教学行为时,发挥自身作为教育资源的最大功能。在高尚师德引领之下,必定有精湛师能的产生。同时,提高教师专业能力和教育教学水平,也是提高教师师德素养的重要途径。现代教育中教师的职责使命迫切需要师德教育与教师专业发展有机融合,相互促进。当前师德教育未能深入到教师专业化发展层面开展,有一定的历史原因。

(1)师德教育与教师专业发展的不同研究历史导致了两者的脱节。我国的师德教育源远流长,师德教育研究远远早于教师专业化发展研究。可以说,在我国,自从有教师的产生就有了相应的师德要求。如尧舜时期的"敬敷五教"之说,其中,"敬"是对教育者职业态度的要求,"圣贤进德修业,不离一敬";又如南宋朱熹创办白鹿洞书院亲手定的《白鹿洞教条》,这些都是我国古代的师德规范。而教师专业发展问题研究,是国际教育界中一个不断蓬勃发展的研究领域,兴起于20世纪70年代的欧美国家,我国在20世纪80年代末开始关注这一研究领域,并加大了教师专业化教育制度的改革。1994年1月,我国开始实施的《中华人民

共和国教师法》,第一次从法律上确认了教师的专业地位。可见,我国教师专业化研究的历史要短得多。由于我国教育传统重在师德研究,形成了自身的研究思维路线,这在一定程度上造成了与自西方引入的现代教师专业发展研究实践相互脱节。

(2)教师专业化研究中出现"技术化"倾向,导致师德教育难以深入教师专业发展层面。这里的"教师专业发展"指促进教师专业成长的过程(教师教育)。它已成为传统的"师范教育"与"教师在职进修"概念的整合与延伸。国际教育界关于教师"专业化"的探索交织着现代主义与后现代主义思潮的冲撞,而我国教育界更多关注的是现代主义范畴的"教师形象"。教师是一门职业,更是一门专业,教师是应该具有一定专业技术的人员,需要进行教学行为上的技能训练。因此,我国在落后于国际潮流整整20年之后的20世纪90年代初期,也倡导了同样的基于行为主义的教师技能训练——所谓教师的"职业技能训练",包括普通话技能训练、书写规范汉字、书面表达技能训练、教学工作技能训练、班主任技能训练等。90年代末期,以信息技术武装学校教育的进程加快,但"教师专业化"的进程仅仅局限于学校层面的"信息技术的武装",或是教师个体的"职业技能训练"现代主义范畴的教师教育,用"技术化"来驱动教师的"专业化",强调对教师的控制和教师教育的效率,使教师普遍重视教学技能的训练,而相对轻视师德的修养,这在一定程度上阻止了师德教育向教师专业化层面深入推进。

3. 师德教育促进教师专业发展的实现路径探索

从教师角度来说,除了良好的教学技能、管理技能之外,拥有良好的师德才能符合社会对自身的期待。作为教师培训机构、中小学校的师德教育工作者,在教师继续教育工作中,可以从以下两个方面来加强师德建设。

1) 师德教育要重视与教师专业情意提升相结合

教师专业素质要求应涵盖三个基本范畴即教师专业知识的发展、专业技能的娴熟、专业情意的健全。在教师专业发展过程中,教师专业知识和技能很受重视,而专业情意却一直被忽视。其实专业情意就是师德的集中体现,它是教师对教育事业的情感态度与价值观的融合,可分为专业理想、专业情操、专业性向和专业自我四个方面。我国有关专业情意的研究,近年来才开始逐渐被重视,并且把它作为提升师德的关键。有调查研究表明,87.3%的特级教师在从教后的1~10年时间段里喜欢上了教师职业,而普通教师仅为64.6%;有70%的特级教师至今未厌倦教师职业,而普通教师仅为45%。可见,在特级教师身上,师德已经成为他们从事教师这一职业的源源不断的动力,使他们终身从教爱岗。加强师德教育与提升专业情意相结合可以从以下几方面入手。

(1)加强学校文化建设,促进教师专业情意的生成,提升教师的道德修养。浓厚的学校文化氛围可以陶冶教师的情操,从而很好地提升师德修养。因此,就学校而言,要加强师德建设,就需要在校本研究和校本管理中建设能够提升教师专业情意水平的学校文化,建立促进教师专业情意生成的动力机制来助推教师专业成长。

(2)加强教师心理疏导,及时杜绝教师专业情意问题的产生,消除教师的道德困惑。教师要获取专业的发展,首先要有自我专业发展的需要和意识。然而,工作生活中的一些压力事件会导致教师产生一些心理问题,在专业情意问题方面表现为对专业理想的动摇、教育责任感的松懈、自我评价的降低等。因此,在师德教育中要特别重视教师的个别心理辅导工作,关注年轻教师入门见习期和成长建构期,部分教师的专业挫折期和稳定更新期,及时排除教师专业情意问题的产生。

(3) 多开展"教师经典阅读行动",持续强化教师专业情意的提升,培育教师的专业操守。有关研究表明,开展"教师经典阅读行动",建立以经典阅读为支持的教师职后教育模式,通过人文经典、教育学经典、学科经典书籍的阅读,可以强化专业情意,提升教师的精神境界,锻造教师的人文与科学综合素养,培育教师的专业操守。这也不失为加强学校师德教育的好途径。

2) 师德教育要注重与教师的专业知识技能发展紧密结合

已有学者指出:"师德是隐含于教师的专业能力之中,体现在教师的教育教学过程之中,是通过教师的实践智慧呈现出来的。"师德教育要落到实处,就必须深入教学实践,让师德与教师专业技能紧密结合,形成"合金",从而成为教师专业化的有力助推器。为此,师德教育工作者要注意以下几个方面的结合。

(1) 从师德教育的内容上结合,拓展师德教育的内容。师德教育不简单等同于教师职业道德规范和法律条文的学习。开展师德教育,教师除了了解一般的道德规范,还要确立与时代相通的教育理念,拥有综合性的知识结构、良好的沟通能力、综合性的人文涵养,从而使专业知识技能提升与师德修养提高相互促进。

(2) 从师德教育的形式上结合,尽量做到师德教育的无痕。由于传统师德教育有时过于注重形式,有些活动本身就容易引起教师的视听疲劳、情感倦怠,甚至排斥心理。因此,师德教育工作者要将师德教育润物细无声地渗透到教育教学的各个环节中去,通过促进教师专业发展来达到师德教育的效果,从而使教师的师德达到道德情感上的自愿,对道德教育客体达成理解和认同,将实现道德价值的过程看成自我价值的实现,当作内心愉悦的享受,看作自己生命的一部分。

(3) 从师德教育的载体上结合,找准师德教育的有效载体。如果硬性地将道德伦理规范和要求从教师专业发展的各种载体中剥离开来,师德教育就是缘木求鱼。因此,加强师德教育的关键是学校要针对各自实际,找准载体,将师德建设和教育教学结合起来,以德促能、以能表德,引导教师全身心钻研教育教学规律,全方位改革教育教学方法,提高教育教学质量。除了传统师德教育的载体之外,还要根据需要学会运用课例研究、课程开发、微博、教学反思等新的载体,使师德教育与教师专业发展有效衔接。师德教育只有依托于教师专业能力,贴近教学实际,使教师明确"为什么这样做",才能使教师对师德感到更可信,更能引起共鸣和产生实际效果,从而有力地促进教师专业的发展。

(二) 以学生为本

"以学生为本"教育理念的逻辑起点和有关教育本质的争论至今没有结果。尽管众说纷纭,但有一点可以肯定,那就是教育是一种培养人的活动。也就是说,学生是教育过程的终端,是教育的本体。

1. 从学生的发展出发

所谓"以学生为本",就是要把学生,特别是学生的发展作为教育活动的本体,一切教育活动都从学生的发展出发。这是"以学生为本"教育理念的逻辑起点。在哲学史上,提出"人是目的"命题的最初意图是为了反对把人当作神的奴仆和玩物,而近现代哲学家一再重申"人是目的",则是为了反对人的物化。"以学生为本"的教育理念是对人类思想史上人文主义、人道主义思想传统的批判继承,是针对当今社会和现代教育中出现的人的物化的弊端,并基于教育的本质而提出的。教育这种培养人的社会实践活动,是"直接以塑造和建构主体自身为对象的实践领域"。虽然教育具有本体功能和社会功能两大功能,但教育社会功能的作用大小,取决于国民素质的提高,取决于建设人才的培养。教育的本体功能是教育社会功能的根据,没有教育的本体功能,也就谈不上教育的社会功能,两者的关系是承续关系、因果关系,不是教育的平列的两种功能。社会功能是本体功能的社会呈现形式,也就是说,教育的最终目的是培养人,是促进学生的发展。

2. 让学生得到全面和谐发展

"以学生为本"的教育理念在本质上强调促进学生的发展,这里的发展是马克思主义所讲的人的全面发展。马克思主义关于人的全面发展理论主要包括:一是人的体力和智力都得到充分的发展和运用,其他方面的能力也在此基础上得到充分发展和运用;二是人的体力和智力在充分发展的基础上,结合教师专业发展概论统一起来;三是人各方面能力的发展逐步向熟练地掌握和运用一切自然和社会发展规律方向前进,最终使人成为自由王国里的公民。当代人的全面发展应包含人的自然性与社会性、体力与脑力、生理与心理的全面、和谐、统一的发展。现代教育必须培养全面发展的人,现代社会市场的扩大、交往的广泛化以及个人自由时间的增加也为人的全面发展提供了客观条件。在现阶段,我国还存在一些制约人全面发展的不利因素,如我国尚处于社会主义初级阶段,人们还没有足够的闲暇时间来充实和完善自己;市场经济的竞争性和追求利益最大化的特点也可能使人变成"经济人"和单向度的人;教育中的应试主义倾向;等等。应试主义的倾向使部分学校在教育教学中片面重视学生知识的学习,忽视学生能力的培养和良好道德品质、正确人生观、世界观及良好的心理素质的养成。在过重的课业负担影响下,学生的身体素质得不到提高。因此,"以学生为本"的教育理念更加强调促进学生的全面发展。

3. 让全体学生都得到发展

让全体学生都得到发展是素质教育的必然要求。现代教育的一个重要特征是民主化。教育的外部民主主要体现在教育的普及,教育的内部民主主要表现为让全体学生都得到发展。每一个学生都有独特的个性和能力,每一个学生都有权利要求接受适合其个性特点的教育,实现个人的价值。这就要求我们的教育尊重每一个学生的个性、特点,为每一个学生提供平等的机会、资源。从宏观上讲,长期以来,我们重视重点学校学生的发展,忽视一般学校学生的发展;重视重点班级学生的发展,忽视普通班级学生的发展;重视城市学生的发展,忽视农村地区学生的发展;重视经济发达地区学生的发展,忽视经济欠发达地区学生的发展。从微观上讲,我们重视班里成绩好的学生的发展,忽视成绩一般或成绩较差学生的发展。这样的教育重视的只关注了少数学生,与"以学生为本"的教育理念不符。让全体学生得到发展是实现社会公平特别是教育公平的根本要求,是"以学生为本"教育理念的基本内涵。为此,必须实现教育资源在不同地区、学校、班级之间的公平配置,给予全体学生以同等的关爱。

4. 让学生主动发展

"以学生为本"不但强调让全体学生都得到全面发展,而且要求这种发展必须是学生的主动发展。主动发展的教育思想在古今中外教育发展史上一直存在,如孔子的"不愤不启,不悱不发。举一隅不以三隅反,则不复也"(《论语·述而》),孟子的"深造自得",朱熹的"质疑",苏格拉底的"产婆术"及近现代福禄贝尔的教育主动性原则、布鲁纳倡导的发现法、布卢姆的掌握学习、建构主义的学习理论,等等。现在,人的主动发展比其他任何时候都显得必需和重要。知识经济的主要推动力是人的知识、智慧、能力等,它要求人拥有主动获取知识、主动适应环境以及创新等能力。因此,教会学生学习、促进学生积极主动地发展是世界各国教育改革的共同目标。《中共中央 国务院关于深化教育改革全面推进素质教育的决定》也要求:"全面推进素质教育……使学生生动活泼、积极主动地得到发展。"促进学生主动发展,要特别关注学生发展的内发性和能动性。所谓"内发性",是指学生的发展出自个人内心的要求,而不是被迫的。所谓"能动性",是指学生在发展中表现出创造性。我们不但要教给学生知识,还要教会学生自己获取知识,培养学生对知识的渴求;不但要培养学生的学习能力,还要培养学生的自我意识、自治能力以及自觉性、主动性等品质。

5. 让学生个性得到充分发展

教育个性化的思潮首先产生于第二次世界大战后的一些资本主义发达国家,继而猛烈地冲击着各国的教育,是对"二战"后各国教育改革具有普遍指导意义的思想。改革开放以来,我国也在各类教育改革文件中强调重视学生的不同需要、特殊兴趣和不同才能的培养。但在实际的教育实践中,仍然较为严重地存在着不尊重学生个性、不注重学生个性发展的状况。"以学生为本"的教育理念强调尊重学生的个性,充分开发学生的各种潜能,使学生获得有个性、有特色的发展。

6. 让学生实现可持续发展

可持续发展原是环境保护的一个基本理念,现已迅速成为得到国际社会广泛认同并推崇的全新发展观。社会的可持续发展,基础在于人的可持续发展。随着人类社会进入学习化社会以及终身教育思潮的兴起,人的受教育阶段不再局限于在校期间,教育发展成为终身的事情。这就要求教育进行变革,以实现学生的可持续发展。学生的可持续发展具体包括以下几点。一是适应性发展,就是让学生具有适应当前以及未来社会、生活、职业等方面发展变化的能力。二是潜能发展,在哲学意义上,人的可持续发展意味着人是未完成的、有待不断完善的社会存在物。也就是说,每个人都有多方面的潜能,教育就是要使人的潜能得到不断的、最大限度的发展,从而不断完善自我。三是连续发展,学生的发展应是非间断的、连续的发展,今天的发展是日后发展的前提和基础,对学生的一生发挥着持续的影响。四是协调发展,学生的发展应实现与周围环境以及自身内部的协调,如生理与心理的协调、人格各方面的协调等。

7. 充分发挥教师的主导作用

"以学生为本"的教育理念虽然强调学生的主体作用,但并没有因此否定教师的主导作用。"以学生为本"与充分发挥教师的主导作用不是矛盾对立的,而是和谐统一的。长期以来,我们没有处理好两者的关系,要么片面强调教师而忽略学生,要么只重视学生而否定教师的作用。笔者以为,只有充分发挥教师的主导作用,才能真正做到"以学生为本",即发挥教师主导作用是"以学生为本"的必要条件。有人说:"他用一种爱的力量、真理的力量、向上的力量去影响和感染或制约学生,用一种关切去解决学生主动发展中需要解决的一切,比如必要的规则和工具性材料,包括知识。"教师的知识、人格等会潜移默化地影响学生。坚持"以学生为本",强调发挥学生的主体性,绝不是否定教师的作用,而是对教师如何发挥主导作用提出了更高的要求。

8. 充分发挥教育的社会功能

长期以来,教育的价值取向有两种,即教育社会本位论和教育个人本位论。我们强调"以学生为本",不等于否定教育的社会功能。现代教育应实现个人发展与社会发展的有机统一。教育只有把学生放到本体地位,才能真正促进学生的发展,培养全面、主动、可持续发展的人,实现教育的本体功能;只有让学生实现充分的发展,才能培养符合社会需要的人才,促进整个社会的发展,实现教育的社会功能。同时,教育要受到社会的影响和制约,教育总是按照社会的要求来培养人才,因此"以学生为本"绝不能脱离现实的社会条件,充分发挥教育的社会功能也是"以学生为本"教育理念的内在要求。

综上所述,"以学生为本"的教育理念是指我们的教育要从学生的实际出发,注重发挥教师的主导作用,重视教育的社会功能,着眼于学生的发展,使学生获得全面、主动、有个性的可持续发展。

(三) 能力为重

教师专业能力直接影响教育教学实践效果,是教师专业水平的重要表现。教师能力标准是形成、发展和评价教师专业能力的依据,也是教师教育、教师教育课程设计以及促进教师专业发展的重要依据,因此在国内外教师教育、教师专业发展的理论与实践研究中备受关注。本节尝试通过教师能力标准理论模型,呈现我们关于教师能力标准的实质性内涵及其形成机制的理解。

1. 教师能力标准的理论界定

(1) 关于"标准"的理解。《辞海》对标准一词的基本定义首先是衡量事物的依据或准则,其次是榜样,规范。教师能力标准的理解,应当完整体现标准的基本含义,既是评鉴的准则,也是工作的导引。基于这一理解,教师能力标准应具有工作标准、评价标准、认定标准、发展标准等四个方面的意义和功能。作为工作标准,它是教师在教育教学中取得实践效果的有效导引;作为评价标准,它为检查、评估、鉴定和诊断教师取得实践效果的能力水平提供基本准则;作为认定标准,它为以专业能力水平确认教师资格提供认定依据;作为发展标准,它为形成和发展教师专业能力提供方向性、规范性要求。

以上是从标准性质功能角度所做的界定。这一界定体现了标准作为榜样、规范的引导性意义和作为衡量准则的评鉴性意义的结合,强调了标准不仅适用于管理评价和资质认定,而且具有形成和发展教师专业能力和引导教师日常教育教学工作实践的职能。这一理解,形成了对标准研究的基本定向,对于本研究的设计和实施具有重要的奠基意义,对研究教师能力理论模型的构思也提出了方向和要求。同时,这一理解对推进教师专业标准建设具有现实意义,即它可以有效避免把教师标准仅作为评价标准可能导致的种种误解。

(2) 关于"能力"的理解。关于能力的内涵性界定,国内研究以心理学角度的界定较为多见,认为能力是人的某种个性心理特征。关于教师能力的界定,也是较多沿用心理学概念,认为"教师能力是指教师在教育教学活动中表现出来的、直接或间接影响教育教学活动的质量和完成情况的个性心理特征","是在实践中发展起来的、反映教师职业活动要求的能力体系"。在众多的关于教师能力和教师能力标准的研究中,对教师能力的界定是以外延性描述呈现的。如露西和雷普辛格提出:"能力是在特定组织中有效执行一个任务所必须具备的知识、技能或特性。"国际培训、绩效、教学标准委员会将能力标准定义为:"一整套使得个人可以按照专业标准的要求有效完成特定职业或工作职责的相关准备、教学方法与策略、评估与评价、教学管理等能力维度提出各项能力以及具体绩效指标。"

分析以上相关研究现状,可以看到存在的主要问题是,在能力的内涵、结构和外延性描述之间缺少内在一致的解释环节。外延的罗列并不能使实质性内涵得到明确的呈现。与此相关联,内涵不明确的外延表现组合也不能为自己作为教师能力的结构体系提供合理的依据,无法为自己确定的维度、条款作出超越经验的解释,无法论证自己的体系何以可能完整和无偏失地呈现教师应有的能力。因此,关于教师能力的实质性内涵是什么的问题是不可回避的。本研究尝试选择教师专业意识作为建立教师知识、技能和情感态度的基础,分别以专业基础、计划与能力理论模型为出发点。作出这一选择的依据是教师专业能力主要是精神形态的心智能力。

意识是人的一切精神活动的原初形态,又支配和伴随着人的行为、活动的发生与延续。因此,人的心智能力作为在人的活动行为中表现出来的特质,最终可以归结为意识。于是,存在这样的可能性,即可以由意识获得教师专业能力实质性内涵的理论界定:教师专业能力是在教师专业活动与行为中表现出来的专业意识品质。教师专业能力在实质上是教师专业意识的外化、对象化显现。在这一界定中,对"在行为中表现出来的究竟是什么"的问题,针对教师专业活动特点,给出了明确清晰的实质性内涵的回答——意识和教师的专业意识品质。它既在教师之"教"的行为中显现,也是"教"的行为的动因、来源。关于教师能力的这一理论界定,有条件成为建立教师能力内涵界定与外延表现之间解释关系的有效路径,同时也启示了教师专业能力可以由意识品质的养成获得形成与发展的可操作途径;可以由此获得教师能力在行动中获得可观测的具体表现。按照这一基本思路,形成本课题"教师能力标准理论模型"。本研究所要求的引导性和评鉴性合一,工作标准、评价标准、认定标准和发展标准合一的教师能力标准体系,将在这一理论模型基础上开发完成。

2. 教师能力标准理论模型概述

教师能力标准理论模型以"教的理论—教的意识—教的行为"作为教师能力的基本构成,使教师能力得以完整地体现。同时,三者之间的关系也表示教师能力构成的基本机制。在这里,"教"是指教师之教,这是一个简略而不失根本的表达。"教的意识—教的行为"体现的是我们的理论界定,即教师专业能力在实质上是教师专业意识的外化、对象化显现。教的行为由教的意识引起和支配,并总是有教的意识相伴随。同时,教的行为也是教的意识的即时觉察。"教的理论—教的意识"体现教作为专业的特质。

教的意识作为意识,在形态上并没有不同于一般的人的意识,但作为专业意识,它确有其不同于一般的内涵和来源。教的意识是由教的理论内化而形成的。教师正是因为拥有教的理论内化而成的教的意识，才使他们拥有不同于其他群体的不可替代的专业性。从这个意义上说，教师专业化的实质，就是拥有教的理论内化而成的教的意识。教的意识是由教的理论引起的，但教的理论并不仅仅是一个启动的"开关"，在开启之后便束之高阁，而是内在地蕴含于教的意识之中，内在地构成着教的意识。

因此，教的意识又总是拥有着教的理论的意识，这不仅使它得以引起专业的教的行为，同时也指向教的理论，持续不断地增强着对教的理论的拥有。这样一种交互作用的联系表现出"教的理论—教的意识—教的行为"三者关系所代表的教师能力构成的基本机制：教的理论引起教的意识，教的意识引起教的行为。同时，每一个"引起"关系，都不仅仅是开启，而是既引起又内在拥有的关系。教的行为中内在地拥有引起行为的教的意识，又同样内在地拥有教的理论。在这里还要说明，虽然我们为了便于表达而依次叙述，但真实的内在拥有并不存在层级的间隔，而是已然内化为浑然一体。"教的理论—教的意识"就是这样内在于教的行为，构成着教师的专业素养，在教育教学的实践中表现为教师的能力。这样一种内在拥有的关系并不仅在总体机制中存在，实际上深入模型的每一个细节，是本模型始终坚持的理论逻辑。建立这样一种逻辑的理解，才能理解本模型对于教师能力的呈现。

3. 关于教的理论

教的理论在本模型关于教师能力的呈现中，处于起点的位置，它之所以可能按照本模型的理论逻辑，具有既引起教的意识，同时又内在于教的意识，最终也内在于教的行为的内在拥有关系，是因为它自身原本就拥有构成这种内在拥有关系的内在前提。在模型中，教的理论是由教育学、哲学、人文社会科学、自然科学、所授学科知识体系组成的解释——支持系统和自觉的、庄严神圣的追求超越、普遍的态度共同构成的。这种自觉的、庄严神圣的追求超越、普遍的态度使得理论自身具有"精神—意识"的形态，因而具有与教的意识、教的行为构成内在拥有关系的内在前提。庄严神圣、追求超越、普遍的态度原本就是理论的内在成分，并且是先于作为知识体系、解释系统的理论形态而存在的，是理论形成发展的源头。

知识的体系可以划分为不同的学科领域，可以有各不相同的内容，但是任何学科领域的理论都需要有庄严神圣、追求超越、普遍的态度才得以建立。任何学科都没有单一地构成教的理论，教的理论作为教师之教的"解释—支持"系统，也是由这种庄严神圣、追求超越、普遍的态度从所有可能涉及的方面组织起来并与之相伴随，作为教的理论整体而呈现，通过引起和内化为教的意识对教师之教产生有效的支持，开始形成教师之教的能力。在这个由理论向意识的内化过程中，理论作为庄严神圣、追求超越、普遍的态度的精神——意识形态，再次表现出它的根本意义。理论作为教师之教的"解释—支持"系统，不是机械的、概念的教条，而因为自觉的、有生命赋予的积极地参与，变得充盈、丰满、形象、可感。实现这一过程，正是教师教育的使命。

4. 关于教的意识

教的意识处于核心的位置。教的行为由教的意识引起和支配，教的理论也要经由教的意识才能对行为发生直接的作用。教的行为主要是有意识的行为，能够对教的行为发生作用的各种成分，最终主要是经由意识实行的。教的经验，最终也是经由意识引起教的行为。

以经验的无意识执行引起教的行为的情况是存在的,教的经验中也有意识及其组合不能完全涵盖的成分,如习惯、技能都有因熟练而自动执行的形态。但应当注意到,它们对于教师之教虽然有一定意义,其发展却是朝着"匠"的操作性行为方向,教师之所以曾被说成是"教书匠",正是过于突显了这一方面的成分。

对教师专业意识而言,它作为一种"能动的'我'教"而应为教师所必须拥有。指向性呈现"意识总是关于某物的意识"的特性,它使意识包括其构成性,总是有内容的,而不是任何空洞的形式。愿望、期待等通常被理解为意向,体现着意识构成性的和指向性的特性,愿望、期待又总是伴随某种情感呈现的。信念作为教的意识成分,体现着教的意识作为专业意识的获得。

信念不是自发产生的,而是通过专业的教育和训练获得的。作为教的意识的信念,我们强调教育信念、文明信念和自我信念三个方面。教育信念,即坚信教育一定是可以达人的,人人可教,事事可教;文明信念,即坚信文明的美好,坚信文明的进步,坚信人对于文明的向往;自我信念,即我的"每时每刻"都是教育——人类文明的实现。本模型中强调了理解具有意识的状态,着重以知识、情感、价值、生活这样一个体现教育与学习过程特点的序列,把握教的意识中的理解。理解是存在的状态,世界如其所是地呈现,为身在其中的人所理解。每一个理解的发生,都经历其最开始的意识的状态。这个开始,既是人类历史中的开始,也是每个人生活实践中每一个相遇的开始。知识、情感、价值以及每一种生活,我们总是与其中的什么事物相遇,在这个相遇时刻的理解是真实的、丰富的(虽然可能不深刻、不准确)。概念的认识发展起来,也融入意识。拥有了概念认识的意识,也就拥有了更深刻的理解。但是,无论概念的认识多么强大地发展起来,都不会改变这个理解在每一个开始时作为意识的发生。

反思作为一种意识,是对自身意识的觉察,它不是指"主体回过头来面对自己,使自己成为主体的客体",而是"在直接激情的对世界本身的交付中,此在的本我自身从事物中反射出来"的"实际——日常的自身理解",是一种"第一性的自身——敞开方式"。采用这一理解,把反思作为教的意识的重要成分,其意义在于,在教的意识中包含着对教的意识自身的觉察。教的意识不是由反思引起的,但却是只有经由反思才被觉察。因此,反思作为教师专业意识,具有重要的意义。这样理解反思,是从更本源、更实质性的意义上对教师专业作为反思性实践的诠释。本模型反映了反思作为意识与经验的交互作用机制,即反思是意识、体验促进经验发展的环节,经验又可以增强反思的意识品质,从而改善、发展教的意识水平。

5. 关于教的行为

教的行为可以说具有无限丰富的外延。本模型尝试从根本的内涵实质出发,把握教的行为。教的行为总是有意识地形成、发展或变化的。其外延虽然可以无比丰富,但总是在拥有了内涵实质时,才能够作为教的行为而发生。教的意识就是要意识到每个教的行为都需要引起意识的发生、发展的变化。教师教育为教师养成教的意识,基础教育为新的一代养成称之为"人"的意识。教的意识与教的行为在这里获得一种运行机制上的内在一致,因此有了本模型所坚持的内在拥有的关系。这样一种理解也有利于形成具体的拥有根本的内涵实质的教的行为,即每一个教的行为都要有意识的形成。意识的形成是内在的,正如本模型中所强调的教的意识的养成需要"内在拥有"的关系,学生在教的行为引起的意识的发生,也需要这样一种内在拥有的关系。因此,教的行为是能否有效引起意识形成的一个标志,是看它能否为意识的形成提供可以接纳它的内在前提。最根本、最原初的意识前提具有直观、可感的意识形象,这是教育中总是强调直观性原则的真正来源。

但是直观的含义在于意识的发生而不是感官刺激,它并不像引起反应的刺激一样旋即消失,而是成为持久的意识形象。因此导致不同学科领域的意识形象表现着各自学科性质特点,教的行为之所以需要有关于各个学科领域的深刻理解,其实质就在于保证它所形成的意识形象总是正确地体现着各个学科相应的性质特点。不同意识发展阶段,意识形象的体现可以有不同的形态。随着意识的发展成熟,抽象概念、逻辑同样可以引起意识形象,但教育是意识的养成而不仅仅是引起意识发生的概念、逻辑、内容。第一反应正确是学生意识品质形成的体现。教的行为过程是可以在学生的第一反应中得到把握的。

总之,可以看到一个教的行为可以执行的内涵逻辑。每一个教的行为都是教的内涵循着这样一种逻辑的展开,当然不是展开一个结论的体系,而是展开教的实践过程。教的行为无比丰富,不是它有无数多个内涵以致无法把握,而是在于这个明确的内涵在无比丰富的情境中展开时有着无比丰富的结合。因此,我们认定教的行为可以从根本的内涵实质上得到把握,并由此可以获得教的行为的无比丰富的创造。教的行为无须为外延的归纳、分类等纠结耗费精力,因为它只是自身内涵的展开、创造,那些外延的归纳、分类不仅可能挂一漏万,而且在它们尚未完成之际,教师之教已经在从未间断过的展开中有了新的创造。并且,我们还要追问,那些外延的归纳曾经引起过教的内涵的展开吗?天行有常,不为尧存,不为桀亡。不论有怎样的外延归纳,教都一如既往、如其所是地展开着。外延归纳可能与它接近,也可能相去甚远,但教的内涵从不曾,也不可能为它所改变。

(四)终身学习

教育与经济社会联系最密切、最直接,随着科学技术的进步和产业结构的调整,教育的内容需要不断更新,职业学校教师必须树立终身学习的理念、"育人"先"育己"的观念,不断学习新知识、新技能、新方法,才能培养出符合时代需要的人才。

1. 终身学习的背景

终身学习是指社会每个成员为适应社会发展和实现个体发展的需要,贯穿于人的一生的、持续的学习过程。即我们常说的"活到老,学到老"。

(1) 新时期社会的、职业的、家庭日常生活的急剧变化,导致人们必须更新知识观念,以获得新的适应力。20世纪50年代末至60年代初,正值技术革新及社会结构发生急剧变化的时期。这些巨大变化不仅表现在生产、流通、消费等领域的经济结构、过程及功能方面,甚至体现在日常生活方式和普通家庭生活。人们面对的是全新的和不断变化发展的职业、家庭和社会生活,若要与之适应,就必须用新的知识、技能和观念来武装自己。终身教育强调人的一生必须不间断地接受教育和学习,不断地更新知识,以保持应变能力。其理念正好符合时代、社会及个人的需求,因此终身学习理念一经提出,就获得前所未有的重视。

(2) 人们对现实生活及自我实现要求的不断高涨。第二次世界大战后,随着经济条件的改善,人们逐渐从衣食住行的窘境中解脱出来。电子器具的普及,也使人们可以摆脱体力劳动和家务劳动的拖累,现代人开始拥有更充裕的自由支配时间。外部条件的改善,使人们开始注重精神生活的充实,期望通过个人努力来达到自我完善。要实现高层次、高品质的精神追求,靠一次性的学校教育是难以达到的,只有依靠终身教育的支持才有可能完成。

(3) 人们要求对传统学校教育甚至教育体系进行根本的改革,从而期望产生一种全新的教育理念。自近代学校教育制度建立以来,学校在担负培养和塑造年轻一代的责任方面,起到了任何其他社会活动所不能替代的作用。但自20世纪60年代以来,学校教育的矛盾、弊病也与日俱增。如逃学现象、校园暴力、考试竞争的激化、因竞争造成的学校差别扩大和偏重学历造成的学校与社会严重脱节等。这种情况下,人们普遍希望能从根本上对旧有的教育制度进行改革。提倡学校教育、家庭教育和社会教育(成人教育)三者有机结合、教育开放的终身教育必然受到人们的欢迎。

2. 终身学习的特点

(1) 终身性。这是终身学习最大的特征。它突破了正规学校的框架,把教育看成个人一生中连续不断的学习过程,是人们在一生中所受到的各种培养的总和,实现了从学前期到老年期的整个教育过程的统一。终身学习既包括正规教育,又包括非正规教育。它包括教育体系的各个阶段和各种形式。

(2) 全民性。终身学习的全民性,是指接受终身教育的人包括所有的人,无论男女老幼、贫富差别、种族性别。联合国教科文组织汉堡教育研究员达贝提出终身教育具有民主化的特色,反对教育知识为所谓的精英服务,应使具有多种能力的一般民众能平等获得教育机会。当今社会中的每一个人,都要学会生存。而要学会生存,就离不开终身教育,因为生存发展是时代的主流,会生存必须会学习,这是现代社会给每个人提出的新课题。

(3) 广泛性。终身学习包括家庭教育、学校教育和社会教育。可以说,它包括人生的各个阶段,是一切时间、一切地点、一切场合和一切方面的教育。终身学习扩大了学习天地,为整个教育事业注入了新的活力。

(4) 灵活性和实用性。现代终身学习具有灵活性,表现在任何需要学习的人都可以随时随地接受任何形式的教育。且学习的时间、地点、内容、方式均由个人决定,人们可以根据自己的特点和需要,选择最适合自己的学习。

终身学习能使我们克服工作中的困难,解决工作中的问题;能满足我们生存和发展的需要;能使我们得到更大的发展空间,更好地实现自身价值;能充实我们的精神生活,不断提高生活品质。学习是人类认识自然和社会、不断完善和发展自我的必由之路。无论一个人、一个团体,还是一个民族、一个社会,只有不断学习,才能获得新知,增长才干,跟上时代。党的二十大报告强调,要"推进教育数字化,建设全民终身学习的学习型社会、学习型大国",这就从科技与观念上对学习提出了更高的要求。

终身学习,讲的是人一生都要学习。从幼年、少年、青年、中年直至老年,学习将伴随人的整个生活历程并影响人一生的发展。这是不断发展变化的客观世界对人们提出的要求。人类从诞生之日起,学习就成为人类社会及其每一个个体的一项基本活动。不学习,一个人就无法认识和改造自然,无法认识和适应社会;不学习,人类就不可能有今天达到的一切进步。学习的作用不仅局限于对某些知识和技能的掌握,它还可以使人聪慧文明,使人高尚完美,使人全面发展。正是基于这样的认识,人们始终把学习当作一个永恒的主题,反复强调学习的重要意义,不断探索学习的科学方法。古人云:"吾生而有涯,而知也无涯。"当今时代,世界在飞速变化,新情况、新问题层出不穷,知识更新的速度大大加快。人们要适应不断发展变化的客观世界,就必须把学习从单纯的求知变为生活的方式,努力做到活到老、学到老的终身学习。

三、教师专业发展标准的作用

近年来,用默会知识观阐释教师专业知识的研究并不少见。有学者指出,教师头脑[①]中有两种性质不同的教育知识体系,一种是在师范教育的学科课程中获得的显性的教育知识体系。另一种是在教育实践中通过亲身体验的途径获得的缄默的教育知识体系。在后一种知识体系中,又可以分为"有关学科的缄默知识"和"有关教育的缄默知识"。只有促进教师不断揭示、分析、批判和发展他们已有的缄默知识,才有可能使后者转变为教师真正的思想财富和教育行动能力。波兰尼的理论还为我们诠释了一种现象,那就是为什么在接受了几乎相同的师范教育课程,甚至在拥有类似的工作经历以后,不同教师之间专业知识技能的差距为什么会如此巨大。很多研究者也意识到了这一点,比如 1993 年奥斯特曼(Osterman)的研究就解释了这种现象,他把教师的理论知识分为两类,即所倡导的理论(知识)和所使用的理论(知识)。[②] 前一种是指教师能意识到,能报告出来,易受外界新信息的影响而改变,但并不能对教学实践产生直接影响的知识;后一种是对教学实践产生直接影响,但不一定能被意识到的知识,它更多地受文化和习惯的影响。也可以说,"所倡导的理论"未必是"所使用的理论",而只有对教师实际使用的理论知识进行研究,才有利于指导教师。通过这样的分析,我们就容易理解,为什么在教育改革中教师在接受相关"知识"培训时,当场常常兴奋激动、摩拳擦掌,并能说出"应该怎么做",但事后却较少有教学行为的相应改变的道理。这也从另一个角度说明了"教育知识科学化"并不是解决问题的唯一途径,何况三百多年来,这种"科学化"努力都没有取得十分理想的效果。事实上,对教育知识效用低下的批评在今天仍然存在并且仍然很强烈。

(一) 教师职业生涯中的缄默知识发展

有学者在研究了波兰尼的理论以后,提出了"缄默知识"的成熟理论。其观点认为,人类整体的缄默知识也是逐步发展并成熟的。在历史的进程中,从古代的缄默知识,经由近现代的显性知识,再到现代和未来缄默知识,它们不同于古代的缄默知识,而是为主体所有,与主体不可分离,是高层次的缄默知识。把知识发展历程与人类社会发展联系起来就可以发现,采集、狩猎社会大致相当于低级缄默知识阶段;工业社会中,显性知识不断由缄默知识得到

---

① "教师头脑"涵盖教师的思维能力、智慧、教学理念、教育思想、创新能力和应变能力等多个方面。
② 奥斯特曼使用的理论知识也可以称为"内隐理论",是指那些隐藏于人的意识里、不容易被人们清晰思辨和陈述的理论。

提升及普及化;这种趋势到信息社会达到顶峰,然后就出现知识经济、知识社会、强化的缄默知识。

教师个人知识作为默会知识的一种主要形式,也经历了一个螺旋的发展历程。总的说来,教师个人知识是从客观性知识向主观性知识迅疾转化。大部分新教师都经历了从"学生"到"教师"的身份转换。对他们而言,即使已经具备较完备的教师专业知识基础,踏上教师岗位后面临的挑战也是巨大的,那就是如何把所有这些"关于教师的知识"(旁观者视角的客观之知+理论之知)迅疾地转变成"身为教师的知识"(实践者视角的主观之知+情境之知)。这种把"外在之知"迅疾转化为"内在之知"和"实用之知"的要求是很高的,而且不像其他工作可以分解成一个一个部分慢慢习得。教师在工作的第一天,就必须独自站上讲台,面对一个真实的班级展开专业内容的教学。无论他之前曾有过多少次旁听其他人上课的经历,第一次独立备课、上课的经历通常都会带给当事人非常强烈的"职业冲击"。所以,教师的"个人之知"是一种整体性、涵容性的知识,是各方面专业知识的集合体,很难分科梳理。尤其对于新教师而言,"教学的黑箱"深不可测,他们将深切体会到书本知识的无力与无为。

(二)教师缄默知识的习得、表现与特征

斯腾伯格的研究指出,默会知识具有很强的行业性和职业性。教师作为一种专门性职业,其默会知识的特殊性值得探讨。某一领域的专家往往使用这类默会知识来解决自己领域里的日常问题。如优秀的教师对于怎样讲授新课、解答习题、批改作业,往往显得游刃有余。在上面的表述中,我们看到了"教学专长"与"默会知识"的结合,专家教师恰是能够把自己的缄默知识发挥到极致的人。教师缄默知识的习得、形态与特征,可以具体分析如下。

1. 教师缄默知识的不同习得阶段

(1)经验学习阶段。它包括自己获得的经验与从别人处得到的经验。

(2)日常化阶段。经过无数次重复,把最初外在的规则知识转化为不假思索就能反应的日常行为。比如,教师在其日常工作中有很多自动化行为。

2. 教师缄默知识的全方位表现

(1)处理教学情境中问题的特殊办法。对于控制班级纪律,有些教师甚至无须动用语言,只需一个微小的动作或眼神(体态语言)就能解决问题,但换一个人就完全无效。

(2)特定的教学风格。比如,一套教案两个人讲,效果可能完全不同。

(3)处理特定班级问题的常规。教师会形成针对特定班级与学生的常规;不同教师的常规可能完全不同。

(4)以个人教育价值观为基础的师生关系。

3. 教师缄默知识的基本特征

(1)知能结合。很难用语言去分离一些教师的专业知识与行为,知识技能在解决问题的过程中呈现水乳交融的状态。

(2)反应迅速而准确。缄默知识发生作用时,教师总能迅速而准确地抓住解决学生问

题的症结,因而十分有效。

(3) 富于洞察力。心理学家认为,这种缄默知识特征的来源是"选择性编码"和"选择性比较"的协同,与"反应迅速而准确"相联系,教师常常一气呵成地判断、做出决策并果断行动,洞察力是起点。

4. 学者马克斯·范梅南的研究

加拿大学者马克斯·范梅南(Van Manen Max)的研究,为我们呈现了"缄默知识显性化"的可能性。在其著述《教学机智——教育智慧的意蕴》①一书中,他提出了教师对学生所应具有的"教育性理解",从直接的意义上说,它是为了诠释教师如何理解学生,以及理解所包含的具体内容,但它更像是一种把通常看起来很抽象的"教学机智"内涵显性化甚至可操作化的尝试。他认为教师对于学生至少应有五方面的理解,每一种理解都在关心学生成长方面发挥独特的作用。关于这五种"理解",教师应具备的知识如下。

(1) 非判断性理解。指向感知和理解学生在情感、情绪和建构人生意义方面的主体性。其最基本的实例是友谊,包含倾听与理解。它是一种接受性的、开放性的、同情和帮助性的聆听方式,以洞察学生内心世界的能力为基础。

(2) 发展性理解。要求教师像儿童心理学家、学校咨询专家和社会学家那样去工作,理解从儿童到青少年阶段的生活成长中特有的关于发展、家庭、文化和社会的各类模式,能够解析其认知和道德发展的典型阶段及特征。诸如同伴群体的作用,独生子女的心理和行为特点,离婚家庭的儿童行为,青少年亚文化现象等。

(3) 分析性理解。在生活中最能够表现出这种理解的人士是教师、牧师或精神咨询顾问。生活中学生常常遭遇种种苦恼,教师的分析性理解能促使他们从黑暗的情绪中解脱出来。当这种理解的目的是使学生形成强烈的良知、精神和勇气,帮助他们把隐藏的有害情感转换成个人的积极力量时,这种理解才真正成为教育性理解。

(4) 教育性理解。这种理解是对学生知识、能力、特长、社交和情感发展的综合评判,而不仅限于学业评判。教师应对学生社交和情感发展中的优势和弱势进行一个全面判断,并给予针对性帮助。学生的学业成就必须与其自我成熟和社会责任感的发展结合起来。

(5) 形成性理解。这种理解的来源,是家长对孩子的理解。这种理解孩子的方式,能帮助父母自我反思他们的设计与孩子自身希望和感觉之间的距离与原因,因而更理智、更有专业眼光。

与埃里克森的理论相比,范梅南的见解较少有心理学理论色彩,却更接近教育实践。他把教师的"应知应会",用易懂和可操作的语言做出了解释。同时他还指出了教师如果要实现上述理解和教学机智,在课堂中必须掌握以下技能。克制而非专权;对孩子的体验的理解;尊重学生的主体性;易于发现学生的困难;对情境的自信与掌控,对意想不到的情境进行崭新的、出乎意料的塑造;临场的天赋;对学生的兴趣感兴趣;用幽默创造新的可能性;不可以事先设计。可以说,范梅南对于教学智慧的解释,揭示了默会形态的教师专业知识也可以通过恰当的解读普及化、操作化。

---

① 马克斯·范梅南.教学机智——教育智慧的意蕴[M].李树英,译.北京:教育科学出版社,2001:212.

5. 注重使教师缄默知识显性化

（1）应认识并重视教师缄默知识的客观存在,这是认识教师专业知识技能性质与特征的前提。对于教师知识技能的默会形态缺乏应有的认识,就可能很难把握教师教育的特殊性与要义（纯理论教学不可能替代日常实践所得）,也较难实现其预期效果。教师知识之所以在很大程度上是缄默知识,原因在于教师职业是一个实践性的行业,每一位教师作为教学实践者,都在事实上运用与贡献着个人知识。而这种知识是无法用纯理性的书本知识或语言所能概括的,也超越了大学所能开设的任何一门具体学科。它融进了个体教师在特定场景中的特定心理体验,不可替代也不可重复,但却作为一种知识潜在影响着教师的教学行为,甚至成为其决策的依据。

（2）应从改善教师实践能力的立场出发,积极运用缄默知识的研究成果。显性知识和缄默知识之间的差异虽然巨大,却也并非泾渭分明。斯彭茨（SPends）认为,没有一种知识没有默会的成分,没有一种缄默知识没有显性成分。缄默知识的默会程度有别,有些缄默知识隐藏很深,即使发挥作用也很难被意识到。还有些缄默知识距离显性知识则仅一步之遥。如何把有价值的默会知识转化为显性知识,并在教师群体中共享?可以考虑如下方法。第一,教师教育不仅要"给予"教师教育理论,更要帮助他们揭示、分析理论的实践意义与方法,并积极促进他们认识与发展自身其实已具备的个人实践理论。第二,中小学要充分发挥"师徒制"的作用,既重视新手教师对专家教师的观察、模仿,也鼓励专家教师把自己的个人实践理论外显化、操作化,并在师徒之间展开有效沟通与对话,使得提升教学行为的努力具备可操作性,避免相互的误读。第三,教师群体应开展行动研究,在教师之间的交流和辩论中,反思、分享、碰撞与检验各自的缄默知识,在某些方面予以改造,强化教师作为研究者的自觉性和自主性,有意识地推进其缄默知识显性化,提升日常教学的有效性。第四,教师通过教学日志、教育札记等方法,记录、发现与反思自己的教育见解,同化或顺应外来理论,构成一个被描述的、包含充分自我意识的反思历程,不断注视、评判和更新,检验自己的个人实践理论。

（3）有效使用缄默知识测评。如果一定要对教师的缄默知识进行测评,则可以借鉴心理学家已经能够纯熟使用的一些方法来测评教师已经拥有却可能并不自知的缄默知识。一是心理测量法,主要是学科方面缄默知识的测量。二是实际社会操作模拟法,在实际教学情境中实施测量。三是关键事件法,通过教师自我描述一些教学关键事件来测量。四是主题统觉测验法,考察教师在教学中的内在动机。五是"专家—新手"法,比较专家教师与新教师的异同,得出结论,并提出帮助新教师改进的意见与建议。

通过上述途径,能够帮助教师揭示自己已拥有的缄默知识,更自觉地提升工作中的专业水准,从而切实、有效地促进教师的专业发展。

（4）理性分析缄默知识的副作用。缄默知识研究中应当予以探讨的问题。是否教师所拥有的全部缄默知识都是良性的?是否都对教学起到了潜在动力的作用?既然缄默知识是一种在一定阶段内习得并内化的知识技能,那就同样可能老化,不适应新的教学环境和当代学生的现实。所以,对于每一位资深教师而言,观照、剖析并反思自己的缄默知识,也是促进这种"特殊知识"更新成长的必经之路。

课后练习

1. 教师专业化是什么？它重要吗？
2. 教师政策对教师职业发展有什么作用？通过什么表现出来？
3. 美国教师专业标准从哪些维度入手？
4. 英国教师专业标准的 5 个发展层次分别是什么？

第十章

教师专业发展的影响因素

教师专业发展受到多种因素制约，其中既有教师发展的内在因素，也有教师发展的外部环境因素。这些因素都在教师专业发展中起着重要作用。促进教师发展的途径有多种，学校和社会等都应通过这些途径，有效地发挥各自的作用，本章将着重分析这些问题。

教师专业发展是一个连续的、动态的、纵贯整个职业生涯的过程。在这个过程中，有许多因素影响着教师专业发展。总的说来包括了教师的内在因素和外在因素，通过把握这些因素有利于促进教师专业发展。

第一节 教师专业发展的内在因素

一、教师的专业能力

在教师的职业成长过程中，教师专业能力的提升决定了教师职业发展的质量标准。教师的专业技能是其综合素质中最为显著的一部分，它不仅是教师专业构成的关键元素，也是衡量教师专业能力的中心标准。教师的专业能力涵盖了教师在教学活动中所掌握的多个学科、教育方法、心理学等领域的知识素养、能力素养、职业道德以及人格特征等。这些专业能力在提升教师专业发展的过程中起到了关键作用，这主要体现在以下几个关键领域。

（一）教师专业能力是教学质量的基础

教师作为教育的核心力量，其专业能力对于教学质量的提升至关重要。教师专业能力是指教师在教育教学工作中所具备的专业知识和技能。教师专业能力的高低直接决定了教学质量的高低。具有高专业能力的教师能够更好地把握教材，更有效地组织课堂教学，激发学生的学习兴趣，提高学生的学习效果。因此，提高教师的专业能力是提升教学质量的关键。教师专业能力涵盖多个方面，包括专业知识、教学技能、职业道德、人格特质、创新能力和自我发展能力。这些能力将直接影响到教学效果和学生的学习成果，进而影响教师的职业发展。

1. 教师的专业知识是教学的基础

教师的专业知识并不局限于学科知识，它还包括教育理论、教学方法等方面的知识。一个具备专业知识的教师，能在教学过程中把握教育的本质，理解学生的需求，从而制定出有效的教学策略。在信息化时代背景下，教师面临着前所未有的挑战。学生获取知识的途径不再局限于课堂,教师的角色也在发生转变。他们不仅是知识的传授者,更是引导学生探索、思考的引路人。这就要求教师具备深厚的专业知识,并能够将这些知识转化为实际的教学效果。为了提高教学质量,教师还需要注重跨学科整合。在当今社会,各学科之间的交叉融合已经成为趋势。教师需要熟练掌握所教授科目的基本理论、知识架构和学术前沿,了解学科发展趋势和最新研究成果。此外,教师还需要关注教育理论和方法的新进展,以不断优化教学方法和提高教学效果,促进个人发展。

2. 教学技能是教师必备的核心能力

教学技能是教师在教学过程中运用的一系列专业技巧和能力。这些技能对于提高教学质量、激发学生的学习兴趣和积极性具有至关重要的作用。据美国学者萨洛蒙·维恩曼(Salomon Veenman)的研究,新任教师遇到的问题主要集中于班级管理、人际关系和教学方面。首先,交往是指人在社会生活中交流信息、沟通感情、相互知觉和相互作用的过程。学校系统是一个以人为主的工作系统,其中最根本的是精神的沟通、情感的交流和个体人格的影响力,所以教师的人际交往能力非常重要。众所周知,教师的工作对象是学生,学生生活在学校、家庭、社会等不同的环境中,除了具有群体的共同特性外,还具有个体差异。教师要有效地开展教育,促进学生的发展,就必须了解学生,了解学生的家庭情况和学生生活的社会环境。教师要联合一切可以联合的力量形成教育合力,还要和其他教师、家长、社会中可以利用的教育力量等进行沟通和联系。总之,教师的工作是通过人与人之间的合作和共同活动,对人的发展产生积极影响的工作,故人际交往能力是教师最基本的要领。教师进行人际交往、联合各方教育力量以及其他教师、家长和社会教育力量沟通联系的目的是使管理本身成为一种教育力量,把学生管理工作变为锻炼学生、培养学生、自我管理和团结合作能力的手段,变为让学生在为集体作贡献过程中展现特长、发挥优势的舞台。其次,课堂管理是指教师在课堂教学过程中,根据教学的目标或任务要求,运用管理学的知识和技术,遵循一定的原则,采取一定的方法和措施,创立良好课堂教学环境和调动学生学习积极性的一种活动。教师的课堂管理能力就是在此种教学调控过程中表现出来的能力。从功能上划分,教师的课堂管理能力包括目标导向能力、激励与强化能力、学习单位重组能力、课堂秩序管理能力和营造课堂气氛的能力。最后,教学设计和实施能力是指教师能够根据教学大纲的要求设计出适当的年度和单元教学计划,编写教案,并使其得到有效实施的能力。具体来说,这方面能力包括掌握和运用教学大纲的能力、掌握和运用教材的能力、制订教学计划的能力、编写教案的能力、选择和运用教学方法的能力和运用各种教学技巧的能力等能力,这些能力是教师职业发展的基本的内在影响因素。

3. 职业道德是教师基本的专业准则

教师的专业能力的核心标准之一就是专业人员应具有较强的服务理念和较高的职业伦理。教育是百年树人的大计,教师对于学生、学校、家庭、社会、国家、民族乃至世界与人类,均具有神圣庄严的职责。"教学首先是一种道德的和伦理的专业,新的专业精神需要重申以此作为指导原则""在新的教学道德规范中,专业化和专业精神将围绕对教学和学生学习的道德定义而达到统一"[①]。因此,教育概念首先是个道德概念,教师的专业特性首先是以道德

---

① 徐廷福. 论我国教师专业伦理的建构[J]. 教育研究,2006(7):48-51.

要求为基础的,教师专业道德是教师职业的基本规范,是作为教师所必须具备的最起码的专业准则。我国历来重视教师的职业道德,新中国成立后,在继承中华民族优秀教师道德精神的基础上,结合社会发展的需要,先后几次颁布了教师的职业道德规范。如1984年国家教委、全国教育工会联合颁发了《中小学教师职业道德要求(试行草案)》;1991年,在对1984年试行草案修订的基础上,制定并颁布了《中小学教师职业道德规范》;1997年,颁布了重新修订的《中小学教师职业道德规范》;2008年又重新修订并颁布了新的《中小学教师职业道德规范》。我国2008年颁布的教师职业道德规范从教师与国家的关系、教师与职业的关系、教师与学生的关系、教师与同事的关系和教师与家长的关系几个方面,阐述了教师在处理这些关系的过程中应该遵守的规范和准则。这些关系是教师在职业劳动中形成的各种人际关系,是教师道德规范调节的对象,其中最重要的两个是教师与职业的关系和教师与学生的关系。因此,教师职业道德中最重要的是热爱教师职业、履行好自己的专业职责,和热爱学生、为了每一个学生的发展。

4. 人格特质是教师专业素质的综合体现

教师人格就是人格在教师这一职业中特殊要求的体现,是教师为胜任其本职工作所必须具备的良好的性格特征、积极的心理倾向、创造性的认知方式、丰富的情感、坚强的意志、高尚的道德品质和规范的行为方式等人格特征的综合体。它是教师在道德品质、学识才能、为人处世和心理品质等方面表现出来的专业品格特征,是教师专业素质的综合体现。对教师来说,光有专业知识和教学技巧是远远不够的;掌握专业知识和教学技巧虽是一个教师不可或缺的基本条件,但并不是唯一的条件;作为一个真正意义上的教师,他应该具备比知识技能更生的东西。有人认为在教师的职前教育中,师范性并不仅仅体现在那些教育学、心理学和教学法的课程中,更重要的是体现在师范生教师人格的塑造上。教师良好专业人格的形成和成熟也是教师专业化发展的标志之一。当今世界,教育研究重心正由"智力开发"转向"人格培养",并把人格的成长作为教育的终极目的。俄国教育家基康斯坦丁·德米特里耶维奇·乌申斯基(Konstantin Dmitrievich Ushinsky)曾断言:"在教育工作中,一切都应当以教师的人格为依据,因为教育力量只能从人格的活的源泉中产生出来,任何规章制度,任何人为的机关,无论设想得如何巧妙,都不能代替教育事业中教师人格的作用。"因此,具备良好的、成熟的教师人格也是新教师应努力追求的目标。研究表明,优秀教师都具有良好的教师人格。正如阿瑟·W. 库姆斯(Arthur W. Combs)在20世纪60年代出版的《教师的专业教育》中所指出的:"一个好的教师首先是一个人,是一个有独特人格的人,是一个知道运用'自我',作为有效工具进行教学的人。"高自我的教师倾向于以积极的方式看待自己,能够准确地、现实地领悟他们自己和所处的世界,对他人有深刻的认同感,并具有自我满足感、自我信赖感、自我价值感。也就是说,一位教师只有完成了自我的"统整"和人格的"调适",才能有效驾驭自我的力量,成为一名富有成效的教师。

5. 创新能力是推动教育发展的重要力量

创新能力不仅可以为学生提供更广阔的发展空间,还可以促进教师的专业成长和学校的改革创新。首先,教育中的创新能力对学生的发展至关重要。随着社会的快速变革和科技的不断进步,传统的教育模式已经无法满足学生全面发展的需求。因此,培养学生的创新能力成为现代教育的重要任务。创新能力使学生能够思考、解决问题,并应对未来社会的挑战。通过创新教育,学生可以培养批判思维、创造性思维和合作能力,这对他们的职业发展和个人成长至关重要。其次,教师的创新能力对于教育发展起着关键作用。教师是教育的主要实施者他们的创新能力可以激发学生的学习兴趣,创造积极的学习氛围。一个富有创新精神的教师能够通过不断尝试新的教学方法、利用先进的技术手段和教育资源,提高课堂教学的质量和效果。此外,教师的创新能力还可以推动教育理念的更新和教育模式的革新,为学校的发展和改革注入新的活力。最后,学校的创新能力是推动教育发展的重要保障。学校作为培养学生综合素养的重要场所,必须具备创新能力才能适应社会的变化和需求。学校的创新能力体现在教育管理、课程设置、教学方法等多个方面。创新的教育管理能够激发教师的创造力和积极性,促进学校的良性发展。灵活多样的课程设置可以满足学生个性化发展的需求,激发他们的学习兴趣和动力。创新的教学方法可以提高教学效果,帮助学生更好地掌握知识和技能。因此,建设具有创新能力的学校是教育发展的关键。

6. 自我发展能力在教师的职业成长中扮演着至关重要的角色

自我发展能力是教师持续进步和提升的核心动力。通过不断吸收新知识、掌握新技能,以及对教学方法进行反思和改进,教师能够显著提高自己的专业素养和教学成效。这种自我驱动的发展意识促使教师在教育实践中不断探索和创新,从而实现个人的持续成长和成功。

提升教师的专业能力是提高教学质量的核心。教师的专业能力不仅限于某一特定领域,而是包含多个维度,如扎实的专业知识、精湛的教学技巧、坚定的职业道德、鲜明的个人教学风格、持续的创新精神及不断自我提升的能力。在这些方面中,自我发展能力尤为关键,它主要体现在两个核心方面:一是对专业成长的重视,二是主动参与交流合作。前者要求教师具备终身学习的意识,不断追求自我提升和专业发展;后者则鼓励教师积极参与各类交流合作活动,通过与同行的互动和学习,不断提升自身的专业水平和教学能力。培养和提升自我发展能力,对教师个人的职业发展及整体教育质量的提升都具有极其重要的意义。

(二)教师专业能力影响教学声望

教师专业能力强的教师在学校内的地位会更加显著,这是因为他们在传授知识、引导学生成长方面表现出色,其教学成果也更加有效,有更高的教学声望。

1. 提高教学质量

教师具备专业能力意味着他们拥有深厚的知识储备和高效的教学方法。这样的教师可以更有效地传授知识,帮助学生解决问题,从而提高学生的学习成果。一位具备扎实教学技能、丰富教育经验和高度责任心的教师,往往能够激发学生的学习兴趣,提高他们的学习效果。这些优秀的教师既是学科专家,又是教学艺术的行家,他们能够将专业知识巧妙地传授给学生,并激发学生的创造力和思维能力。他们通过精心设计的教学活动,使学生能够主动参与学习,提高学习的质量和深度。

2. 增强学生和家长的信任

在教育的世界里,学生、家长和教师之间的关系是复杂而微妙的。其中,信任是连接这三者的关键纽带。当教师具备专业能力时,能够在尊重每一个学生,关注他们的个性化需求,公正对待每一个孩子的同时,通过主动与家长沟通,定期反馈学生的学习情况,让家长感受到教师的专业与用心。此外,教师还可以通过社交媒体、家长会等渠道与家长建立长期有效的沟通机制,共同解决学生在成长过程中遇到的问题。在良好沟通的基础上,家长也应积极参与孩子的教育过程。了解教师的教学方式,关心孩子在学校的情况,与教师保持良好的沟通。当家长对教师产生信任感,他们会更愿意支持教师的工作,为孩子创造一个和谐的学习环境。学生和家长会更加信任教师,并相信他们能够提供优质的教育。这种信任关系有助于提高教师在学生和家长心中的声望。

3. 促进职业发展

具备专业能力的教师往往能够在职业生涯中取得更好的成就。一方面,提高教师专业能力有助于提高教学质量,增强学生学习效果,从而提升教师的社会声誉和影响力。另一方面,具备较强专业能力的教师往往更容易获得更好的薪酬待遇和晋升机会,进而实现个人职业价值。通过学术和个人成长方面的积累,他们可能获得更多的晋升机会、更多的资源和更高的薪资,为自己赢得更多成长空间,为实现自己的职业目标奠定基石,通过这些成就可以进一步增强他们的声望。

4. 提升社会认可度

当教师具备专业能力时,他们在社会中的地位会相应提高教师的声望,也得到提升。人们会更加尊重他们的工作,对他们的付出给予更高的评价。教师专业能力的提升不仅对个人发展有益,更是为了提升整个学校的声望。一所学校的声望往往与其教师队伍的专业能力息息相关。拥有一支高素质、专业水平过硬的教师队伍,能够吸引更多优秀的学生和家长选择这所学校。这些学生和家长的选择又会进一步提高学校的声望,形成良性循环。

5. 提高解决问题的能力

专业能力不仅包括学科知识,还包括解决问题和处理突发情况的能力。这些专业能力的具备,使教师在面对各种问题时能够迅速分析情况、找出问题根源,从而提出有效的解决方案。因此,解决问题的能力已经成为教师日常工作中不可或缺的一部分,而教师的专业能力则是提升解决问题能力的关键。当教师具备这些能力时,能够根据不同的教学情境灵活运用相应的教育方法,他们可以更好地应对教学过程中的各种挑战,从而赢得学生和家长的尊重和信任。同时,教师在提高解决问题能力的过程中,要时刻保持对自我能力的反思和批判性思维。不断寻求改进空间并付诸实践是提升个人能力的关键。教师还应注重培养自己的创新思维,以应对未来教育领域可能出现的新挑战和变化。通过不断学习和实践,教师可以逐渐形成一套适合自己的问题解决策略和方法,从而更好地应对教育工作中遇到的各种问题。

教师专业能力对于提高教学声望具有积极作用。通过提升教学质量、增强学生和家长信任、促进职业发展、增加社会认可度以及提高解决问题的能力等途径,教师的声望得以提高,从而在教育领域树立良好的形象。

(三) 教师专业能力影响职业发展

教师专业能力对于教师的职业发展起着至关重要的作用。随着社会的进步和发展,教育事业也在不断更新和改革,这就要求教师不仅要具备扎实的学科知识,还需要拥有较强的教学技能和综合素质。因此,提升自身的专业能力已经成为现代教师必不可少的一项任务。

1. 教师专业能力的提升可以帮助教师更好地适应新形势下的教育教学需求

如今的学生们与过去相比,在信息获取速度、思维方式和价值观念等方面都发生了很大的变化。教师如果没有跟上时代的步伐,就很难满足学生的需求并与他们建立良好的关系。而通过提升专业能力,教师可以更好地了解学生的特点和需求,选择更适合的教学方法和策略,从而更好地引导和激发学生的学习兴趣和潜力。

2. 教师专业能力的提升也可以增强教师的教学效果和教学质量

一位专业能力较强的教师往往能够更好地组织和设计教学活动,合理利用教学资源,使学生在有限的教学时间内获得更多的知识和技能。同时,专业能力的提升也可以使教师更快地发现学生的问题和困难,并及时给予针对性的帮助和指导。这不仅可以提高学生的学习效果,还能够增强学生的学习动力和自信心。

3. 教师专业能力的提升还可以为教师的职业发展打开更广阔的道路

在当前竞争激烈的教育领域,教师只有具备较高的专业能力才能脱颖而出,得到更好的职位和机会。例如,一些特色学校和名校往往对教师的专业背景和能力要求较高,他们更倾向于选择那些具备丰富经验和专业技能的教师。

4. 教师专业能力的提升也为教师提供了更多的进修和深造机会

教师专业能力的提升也为教师提供了更多的进修和深造机会,可以继续提高自己的学术水平和教学实践能力,从而为更高层次的职称和教育管理岗位做好准备。

教师专业能力对于教师的职业发展至关重要。提升自身的专业能力不仅可以使教师更好地适应新形势下的教育需求,还有助于教师在职业发展中获得更多的机会和更好的发展空间。因此,教师应该认识到提升专业能力的重要性,积极参与各类培训和研究活动,不断完善自己的教育教学水平,以更好地服务于学生的成长和发展。

二、教师的认知能力

教学活动是一项复杂程度很高的活动。在教学活动中,教学目标的确立、教学内容的设计、学生特点的分析、教学方法和策略的选择,教学进程的调控以及在教学情境中表现出的机智等,无不依赖于教师的认知能力。教师认知能力主要指教师对教学及其情境进行加工、储存、提取和应用信息的能力。这种能力直接关系到教师的专业质量和专业发展。教师的认知能力主要表现在对课堂信息的感知、注意、加工、思维和想象能力等方面。认知能力是教学能力的核心成分,是教师基于长期教学经验和知识的积累而形成的有效开展教学活动的能力,对教师专业发展有重要影响。

(一)认知能力对教师的教学效能产生重要影响

教师对课堂的选择注意加工能力是影响课堂教学有效性的重要方面。萨贝斯等认为,教师对课堂信息的选择注意加工主要表现在如何从复杂多变的信息中选择出重要的信息。

在教师教学专长发展的过程中,随着知识和经验的积累,教师对课堂教学信息的选择性也不断提高,如专家型教师通常表现出忽略常规的信息,对非常规的信息予以特别的关注,而且随着教师教学专长的发展,这种课堂信息加工能力逐渐由意识水平转化为无意识的自动化过程。在新手教师向专家型教师发展的过程中,教师对课堂信息的选择注意加工对认知加工速度和精确性的发展有一定影响。教师的认知思维能力影响教学的效能。教师的认知思维水平有低、中、高三个等级。低认知水平的教师思考教学问题较具体、简单,且局限于为数不多的几个方面。而高认知水平的教师则对问题进行抽象思考,着重理解问题之间的关系。因而,后者的教学常表现出这样的特征,即教学方法的可变性与适应性,提供的学习情境多样性,学生学习问题处理的有效性。不同认知水平的教师对知识的理解、教学方法的选择及问题的解决是不同的,产生的效果也就不同。一个具备较高认知能力的教师可以更加深入地理解学科知识,把握教材的核心内容,将知识有机地串联起来,更好地完成知识的传递和学习指导。这样的教师能够给学生提供更加系统、全面的知识体系,培养学生的综合素质和创新能力。而没有较高认知能力的教师,则可能只是机械地传递知识,缺乏对知识的深度理解和拓展,无法提供有价值的教育。由此可见,教师的认知能力对其教学效能产生重要影响,而教学效能又影响教师的专业发展。

(二)认知能力影响教师教育机智的形成和发展

教师教育机智的形成和发展确实受到认知能力的影响。教师的认知能力包括分析、判断、推理和问题解决等能力,直接影响教师对学生活动的敏感性和应对突发情况的能力。

在教学活动中,教师所面对的学生是生动活泼的,是发展的、鲜活的独特个体,因而教学情境错综复杂,课堂信息不断变化,随机事件频频发生,教师也随时面临做出延续或改变当前教学行为的选择和决策。教师在这种复杂、不确定的环境中的决策和行为主要依赖于其认知能力。不同认知水平的教师在面对学生的负性表现(如理解出现困难、注意力分散、扰乱课堂教学秩序的行为等)和其他问题(如时间、教材、学生主动提问等)时,都会做出不同的决策,采取不同的行为。

1. 教师的认知能力决定了他们对学生活动的敏感度

教师需要具备敏锐的观察力和分析能力,才能及时发现学生的需求和问题,从而作出相应的教育决策。例如,当学生遇到学习困难时,教师需要快速判断问题的性质和原因,并采取适当的措施来帮助学生。如果教师的认知能力不足,可能无法及时发现问题或误解问题的本质,导致未能及时采取有效的教育措施。

2. 教师的认知能力也影响他们应对突发情况的能力

在教育教学中,不可避免地会遇到各种突发情况,如学生行为问题、突发事件等。教师需要具备快速反应和灵活应变的能力,才能妥善处理这些情况。如果教师的认知能力不足,可能导致他们无法迅速作出正确的判断和决策,从而影响教育教学的顺利进行。

(三)教师的认知能力影响他们对学生反馈的处理

在教学过程中,学生往往会给予教师各种反馈,包括他们的学习状况、感受和意见等。

教师需要具备较高的分析能力和判断能力,才能准确地解读学生的反馈,并据此调整自己的教学策略。如果教师的认知能力不足,可能无法充分理解学生的反馈或误判学生的需求和期望,导致教学策略的不适应或失误。

教师的认知能力在教育机智的形成和发展中起着重要作用。为了提高自己的教育机智水平,教师需要不断培养和提升自己的认知能力。通过增强观察和分析能力、提高判断和决策速度、增强灵活应变能力以及准确解读学生反馈等方面,教师可以更好地应对各种教育教学情况,提高自己的教育机智水平。同时,教育机构和培训课程也应该为教师提供相关的培训和支持,帮助他们提升认知能力,进一步促进教育机智的发展。

(四)认知水平高的教师能为学生营造良好的学习氛围和广阔的发展空间

处于高度抽象水平的教师往往更为灵活应变(如在改进教材方面足智多谋),较少专制和惩罚。林恩·亨特(Lynn Hunt)和布鲁斯·乔伊斯(Bruce Joyce)在研究各种不同水平的抽象(观念层次测验)时也发现,抽象水平高的教师往往更爱思考,他们更能利用学生的参照系,来鼓励提问和假设。专家型教师的思维通常不是一步一步进行的,而是跳跃的,包括对未知事物想象的推测。此外,高认知水平教师强调尊重学生,认为对学生应采取灵活和包容的态度,理解学生之间的个别差异,强调要促进学生学业和个人成长。可以说,教师的认知能力和水平关系到教师对教育目的、教学任务等方面深入而非常基本的理解和认识,影响教师对内在于特殊学科领域和学习背景的教育可能性的洞察。教师对课堂教学行为的感知、理解、判断和决策取决于教师个人内在的教学知识、理论和信念。而教师的这些个人理论和信念,是十分模糊而难以言说的。范梅南认为,"教育的感知力部分来自于某种无言的知觉知识,教师可以从个人经历或者通过见习某个更有经验的教师获得这种知识。许多依赖于知识和技能的人类活动都包含着默契或直觉的综合因素……教育感知力的技能存在于智慧和机智之中,而智慧和机智是我们通过教学实践所获得的。"我们认为,教师认知方面的某些品质也许与教师的先天素质有关,而教师认知能力的形成,需要教育教学的理性知识,更需要自己的教学实践经验。

1. 认知水平高的教师通常更善于分析和理解学生的需求、特点和学习风格

他们能更好地理解学生在学习过程中的困惑和挑战,并采取针对性的教学策略来帮助学生。这种个性化的教学方式有助于激发学生的学习兴趣,提高他们的学习积极性和参与度。

2. 认知水平高的教师通常具备较好的课堂管理能力

他们能更好地预测和应对课堂中的突发情况,确保课堂的顺利进行。同时,他们也善于营造积极、互动的课堂氛围,鼓励学生参与讨论和合作学习,培养学生的批判性思维和协作能力。

3. 认知水平高的教师通常拥有较广的知识视野和较高的思维层次

能够引导学生发现学科知识之间的内在联系,帮助学生构建完整的知识体系。他们也善于培养学生的自主学习能力和创新思维,鼓励学生探索未知领域,发挥自己的潜能。

4. 认知水平高的教师通常具备较好的人际交往和沟通能力

能够与家长建立良好的合作关系,共同促进学生的学习和发展。他们也善于利用各种

资源和社会力量来支持学生的学习,为学生提供更广阔的发展空间。

认知水平高的教师不仅能更好地应对教育教学中的挑战,还能为学生营造良好的学习氛围和广阔的发展空间。为了培养更多认知水平高的教师,教育机构和培训课程应该注重培养教师的分析能力、判断能力、问题解决能力和创新思维等方面,帮助教师提升自己的认知水平和教育机智。

因此,如何把优秀教师潜伏的、不明确的个人的教学知识和观念系统地描述出来,不仅是优秀教师自身专业发展的关键,也为新手教师的成长提供了认知参照框架和发展目标。

三、教师的教育信念

信念是主体对于自然和社会的某种理论、思想坚信无疑的看法。信念是人们赖以从事实践活动的精神支柱,是人们自觉行动的激励力量。从某种程度上说,信念对个体成长与发展的方向、速度和效果都起着决定性的作用。教育信念是人们对某种教育事业、教育理论及基本教育主张、原则之类较为宏观、抽象的事物的确认和信奉。德国著名的哲学家、教育家卡尔·西奥多·雅斯贝尔斯(Karl Theodor Jaspers)曾认为:"教育必须要有信仰,没有信仰就不称其为教育,而只是教学的技术而已。"教育是基于信念的事业,是一种基于信念的文化活动。教育信念是教师情感、态度、价值观的具体体现,是教师精神世界的"支柱"。教育信念具有以下基本特点:一是价值性,教育信念总是包含对教育价值的认识和判断;二是情感性,即伴随教育信念总会产生对教育的情感体验,这种情感体验会影响教育行为的选择;三是坚定性,即教育信念表明一个人对教育价值的稳定的、长期的看法,一旦确立就比较稳定,不容易受外界影响而产生变化;四是个体性,指教育信念经由个体内在的感悟而生成并存在于个体内心世界,通过个体的思想和教育实践表现出来。教育信念是积淀于教师心智结构的价值观念,常作为一种无意识或先验假设支配着教师的教育行为。教师的教育信念是教师的精神向导,不仅影响着教师的教育和教学行为选择,而且对教师专业发展具有重大影响。

(一)教育信念为教师专业发展提供精神支撑

教师专业发展主要指教师专业精神、专业知识和专业能力的成长、提升和完善。教师专业精神是教师在专业追求方面表现出的思想意识、情感、意志、兴趣、信念、理想及人格风范。教育信念是教师专业精神的核心。法国思想家布莱士·帕斯卡(Blaise Pascal)说:"人是一支有思想的芦苇。"这句话是说,人在某种程度上是世界上最强有力、最高贵的生灵,因为人有思想,人有精神。教育信念是教师自身对教育思考后形成的对教育事业的价值判断和坚信不疑的认识,是教师作为人之思想的体现。它能给教师的专业发展提供深层次的依据和坚定的追求目标,使教师的知、情、意、行和谐统一,并凝聚于教育活动中,对教师专业发展起统帅、引领和定位的作用。教师专业发展如果缺乏教育信念的支撑,仅停留于教师专业知识的积累和教师专业技能的提高,就如同人失去了思想、失去了灵魂,会导致教师难以确立长久的奋斗目标,随遇而安、随波逐流,主体精神失落,成为教育的工具和附庸。这会使教师只能成为以教师职业为生的人,而不能成为把教育作为事业,真正献身于其中,并为之努力奋斗一生的人。

(二)教育信念能为教师专业发展提供不竭的动力支持

人的行动既受外部力量影响,也受内部因素制约。但内部因素才是人积极行动的根本原因。心理学研究表明,需要是个体行为和心理活动的内部动力,是个体行为积极性的源泉。心理学家亚伯拉罕·哈罗德·马斯洛(Abraham Harold Maslow)认为,人类价值体系存在由低到高的七个层次的需要。其中低级的缺失性需要,如生理和安全的需要,沿生物谱系上升方向逐渐变弱,一旦得到满足,由此而产生的激发人们行为的作用就会降低甚至消失。高级的成长性需要,如归属与爱、尊重、求知、审美和自我实现的需要,随生物进化而逐渐显现,它们很少得到完全的满足,是决定人的行为的主要原因。其中,自我实现的需要是人的最高等级的需要。它是一种以最有效和最完整的方式表现自己的潜力、追求发挥自己全部能力的需要。它能推动人竭尽所能做自己认为有意义的事,完成与自己能力相称的工作,以最充分地发挥自己的潜能,成为自己所期望的人。教育信念是教师自我实现需要的表现和反映。对于具有教育信念的教师来说,投身教育事业是最有意义、最神圣的事情,教育天地是能够充分展示他们个人的才能,体现自己的人生价值的最佳领域。他们热爱教育事业,渴望在教育领域竭尽所能、有所作为。由于这样的需要永远不可能得到彻底满足,所以它会源源不断地给教师的教育行为提供强大的动力,持续地激励教师不断追求达到专业发展的更高境界;它会有力地推动教师调动全部生命潜能投入教育事业,主动锤炼自己的专业精神,拓宽和加深自己的专业知识素养,提高自己的专业技能,超越来自外部和内部的困难,不断迈向人生和事业的新的高峰。古今中外但凡在教育领域有所成就者,几乎无一不是在执着的教育信念支持下坚持不懈地奋斗的人。

(三)教育信念有助于唤醒教师专业自主发展的力量

教师专业发展的核心就在于激发教师自我成长的力量。正如英国课程专家劳伦斯·斯腾豪斯(Lawrence Stenhouse)所指出的,"教师专业拓展的关键在于专业自主发展的能力"。这种能力的形成要求教师既要有发展的内部动力,又要有能够把动力转化为现实的行动。教育信念不仅是教师专业发展的精神支柱和动力源泉,而且对于教师主动采取行动,实现自身的专业发展亦有积极作用。教育信念作为教师专业发展的动力源泉之一,能够唤醒教师内在的、自发的成长力量。这种力量会使教师为实现自己的教育理想,努力发挥自己的主观能动性,主动寻求自我发展。例如,著名教育改革家魏书生面对挫折与"利诱",坚持不改变献身教育之志,并积极探索充分发挥学生主体作用的教改之路。全国著名班主任任小艾坚信教育的力量,坚信一位教师可以影响一个班级的学生,进而影响一个年级、一所学校直至社会。以此为基础,她努力寻求教育的真谛,形成了"以严导其行,以爱动其心""培养合格加特长的学生""引入竞争机制,培养21世纪的小主人"等教育理念,创造性地探索出一系列影响学生健康成长的独特方法。

第二节 教师专业发展的外在因素

一、教师专业发展的政策支持

教育政策是国家和政府在一定时期为实现一定的教育目的而制定的有关教育方面的行动准则。教育政策分为：作为目的、目标的教育政策；作为纲领性决议的教育政策；作为行为举止、行动和利益规范形式的教育政策。就我国教育政策而言，其表现形式主要包括路线、方针、原则、法律、行政法规、规范性文件及规章等，其中行政法规、规范性文件和规章是我国教育政策体系的主体内容，是直接指导教育工作的具体规范。教育政策渗透到社会和教育活动的各个领域，发挥着指导作用，并深刻影响着教师的专业发展。

（一）教育政策为教师的基本生活、工作和学习条件提供保障，影响教师生存发展的教育政策直接影响教师的待遇和地位

作为国家教育事业的重要力量，教师是实施教育教学活动的主体之一，关系着教育改革的成败和教育质量的高低。其中，教师工资水平是影响教师职业吸引力和教师队伍稳定性的直接因素。许多国家政府制定有关教师待遇的政策，为教师专业发展提供基本条件和保障。例如，中国1993年10月31日颁布的《中华人民共和国教师法》规定"教师的平均工资水平应当不低于或者高于国家公务员的平均工资水平，并逐步提高""中小学教师和职业学校教师享受教龄津贴和其他津贴"等。但我国个别地方的中小学教师实际享受的待遇远低于当地公务员水平。不少地方，尤其广大农村地区，教育经费紧张，办学条件得不到改善，教师工资不能按时和足额发放。这种状况与教师作为专业人员的身份极不相称，减弱了人们对教师职业的期待。其直接后果是，教育系统难以吸引和留住高质量的教师，高学历的优秀人才从教意识淡薄；间接后果表现为教师从教的不满意度增加，纠缠于低工资待遇和弱社会地位而缺乏专业发展的计划与心理准备，无法持续学习以提升专业水准。1966年联合国教科文组织在《关于教师地位的建议》中提出，教师的工资应保证教师本人及家属的合理生活水平，并为教师通过进修和参加文化活动来提高素质而提供条件。因此，维持基本的教师待遇和工作、学习条件，是教师专业发展的先决条件，这也是教育政策需要关注的问题。又如，通过制定合理的教师工资制度，确保教师获得公平的报酬，从而提高教师的社会地位和职业吸引力。此外，政策还为教师提供医疗、住房等方面的福利，解决教师的后顾之忧，使其能够全身心地投入教育工作中。

（二）教育政策对教师的发展予以规范和引导

教育政策是一种规范体系，为教育事业的发展提供了某种标准与规范，并对教师的教育行为进行约束、限定和引导。当前，国内外教育政策形势日新月异，给教师的发展带来了深远的影响和挑战。一方面，教育政策致力于提升教师的专业素养和教育教学能力，以满足社会对高质量教育的需求；另一方面，教育政策还需要应对数字化时代带来的技术变革，引导教师适应新型教育模式。

目前，许多国家的教育政策通过制定各种规章制度对教师行为进行规范。如教师资格制度是许多国家对教师实行职业资格认定的一种制度。《中华人民共和国教师法》第十条规定"国家实行教师资格制度"，并于1995年和2000年分别颁布实施《教师资格条例》和《〈教师资格条例〉实施办法》。经过实践证明教师资格制度是提高教师素质、促进其专业发展的有效办法。2012年2月，教育部出台了《幼儿园教师专业标准（试行）》《小学教师专业标准（试行）》和《中学教师专业标准（试行）》，从专业理念、师德、专业知识和专业能力方面提出了基本要求，有效地规范了教师素质。再如，美国于1987年成立国家专业教学标准委员会，卡内基基金会组织编制了《教师专业标准大纲》，是迄今为止最明确地界定了教师专业标准的规范性文件。它强调教师的第一职责在于参与并帮助学生的学习与成长，强调构成教师职域的教与学的专业性内容及其知识基础，特别强调知识的生成性理解与知识的综合利用，突出了教师作为"反思性实践者"的角色等。这些标准对教师的发展具有很强的规范和指导意义。从作用方式上看，教育政策的引导有直接引导和间接引导之分。直接引导是指教育政策对其调整对象的直接作用。例如，《中华人民共和国教师法》中"国家实行教师资格制度"的规定，对教师应该具备的特定条件和取得教师资格的法定程序提出了明确的要求。间接引导是指教育政策对非直接调整对象的影响。例如，提高教师地位和生活待遇的政策，会间接影响人们就业的选择，引导青年学生积极报考师范院校，从而吸引一大批优秀人才从事教育工作。

教育政策对教师的引导作用主要从两个方面表现出来。一是教育政策为教师的发展提出明确的目标。人的活动是在一定需求基础上进行的有目的的活动。教师的教育活动更是在一定的目标引导下进行的活动。国家教育目标是国家制定的、反映国家的教育理想和教育发展的宏观战略。教师需要了解并遵循国家教育目标，将其落实到具体的教育教学实践中。通过这些目标的引领，教师可以确保教育活动符合国家对人才培养的要求。学校发展目标是学校根据自身实际情况和未来发展规划制定的，旨在推动学校各项事业的发展。教师需要了解并遵循学校发展目标，将其与自身教育活动相结合。通过与学校发展目标的紧密配合，教师可以确保教育活动的有效性和针对性。学生培养目标是学校和教师根据学生实际情况和教育要求制定的，旨在促进学生的全面发展。教师需要关注学生的个性差异和成长需求，制定具体的学生培养目标，并将其贯穿于日常教育活动中。通过以学生培养目标为导向，教师可以更好地满足学生的发展需求，提高教育效果。最后，教师的教育活动是在课程目标的指导下进行的。课程目标是课程设计的基本准则，规定了学生在完成学习后应达到的水平。教师需要深入研究课程目标，将其细化到每一节课的教学目标中。通过合理设置教学目标，教师可以确保教学内容的科学性和有效性，从而提高教学质量。这些目标不仅为教师的教育实践提供了方向和标准，还对教师的专业发展提出了要求。教师需要关注国家教育目标、学校发展目标、学生培养目标和课程目标，将其落实到具体的教育教学实践中。明确的目标极大地激发了教师的工作热情和积极性，对推动教育事业发展，实现教育目的有着重要意义。二是指导教师行为。教育政策不仅为教师明确了目标和方向，而且通过确定实现目标所必需的行动策略、方法和措施来指导教师行为。教育政策在指导教师行为、促进教育事业发展中起着关键作用。正确执行和遵守各项教育政策对于提高人才培养质量、推动整个教育行业的稳健发展具有深远意义。

（三）教育政策对教师专业发展的激励与促进

政府和学校在制定教育政策时，应充分考虑教师的权益保障，为他们创造公正、合理、支持性的职业环境。具体来说，政策应关注教师的待遇、晋升机制、职业培训等方面，从而激发教师的工作热情，提升他们的职业素养。此外，教育政策还应关注教师职场环境的改善，为教师提供良好的工作环境和条件，促进教师的专业成长。教育政策对教师专业发展的激励与促进主要通过教师考核制度、教师奖惩制度、职务评审、聘任制度和教师培养培训制度来实现。教师的考核制度是为了对教师职业道德、专业水平、工作态度和工作业绩等方面进行全面了解和评价，对教师教育教学取得的业绩给予肯定，并明确其努力方向。同时，考核的结果还可以作为教师提升、晋薪、奖励和进修的依据，使考核结果与教师的切身利益密切联系，形成竞争机制，调动教师的工作积极性。政府和学校可以通过实施各类人才培养工程、职称晋升制度以及奖惩机制等手段，引导并激励广大中小学教师努力提高自身素质和能力。例如，实施"名师工程"，树立优秀教师典范，激发教师的工作热情和创新精神。此外，完善职称晋升制度，让教师在专业发展上看到希望，从而更加专注于自身素质和能力的提升。同时，建立合理的奖惩机制，对表现优秀的教师给予适当的奖励，对表现不佳的教师给予一定的惩戒，以此来激励教师不断进步。在全面考核教师的基础上，对教师的任职资格进行评审和聘任。目前许多国家的教育政策对各级教师职务的职责、任职条件以及考核和评审办法等作了具体规定。

教师的培养是教师任职前的养成教育或准备教育，包括从普通教育阶段至高等教育阶段的全部活动。一流的师资队伍是保障教育质量和发展的基础，教师培养的过程可以分为以下两个阶段。第一阶段是教育背景培养，这是指教师进入大学阶段的教育。在大学期间，教师候选人接受了广泛的教育培训，包括教育理论、心理学、教育管理等方面的知识。通过丰富的课程设置，他们在理论和实践方面都进行了全面的学习和训练。这些专业课程不仅帮助教师掌握了相关领域的知识，也培养了他们扎实的学术素养和教育研究能力。除了课堂教学，大学还为教师学生提供了实习和社会实践的机会。通过参与实际教学和实践活动，教师候选人能够亲身感受到教学的挑战和乐趣，并逐渐形成自己的教育理念和教学方法。这种实践经验对于教师专业技能的培养至关重要。因此，大学阶段的教育培养为教师的专业发展奠定了坚实的基础。第二阶段是专业技能培养，这是指教师在毕业后进行的职前培训。为了确保教师能够胜任工作并提供高质量的教育，中国规定所有教师入职前必须接受师范院校或其他教育行政部门组织的师范培训。这些培训课程通常包括教育法规、教育心理学、教育技术等内容，旨在帮助教师了解教育系统的运作和相关政策，并掌握教学技巧和科学的评估方法。

在职前培训期间,教师候选人还会接受一定的实习和实训。他们将与有经验的教师合作,参与真实的课堂教学和其他教育活动。这种实际操作的机会使教师能够将理论知识转化为实际应用,并不断完善自己的教学技能。

教师的培训是教师任职后的不断研习和继续教育。除了教育背景培养和专业技能培养,国家还注重教师的终身学习和发展。教师作为一个社会责任重大的职业,需要在教学理论、教育心理学、学科知识等方面保持时刻更新的状态,以更好地满足学生的需求并提高教学质量。因此,在教师任职后,他们需要不断更新知识、提升技能,并通过各类培训和学术研讨会进行专业交流。同时,教育行政部门也鼓励教师参与科研项目和教学研究,以促进教师的学术成长和教育创新。有效的教师培训可以帮助教师更新教育理念、提升教学技能、拓宽知识视野,进而提高教学质量。而良好的教师培训也有助于增强教师的职业满足感和归属感,提升教师的社会地位。随着时代的发展,教学方法和教学资源也在不断更新和改进。

教师培训包括课堂教学观摩、学科研究、教育学习、教育技术应用等多个层面。首先,课堂教学观摩是教师培训中的重要环节。通过观摩其他优秀教师的课堂教学,教师能够借鉴到新的教学方法和理念。例如,一位优秀的数学老师可能有自己独特的排课方式和教学技巧。其他老师可以通过观摩他们的教学过程,学习到如何激发学生的兴趣,如何培养学生的创新思维,从而提高自己的教学水平。其次,学科研究对教师的培训也十分重要。教师要经常关注最新的学科发展动态,并进行相关研究。只有不断更新自己的学科知识,才能在教学中提供准确和有价值的信息。又如,在英语教学中,教师需要阅读最新教材和更新教学方法,以满足学生的需求并提高他们的英语水平。此外,教育学习也是教师培训的重要组成部分。教师需要学习教育心理学、教育方法学、教育管理学等相关学科知识,从而更好地了解每位学生的特点和需求,从而提高教学效果。通过学习教育学,教师能够提高自己的教育理论水平,获得更科学的教育思维和方法。最后,随着科技的发展,教育技术应用也成为教师培训的重点之一。现代教育已经离不开技术的支持,教师需要学习如何运用教育技术工具来提高教学效果。再如,教师可以学习如何使用智能白板、教育软件和网络资源,将它们融入课堂教学中,以提供更丰富和有趣的教学体验。

在进行数学、英语及其他各类科目的教学活动时,我们需要注意每个学科的教学对象、教学目标及教学内容都有其独特的特点和差异。例如,在数学教学中,我们通常需要培养学生的逻辑思维能力和解决问题的能力,而在英语教学中,则更注重提高学生的语言应用能力和跨文化交流能力。其他科目如物理、化学、历史等,也有各自的教学重点和方法。此外,不同的教学体系也需要展现出其独特的教学特色,以适应不同学生的学习需求和教学环境的变化。无论是传统的课堂教学,还是现代的在线教育,都需要根据学科特点和学生实际情况,制订出科学合理的教学方案,以达到最佳的教学效果。因此不同学科在教育的对象、体系和目标、内容等方面不尽相同,但都是教师专业发展的不可或缺的组成部分。许多国家不仅重视职前培养,而且把教师在职进修作为教师必须履行的义务,为此还制定了一系列激励教师参加进修的政策,如增加工资、晋级、到高一级教育阶段任教等。教师在职进修教育是有计划的目标导向活动,其目的在于促进全体教师教学的改进。教师继续教育是教师专业发展的必然要求。目前各个国家和国际组织正在寻求和探索教师培养、培训一体化的教育政策和举措。

二、教师专业发展的制度保障

作为政府对社会活动的控制、规范与调节的措施和规划,教育制度深深渗透到社会和教育的诸多活动领域中。从教师专业发展的角度看,相关制度是影响教师专业发展的宏观外部因素之一,对教师的专业发展起着巨大的指导和保障作用,它为教师成长提供保障,赋予教师基本的权利和义务,体现着国家和社会对教师的基本要求。

教师专业发展的关键在于教育政策与制度的引领。政府和学校需建立完善的教师选拔、培养、评价与激励机制,确保教师得到充分的支持与保障。教育的发展要求制度必须确立一定的准则,并以该准则来运作和进行。在教师专业发展这一特定领域,制度通常会对教师教育教学观念的行为与模式做出规定,并对教师教育教学效果产生直接影响。各国政府通过制定各种与教师专业发展紧密相关的政策、法规、制度,是为了建设高水平的教师队伍、有效实施教师管理、提高教育教学水平、实现教育目标而服务。在教师专业发展方面,教师专业标准无疑是重中之重,需要制定相应的制度,成立相应的组织予以实现。美国于1987年成立了美国国家教学标准委员会(National Board for Professional Teaching Standards,NBPTS),该委员会提出了教师专业标准的原则和教师专业知识、教学技能方面的要求,强调教师实践反思能力,在经验中的学习能力和集体协作精神的重要性,并指出教师不会因为获得了资格证而终止自己的发展历程,会继续面对新的专业发展挑战。因此,教师专业发展水平越高,对教师专业标准的要求就越严格。一个明确的教育制度对于教师的专业发展有着不可忽视的积极意义。一方面,合理、完善的教育制度可以显著提高教师的社会地位,使教师成为社会上受人尊敬的职业。另一方面,教育制度也为教师的权益保障提供了坚实的基石,如明确教师的薪酬待遇、工作时间、工作环境等方面的规定,确保教师的基本权益不受侵犯。此外,教育制度还为教师的职业成长铺设了道路,通过提供持续的培训和学习机会,帮助教师不断提升自身的专业素养和教学能力。

制度对教师专业发展予以支持。在制度支持方面,许多国家和地区已经采取了一系列措施来保障教师的权益和发展。例如,一些国家实施了教师专业发展规划,明确了教师的职业发展路径和培训要求;还有国家通过制定和调整教师薪酬制度,确保教师的收入水平与社会经济发展相适应。这些制度的实施,不仅提高了教师的社会地位和权益保障,也激发了教师的工作热情和职业发展动力。以美国的教师专业发展制度为例,该制度不仅规定了教师的职前培训和在职进修的要求,还为教师提供了丰富的专业发展课程和资源。同时,还建立了完善的教师评价体系,鼓励教师自主提升,并根据评价结果为教师提供相应的奖励和激励。这一制度的实施,极大地促进了该国教师的专业成长,提高了教师的教学水平和教育质量。

然而,教育制度在保障教师专业发展的过程中也面临着一些挑战。例如,如何制定更加科学、合理的教师评价体系,如何平衡教师的专业发展和工作压力,如何确保制度的公平性和有效性等。针对这些问题,我们需要进一步优化教育政策,激发教师的积极性和创造力,促进教师的全面发展。

制度为教师专业发展提供发展机遇。制度不仅为教师提供了发展方向和框架,还为他们提供了各种机遇,以提升自身专业素养和能力。教师专业发展需要相关考核制度、教师奖惩制度、职务评审和聘任制度加以衡量和说明。制度工具的合理科学运用,能够对教师专业起到巨大的督促作用,形成教师专业发展中的适度激励机制和公平竞争局面,从而最大限度地调动教师发展的积极性。当下许多国家都通过制度对各级教师的考核、奖惩、评聘条件和方法作了具体规定。例如,2006 年日本国会通过了新修订的《教育基本法》,中央教育申议会出台系列教师政策,规定教师资格证书有效期为 10 年,满 10 年之前必须重新提出申请,考试合格后方可更新;任职者如被认定为性格或其他方面不适合当教师,将会取消其教师资格。对"指导不力"的教师进行认定,责成其限期研修学习,考核认定不合格者予以免职处理。美国各州要求各州教师在证书期限未满之前去高等教育机构修得学分或学位来换取新的教师资格证书。法国建立了小学教师终身进修制度,规定每 6 年脱产学习进修 12 周,中学教师可通过进修获得教授其他学科的资格。德国教师通过进修能够取得包括校长或督学的任用资格。美国和英国还采用直接奖励的方法激励教师参加研修和学习。中国目前也在依据相关政策对教师资格和聘任制度进行改革,其趋势是教师资格证书考试实行全国统考,拓宽教师教育基础,细化教师教育学习、进修科目,实行每 5 年进行教师证书资格注册制度等。无论是奖励还是惩罚,都可以让教师明确角色和定位,指明教育领域的发展趋势以及教师应该具备的素质,清晰地了解自己在教育体系中的地位和责任。这有助于教师更好地规划自己的职业发展路径。一些制度往往还会鼓励教师进行创新和探索,为他们提供了展示自己才华的平台,从而激发工作热情和动力,更加自信地面对职业挑战。在这样的环境下,教师们可以积极尝试新的教学方法和策略,推动教育改革。此外,还有制度为教师提供了交流与合作的机会,通过与其他教师的交流,教师可以分享经验、互相学习,从而加速自己的专业成长。

三、教师专业发展的社会需要

在教育体系中,教师无疑是承载着教育与未来发展的重要桥梁。这种重要性使得教师专业发展不仅是个人成长问题,更是社会发展的需要。在全球化的背景下,知识的更新日新月异,要求教师不断学习和进修,跟上时代步伐。社会因素的范围很广,它可以指社会上的各种事物,包括社会制度、社会群体、社会交往、道德规范、国家法律、社会舆论、风俗习惯和价值观等。例如,随着互联网和人工智能技术的广泛应用,教育领域也开始探索线上教学、智能辅助等新的教学模式,这就需要教师掌握相关的信息技术,具备跨学科的教学能力。同时,社会的发展也带来了学生群体多样化的特点,如今的学生不仅有着不同的家庭背景,他们的兴趣、天赋和学习方式也各不相同,这就要求教师不仅应具备专业知识,还要掌握心理学、社会学等相关知识,以便更好地理解和引导学生。此外,社会对教育的期望也在不断提高,不仅希望学生能学到知识,更希望他们能在学校培养出良好品德、批判性思维等。它们的存在和作用是强有力的,影响着人们的态度和行为。下面主要介绍社会角色期望、社会地位和社会价值观体系对教师专业发展的影响。

（一）社会角色期望

社会角色是指由人们的社会地位所决定的，表现出符合社会所期望的行为和态度的总模式。社会角色包括以下三种含义：第一，是一套社会行为模式，每一种社会行为都是特定的社会角色的体现；第二，是由人们的社会地位和身份所决定的，角色行为真实地反映出个体在群体生活和社会关系体系中所处的位置；第三，是符合社会期望的，按照社会所规定的行为规范、责任和义务等去行动的。

社会对任何一种社会职业都赋予了社会期望，教师这个职业也不例外。由于教师职业特点的复杂性，社会赋予它的角色期望也是多样性的，一般社会将教师的角色分为以下五种。

（1）教书育人的角色。这是教师最基本与最突出的角色。教师是知识和技能的传授者，与此同时还必须向学生进行思想品德方面的教育，并通过管理、组织活动和个人言行对学生施加巨大的影响，塑造学生的个性。在教育过程中，教师不仅要传授知识，还要关注学生的品德、情感、实践能力等方面的培养。因此，教师需要不断提升自身的专业素养，更新教育理念和方法，以适应社会对教师角色的期望。

（2）管理者的角色。教师要从事大量的班级事务工作和学生管理工作，是学生集体的领导者与合作者。心理研究表明，教师的管理风格对学生团体的影响较大，教师管理风格是指教师在教育教学中表现出来的稳定的、具有个人特色的方式方法。教师的管理风格通常体现在领导方式、沟通方式、决策方式等多个方面。教师的管理风格对学生团体的心理发展具有显著影响，与学生团体心理的关系涉及多个理论视角。其中，领导风格理论指出，不同的领导风格会对团队士气、凝聚力等产生不同影响。例如，民主型领导能促进团队成员的积极参与和相互支持，有助于提高团队创新力和适应力；专制型领导则可能导致成员的消极情绪和较低的归属感。此外，教师的沟通方式和决策方式也会对学生团体的心理状态产生影响，如鼓励开放式沟通、倾听学生意见的教师能增强团队的信任感和协作意识。

（3）心理辅导师的角色。在当今社会，心理健康问题日益受到重视，而教育领域更是需要关注学生的心理健康发展。教师作为学生成长过程中的重要引路人，其在心理健康教育中的角色不容忽视。一方面，要指导学生健康的生活，帮助学生摆脱焦虑、羞怯、自卑、冲动等心理状况，防止各种心理问题发生，提升学生心理素质。另一方面，在学生遭受心理挫折后，教师要及时提供帮助，咨询和诊断，治疗学生的心理创伤，增强学生心理承受能力、自我调节能力以及抗挫能力。

（4）学习者的角色。在教育领域中，教师通常被视为知识的传授者和引导者。然而，随着教育观念的不断更新和教师专业发展的需要，教师的角色已经不再局限于传统的教育者身份。越来越多的研究表明，教师作为学习者，对于自身专业成长和提升教学质量具有重要意义。教师要不断学习和研究，重新定义教育角色，转变教育观念、提升知识与技能，树立终身学习意识，在教学实践中也要发挥教师的学习者身份，成为一名积极探索和追求自身教育知识和技能持续发展的教育工作者，适应教育环境的变化，提高教学质量，实现自我价值。

（5）家长代理人的角色。教师在扮演家长代理人的角色时有优于父母的地方，这就是教师既体现了父母的温暖与关怀，又体现了一般父母所不具备的严格要求。社会赋予教师这些社会角色期望，一方面导向了教师的专业发展，另一方面也给教师带来了社会压力，迫使教师通过自身不断发展来满足社会期望，促进其自身的专业发展。

（二）社会地位

教师的社会地位是指教师职业在整个社会职业体系中所处的位置，它事关教师队伍的稳定、教师素质的提高、教学质量的好坏和人才培养质量的高低。教师的社会地位体现在以下三个方面。

（1）专业地位。社会对教师专业化的认识并不是一蹴而就的，而是经历了一个漫长的过程。教师职业是否有严格的从业标准和专业性是衡量其专业地位的重要标志。近几十年来，教师专门培训的年限被延长，教师的学历层次得以提高，教师职业的专业性逐渐加强。教师专业发展的核心在于其专业知识与技能的积累和提升，这是其区别于其他职业的关键。同时，各国对教师所必备的专业知识、专门技能的要求以及对获得教师资格条件的要求更为严格和具体，并陆续实行了教师资格证书制度，教师的专业自主权也进一步得到保证，能够自主决策、自我管理，根据实际情况灵活地调整教学策略和方法，教师的专业地位逐步确立起来。因此，提升教师的专业地位需要提高教师的教育教学水平，增加教师的专业知识储备，提高教师的教育教学能力。

（2）政治地位。教师政治地位的高低是与时代及社会制度紧密地联系在一起的。随着国民经济的发展对人才的需求越来越大，国家越来越认识到教育的重要性，进而更注重从各方面充分发挥教师对培养人才和发展经济的重要作用，也从法律等相关方面对教师的政治地位予以保障。教师政治地位的体现也在于社会对教师的身份认同。教师在社会中经常被视为知识和智慧的代表，这种认知在一定程度上影响了教师在政治领域的影响力。因此，提升教师的政治地位需要教师自身、政府和社会各界的共同努力。例如，加强教师的政治素养培训，提高教师的政治参与度，以及完善相关的政策和制度等。这些措施将有助于提高教师的政治地位，进一步推动教育的发展和社会的进步。

（3）职业声望。教师的职业声望是指人们对教师职业的社会评价，如公众的认可、尊敬和钦佩等。社会对教师职业的尊重和认可度越高，教师的专业地位也就越高。家长和学生对教师的信任和支持，体现了教师专业的权威性和价值。教师的职业声望不仅关乎个人荣誉，更关系到整个教师队伍的稳定性和教育质量。高职业声望的教师能获得更高的社会认可度，增强工作满足感，提高工作积极性，从而有利于教师专业发展。在现代社会，教师的职业声望通常具有两个比较突出的特点。一是教师的职业声望通常处于中上的地位，高于他们的经济地位；二是教师的职业声望具有逐渐提高的趋势。提高教师职业声望的关键在于提升教师的专业能力和增强其责任感。教师应不断更新知识体系，提高教育教学水平，注重课堂品质。此外，教师应具备良好的信息素养和创新思维能力，以适应现代教育技术的发展。

（三）社会价值观体系

价值观是人们关于好坏、得失、善恶、美丑等价值的立场、看法、态度和选择。价值观是主体以自身的需要为标准,对外在于自身的事物或现象所蕴含意义的认识和评价,往往表现为信念、理想、信仰、追求等形态。由复杂多样的价值观进行长期反复地整合和消解,最终形成了体现一个社会理念的价值体系。任何社会的存在和发展,都需要有一定的社会价值体系的强力支撑。社会的价值体系包括核心价值体系和一般价值体系,是一个完整的、内涵丰富的价值观系统。其构成具有层次性,主要包括伦理价值观、政治价值观、经济价值观等。社会价值观由个体的价值观整合而成,但是社会价值观一旦形成,对每一社会成员都会产生深刻的影响。积极的社会价值观对人的行为产生积极影响,消极的社会价值观对人的行为产生消极影响。我国正处于市场经济如火如荼的发展时期,市场经济浪潮以教育经济、教育产业等形式,带给学校传统教育观念的一层层冲击,导致的社会价值取向倾向于功利主义。这种功利主义价值观往往会严重破坏人们对于理想的追求,使教师失去自我,倾向于寻求利益最大化。

四、教师专业发展的学校管理方式

学校管理是为实现学校培养人才这一教育目的,根据教育政策和教育规律,对影响学校绩效的各种可利用校内外资源进行的计划、组织、指挥和牵制的活动。① 学校管理方式直接影响教师的专业发展,学校管理的不同方式对激发教师积极性有不同的作用。

(一)专制管理方式

专制管理方式的人性假设:"人生来就不喜欢工作,甚至尽可能逃避工作;员工几乎没有多少雄心大志,宁愿服从管理而不想承担责任。"因此,管理者为达到组织目标,在管理方式上就必然对员工强迫和控制,需要用惩罚的手段予以强制、监控、指挥或威胁。这种管理方式激发人们的动机基本上要用"萝卜与大棒"的方法,并强调严密监督下属的必要性和在组织中实行层层控制的必然性。塞基欧万·托马斯(Sekiouvan Thomas)和伦西斯·利克特(Rensis Likert)等人把这种管理方式概括为,"特别强调权威,常常运用恐吓、威胁和惩罚,偶尔使用奖励等方法来激励教师;对教师缺乏信任,因而教师很少参与决策,往往把上级决议强加给教师;领导与教师的交往较少,即使交往,领导也带有优越感;教师非正式地反对管理者提出的目标。"在这种管理方式下,教师在人格上和精神上得不到应有的尊重,工作中始终处于被动的服从,缺乏工作的满足感,难以发挥教师的主动性和创造性,难以使教师获得专业发展。

(二)民主管理方式

民主管理方式的人性假设:"人不是天生厌恶工作的,人也不是被动的,而是具有创造性和想象力的;人的行为受动机的支配,最有效的奖励是自我满足和自我实现;只要能够创造

---

① 韩延伦,张惠娟,张万波.学校管理:问题、理论及模式[M].青岛:中国海洋大学出版社,2008.

一定的条件，人们就会努力工作，甚至会自觉履行职责、自行确定方向和自我调控，以取得工作成就、获得奖励。"在这种人性假设的基础上，管理者就以引导的方法，调动员工的主动性和积极性，使他们发挥自己的创造能力、知识和技术，既能达到组织的目标，又能实现个人的目的。由于这种管理方式认为，个人的极大满足感是在个人完成重要作中获得的，因而管理者在工作保证上，注意力集中于确定值得努力的目标；在人际关系上，注意力集中于相互信任、相互尊重。塞基欧万·托马斯和伦西斯·利克特等人把这种假设在学校管理中进行实证研究后认为，教师能参与决策，通过参与和奖励激发动机；领导与教师之间有广泛的、友好的相互交往，信息横向、纵向沟通，高度的信任和委托，对控制过程普遍负责。因此，学校工作效率是较高的。民主管理方式可以充分吸收教师参与学校的管理与决策，激发教师的工作积极性，提高他们的工作满意度，使教师的智慧才能得到充分发挥，极大地促进教师的专业发展。

课后练习

1. 教师专业发展的影响因素有哪些？
2. 教师专业发展的内在因素包括哪几点？
3. 教师专业发展的外在因素分别有哪些？
4. 教师的专业能力主要体现在哪几个领域？
5. 教师的专业能力如何影响职业发展？
6. 教师的认知能力对教师专业发展有哪些影响？
7. 教师专业发展的学校管理方式有哪几种？

第十一章

教师专业发展的知识素养与能力素养

第一节　教师专业发展的知识素养

教师作为一种专门的职业，需要具备广博的专业知识基础；教育作为培养社会所需要的人的事业，需要教师具备扎实的专业知识理论。现在普遍被人们接受的"知识"的定义是："人类在实践中认识客观世界，包括认识人类自身所获得的所有成果。"它可能包括符号、陈述、信息、事实、图画、描述或在教育和实践中获得的技能。它可能是理论性知识，也可能是实践性知识；可能是直接知识，也可能是间接知识。知识的获取可以有多种途径，可以是经过自己亲身实践的，可以是通过观察所得，也可以是通过与他人沟通交流所得。此外知识的获得也涉及许多复杂的过程，如感觉、交流、推理等。知识也可以看成构成人类智慧最根本的因素。联合国教科文组织国际教育局编的《教育展望》第 99 期指出："教师的身份、知识和能力是起决定作用的教学因素。"教师专业发展的知识素养既是教师素质的核心，也是教师从事教育专业的前提和基础。具体来说，教师专业发展的知识素养包括本体性知识、条件性知识、实践性知识和文化知识，其中本体性知识、条件性知识和实践性知识又称为通识性知识。这四种知识构成了当今教师专业发展的知识结构，也成为当今教师必备的四种知识素养。

一、本体性知识

本体性知识是指教师所具有的特定的专门学科的知识，又称为专业学科知识，如语文知识、数学知识、体育知识等，它主要解决教师"教什么"的问题。本体性知识是保证教师"教对"学生所需知识的前提，是教师从业的资本和基础，是教师作为专业人员应该具备的基础条件。在教学活动中，一切都是围绕着本体性知识传授的。教学的最终绩效也是用学生掌握本体性知识的质量来衡量的。

对教师而言，要想从事教育工作，就必须掌握本体性知识。瓦西里·亚历山德罗维奇·苏霍姆林斯基(Vasily Aleksandrovich Sukhomlinsky)指出："教师所知道的东西，就应当比他在课堂上要讲的东西多十倍、多二十倍，以便能够自如地掌握教材内容，到了课堂上能从大量的事实中选出最重要的来讲。"苏霍姆林斯基也说过："在你的科学知识的海洋里，你所教给学生的教科书里的那点基础知识，应当是沧海一粟。"① 因此，教师必须熟练准确地掌握

---

① 苏霍姆林斯基. 给教师的建议(下)[M]. 杜殿坤，编译. 北京：教育科学出版社，1984：156-157.

所教学科的知识,同时能与其他学科知识融会贯通,这样在教学过程中才能做到信手拈来、高瞻远瞩。我国学者叶澜认为,只有当教师具有丰厚的、扎实的知识底蕴,并能在科学体系中把握自己所教的学科知识时,教师才能使知识在教学中不只是以符号形式存在,而是以推理、结论的方式出现,而且能展示知识本身所具有的生命力,把知识活化,在教学中真正实现科学精神与人文精神、理论与实践的统一,充分发挥以文化人、以文育人的作用。

教师的本体性知识与教学有效性之间是否存在一种恒定的正相关关系呢?对此问题的回答直接影响着教师对学生培养的目标和方向。由迈克尔·杰克逊·邓金(Michael Jackson Dunkin)和布鲁斯·杰克逊·毕德尔(Bruce Jackson Biddle)所进行的研究旨在找出教师所掌握的专业学科知识量与学生学习成绩之间的关系。他们以教师评估的平均得分、教课的门数和教师标准化测验成绩来代表教师的学科知识,将其与所教学生的学习成绩进行对照研究。研究表明,教师掌握的专业学科知识量与学生学习成绩不存在完全意义上的正相关关系。也就是说,教师掌握的专业学科知识量越高,学生的学习成绩并不一定越好。学生学习成绩受到很多方面因素的影响,如学生自身的经历、学生的智力发展水平、学生学习的努力程度、外部环境因素、教师硬件设施等,教师本体性知识并不是唯一影响因素,二者之间不存在统计上的正相关关系。当然这个研究也存在一些定义和测量方面的问题,但随后进行的绝大多数研究都不能支持"教师的本体性知识与学生的成绩之间存在线性关系"的结论。即教师知道的学科内容与学生学习的内容并不是一一对应的。因此,教师的本体性知识应涵盖以下内容。

(1) 对学科的基础知识有广泛、全面、准确的理解,并熟练掌握相关的基本技能与技巧。

(2) 对与该学科相关的知识,尤其是相关点、相关性质、逻辑关系有基本了解。

(3) 了解该学科发展背景、改革取向,了解推动其发展的因素,了解该学科对于社会、人类发展的价值以及在人类生活实践中的多种表现形态。

(4) 掌握每一门学科所提供的独特的认识世界的视角、域界层次及思维的工具与方法,熟悉学科内科学家们的创造与发现过程和成功原因,以及他们身上所展现的科学精神、人文精神和人格力量。[①]

二、条件性知识

条件性知识是指教师知道在什么时候、为什么以及在何种条件下才能更好地运用原有知识和经验开展教学的一种知识类型,又称为教育学科知识。即在教学中,教师如何以学生易理解的方式方法将本体性知识(专业学科知识)表达、传授给学生,主要解决教师"怎么教"的问题。条件性知识是保证教师"教会"学生所需知识的必要条件,是教师成功地进行教育教学所必备的知识,也是教师成功教学的重要保障。教育学和心理学知识被称为教师成功地进行教育教学的条件性知识。

拥有本体性知识是教师能够从事教师职业的基础,而拥有条件性知识是教师能够胜任教师职业的直接条件。条件性知识是教师顺利从事教育教学工作时所必需的专门知识,是

---

① 叶澜,白益民,等. 教师角色与教师发展新探[M]. 北京:教育科学出版社,2001:23-24.

区别于其他行业人员的教师所特有的知识类型,是直接服务于教师的教学活动设计和教学过程的展开。教师职业的特殊性不仅在于从业人员具有一定的学科专业知识,更在于具有将这些学科专业知识传递给学生的专业技能知识。

教育科学和心理科学知识是教师成功地进行教育教学的条件性知识,它包括四个主要方面内容:学生身心发展的知识、教的知识、学的知识和学生成绩评价的知识。教学过程是教师将其具有的学科知识转化为学生可以理解的知识的过程。在此过程中使用教育学和心理学规律来思考学科知识,对学科知识的重组和表征是现代教育科学的基本要求。儿童、青少年的心理发展规律是教育实践和教育改革的出发点。因此,这四个方面的条件性知识尽管技术性成分较多,但也需要在教学中不断反思与自我化改造。

教师要想成为一个合格的教育者,一方面,要熟练准确地掌握所教学科的基础知识和基本技能;另一方面,要遵循教育工作的基本规律,教育学、心理学、教育技术等基本教育理论、学生的身心发展规律、本班学生的学习风格等,充分利用已有的条件性知识提高学习质量,优化教学效果。因此,条件性知识对于教师的教育教学活动而言是必不可缺的。约翰·杜威(John Dewey)在《思维与教学》一书中指出:"为什么教师要研究心理学、教育史、各科教学法一类的科目呢?有两个理由,第一,有了这类知识,他能够观察和解释儿童心智的反应——否则便易于忽略。第二,懂得了别人用过有效的方法,他能够给予儿童以正确的指导。"[1]在教学过程中,条件性知识的应用会使教师和教学站在学生的立场上,从学生的角度出发,通过适切的教学促进学生的健康发展。苏霍姆林斯基在《给教师的建议》中也谈道:"刚从师范学院毕业出来的教师,只有在自己整个教育生涯中不断地研究心理学,加深自己的心理学知识,他才能成为教育工作的真正能手。"[2]因此,心理学知识对于教师专业发展来说是不可或缺的理论基础。具体说来,教师的条件性知识包括以下两个方面:一方面是一般教育学知识,包括教育基本理论、心理学基本理论、德育论、教学论、教育心理学、中外教育史、教育科学研究方法、学校管理学、现代教育技术知识,等等;另一方面是学科教育学知识,如学科教育学、学科课程论、教材教法等。它们是教师对教育学、心理学、学科知识、学生特征和学习背景的综合理解。

三、实践性知识

实践性知识是指教师运用已有的一般性的教育知识来解决具体情境中特殊性的教育问题时所产生的一种知识类型,又称为社会性知识,即教师在教育教学过程中通过各种教育手段处理教育问题所积累起来的社会知识,主要解决教师"怎么做"的问题。教师的实践性知识是影响教育教学效果的重要因素,是处理好教师与学生之间关系的重要手段。实践性知识是教育知识的具体化、应用化。

教师的实践性知识是教师的个人智慧。从本质上讲,教师的实践性知识可以归结为"教师的个性",是不同的教师在不同的生活背景、个人经历、行为特征、思维方式、兴趣特长等影

---

[1] 杜威.思维与教学[M].上海:商务印书馆,1936:248.
[2] 苏霍姆林斯基.给教师的建议(下)[M].杜殿坤,编译.北京:教育科学出版社,1983:44.

响因素的作用下,在日常生活和教学实践活动中经过不断的体验、反思、积累形成的处理教育教学问题的知识、方法和能力。一个人的行动基于他的决定,而他的决定又基于他的判断。在现实教学过程中,当教师在面对复杂的教育情景时所作出的迅速反应,我们可以把它叫作直觉判断,是教师瞬间做出的反应。我们把这种现象叫作教师的教育机智,即教师对学生活动的敏感性,特别是指教师对教学活动中出现的意外情况和突发事件做出迅速灵敏的反应,并果断地采取恰当的措施和解决问题的特殊教育能力。教师的这种教育机智是依赖于教师的实践性知识的。这种实践性知识来源于实践和反思,所以实践性知识可以表述为实践加反思。

实践性知识会随着教育实践的主体、教育情境、教育活动的不同而不同。苏霍姆林斯基说过:"教师不必紧张地等待着会发生不愉快的事,他不必去监视那些由于无事可做而不时地用调皮行为来'招待'教室里那些机灵而坐不安稳的孩子们,因为在这样的课上,他们的精力都被纳入了正当的轨道。"因此,教师在教学实践中,要根据不同的教学场景和学生特征,使用不同的实践性知识来满足教学实践的需要,同时也可以根据教学活动中学生的反馈来调整教学行为与技能。此外,教师实践性知识的表征形式可以分为认知表征和行为表征两大类。认知表征是指教师在教学实践中的认知体现,可以表现为明确的学科教育观念,比如教学理念、教学原则;行为表征是指教师在教学实践中的行为表现,它们包括教师的活动和对学生的教导行为等,反映出的是教师掌握的教学技能,又如计划设计、信息管理、情绪管理、知识传授等。

教师的实践性知识具有以下几个方面的特征。

(1) 实践性。相对于理论知识如普通文化知识、专业学科知识和教育学科知识而言,教师的实践性知识具有鲜明的实践性特征。它依存于具体的教育情境,具体表现为它既来源于实践,在实践中不断建构和生成,又直接服务于实践,用来解决教学实践中的实际问题。日本学者佐藤学认为,教师的知识是一种实践性知识,是一种经验性的知识。同研究者运用的"理论性知识"相比,它缺乏严密性和普适性,是一种多义的、活生生的、充满柔性的功能性知识。

(2) 个体性。相对于书本知识等可以被广泛传播和交流的"公共知识"而言,教师实践性知识是一种"个人知识"。它是个体的,是自己独有的,而不是大众共有的,是个体的"私有财产",是教师在自己的教学实践和日常生活中,慢慢地积淀于自身的一种经验和体悟,是他人所不能知道或是不能感悟到的。教师的实践性知识不仅与教师的年龄、成长经历、性格、生活背景、道德品质有关,也与教师个人的思维方式、行为特征相关。它带有浓厚的个人色彩,常体现为教师个体化的处世风格和个人品质特征,并构成其人格的一个方面。

(3) 整合性。教师的实践性知识不是对理论知识的简单运用,而是以解决教学实践中存在的问题为目标,将来自各个方面的理论知识进行综合、深化、提炼与转变,是教师凭自己的经验主动地解释、矫正、深化现成的知识而形成的综合性知识。它包含着教师对教学目的、对象、信息和环境的整体性认识,同时也是教师战略性思维的反映。它是教师实践行动背后的知识基础,横跨了知识、态度与技能等几个方面的学习领域。从加涅对知识理解的角度来讲,教师的实践性知识是由言语信息、智慧技能、认知策略、动作技能和态度五种学习结果综合而成的习得的性能。

(4) 隐蔽性。相对于显性知识来说,实践性知识是我们看不到的,是"只可意会不可言传的";是以知识的形式隐藏于教师的知识结构内部,在面对教学问题时自然而然被激发出来的;是无法用清晰的语言表达和陈述出来的;是作为一种隐性知识发挥作用的。英国著名物理化学家、思想家迈克尔·波兰尼(Michael Polanyi)在他的《人的研究》一书中指出:"人类有两种知识。通常所说的知识是用书面文字或图形、数字公式表述的,这只是知识的一种形式。还有一种知识是不能系统表述的,例如我们有关自己行为的某种知识。如果我们将前一种知识称为显性知识的话,那么我们可以把后一种知识称为缄默知识。"当教师应用实践性知识时,便会自然而然地,且无意识地从头脑中提取出来,以自己的方式直接作用于我们在教学中所遇到的问题。

(5)保守性。由于实践性知识以知识的形式隐藏在教师头脑内部,深深植根于个体内在的知识结构中,构成教师认知结构的一部分,并与其结构中的其他知识形成了一种平衡,因而往往显现出超强的稳定性。这使得教师在具体实践中,常常依据惯例行事,而较少受到新思想、新观念的影响。只有当教师在实践中自觉反思、主动建构时,其实践性知识才会相应的发生新的变化。

研究表明,专家型教师与一般教师、新手教师最大的区别在于:专家型教师在长期的教育教学实践中,随着遇到的教育问题以及教学经验的不断增加,积累了丰富的、结构良好的实践性知识。

本体性知识、条件性知识与实践性知识的相关关系。本体性知识、条件性知识与实践性知识是教师教育教学的三大基本能力,三者的研究为教师知识结构的研究建立了彼此之间的功能关系,即教师的本体性知识是教学活动的实体部分,是教师教学的必备的基础。教师的条件性知识对本体性知识的传授起到一个理论性支撑作用。教师实践性知识对本体性知识的传授起到一个实践性指导作用。一名优秀的专家型教师不能仅具备本体性知识,因为他面临的是教学这样一个交互过程。条件性知识可以解决教学过程处理问题的原则,而实践性知识则可以解决教学过程处理问题的方式方法。因此,一个优秀的专家型教师既要拥有本体性知识、条件性知识,也要具备实践性知识,三者缺一不可。

四、文化知识

文化知识是文化和知识的总称。它包括中国传统文化知识、世界文化知识、各个学科的知识和社会各个方面的知识等,是"知识与信息""历史与传承""能力与学习"三位一体的综合体现。知识和文化是不能画等号的,知识只是文化的一小部分,是文化的基础;文化是知识的更高一个层次,有知识并不等于有文化,文化应该是"知识+历史+能力+价值"的综合结晶。

教师的教育活动是一种创造性活动,这种创造明显不同于一般的发明创造或艺术创作,而是浸透着科学精神与人文精神的一种不间断的无止境的探究与完善的过程。教师的工作应像蜜蜂酿蜜一样,需要博采众长,这要求教师不仅要了解和掌握某个具体学科的知识和理论,还必须更加广泛地学习和了解其他相关学科与领域的知识和理论,以及各个学科和领域知识之间的联系。因为教师面对的教育对象是不断发展进步的个体,随时都有可能提出你意想不到的问题,并具有创造性和独立性的个体。教师只有具备渊博的知识储备,在面对各种问题和难题时方能应对自如,展现教师应有的知识素养和独特的人格魅力。同时,面对科学技术的突飞猛进、学科之间的交叉渗透、学校综合课程的开设以及国际文化的交流与传播,教师只有成为知识视野宽广的人,才能够紧跟时代潮流,跟紧知识的脚步,并在此基础上努力实现知识的创新。

大量的事实表明,当今的学生更喜欢知识渊博、兴趣广泛、多才多艺、性格开朗的老师,而不太喜欢知识量少、沉默寡言、传统刻板的老师。这是因为教师作为学生学习的榜样,在很大程度上,教师的知识水平、教育素质、性格特征都会对学生的发展产生深刻的影响。我国教育界前辈程吾今指出:"教师对于学生的指导,不仅限于功课以内的教学,日常生活问题也需要指导解决,所以教师的知识越广博,经验越丰富,就越能得心应手,无时无地把儿童放在春风化雨之中。"① 可以说,广博的文化科学知识、深切的人文关怀、良好的心理素质都是教师的基本素质,是教师有效开展教育教学工作的重要条件。

第二节 教师专业发展的能力素养

教师专业发展的能力素养是教师在教育教学活动中所形成的顺利完成某项教学任务的能力和本领。为贯彻落实党的十九届五中全会精神,全面深化新时代教师队伍建设,提高教师的能力素养,2021年教育部颁布了关于学前教育、小学教育、中学教育、中等职业教育和特殊教育专业师范生教师职业能力标准五个文件,由此可见,教师的能力素养对教师专业发展和教育事业发展来说是一个关键指标和影响因素。但自古以来,对于教师专业发展的能力素养的具体内容,不同的学者有不同的观点。有的研究者认为,教师专业能力主要包括教师的基础能力、教师的职业能力和教师的自我完善能力。② 也有研究者认为,教师专业发展的能力素养主要包括全面掌握与科学设计教学内容的能力,良好的语言表达能力,多方面良好的组织管理能力,善于因材施教的能力,在教学情境中的应变与调控能力,自我监控能力,自我鉴定、自我评价、自我教育能力,一定的教育科研能力和教育机智。③ 还有的认为,教师专业能力主要包括教育教学能力,参与时代的意识与能力,促进学生发展的意识与能力,自我反思、自觉研究以及促进自身专业发展的意识与能力。④ 而作者认为教师专业发展的能力素养应该包括五个方面,语言表达能力、教育教学能力、组织管理能力、自我调控与自我反思能力及创新能力。

---

① 程方平. 新师说[M]. 长沙:湖南教育出版社,1999:275.
② 罗树华,李洪珍. 教师能力学[M]. 济南:山东教育出版社,1997.
③ 张大均. 教学心理学[M]. 重庆:西南师范大学出版社,1997.
④ 范国睿. 学校管理的理论与务实[M]. 上海:华东师范大学出版社,2002.

一、语言表达能力

教师的语言表达能力是指教师运用语言、文字、图形、表情、动作等形式来阐述教学内容、表达自身思想、感情、态度的能力。它分为口头语言和书面语言两种。教师借助书面语言和口头语言,将教学内容清晰明确地表达出来,并善于让学生理解、体会和把握,是教师的基本功。苏霍姆林斯基提出过:"教师的语言在很大程度上决定着学生在课堂上的脑力劳动的效率","教师高度的语言修养是合理利用教学时间的重要条件","教师的语言是一种什么也代替不了的影响学生心灵的工具"。他还提出:"如果你想使知识不变成僵死的、静止的学问,就要把语言变成一个最主要的创造工具。"①

教师的语言表达能力是教师教育、教学工作中非常重要的基本功之一。教师的语言表达能力直接影响着学生的学习效果和情感体验。一个语言表达能力强的教师,能够用准确、生动、形象的语言表达教学内容,激发学生的学习兴趣和思维活力,提高教学效果。同时,教师良好的语言表达能力也可以促进师生之间的交流和互动,增进师生之间的理解和感情。

(一) 教师的语言表达能力应具备的要求

(1) 表述要清晰准确、简洁规范,重点明确突出。教师要具备高度的语言素养,表述时要清晰准确,语言流畅,逻辑清晰,条理清楚,字正腔圆,更要讲普通话。无论是书面语言还是口头语言,注意突出内容重点,便于学生把握。

(2) 适应学生的年龄特点和知识水平。教师要把握所教学段学生的身心发展水平和年龄特点,结合学生已有的知识经验,用学生能够理解的语言表述教育内容,只有这样学生才能够听明白,这也是学生学好功课的先决条件。

(3) 语音语调抑扬顿挫。教师讲解时语速、音量要适中,不可太快或太慢,也不可太高或太低;要充分利用嗓音,随时调整音量和音调。如讲到重点内容时教师可以适当地提升音量,引起学生的注意力。

(4) 语言幽默诙谐,恰当运用比喻或隐喻。教师要有效使用奇闻轶事、举例等。幽默诙谐的语言是吸引学生的注意力,使其重新投入课堂的一个重要因素,也可以活跃课堂气氛,加深学生印象,促进学生思考。

(5) 利用副语言,辅以动作或表情。教师要善于借助身体语言和其他多种工具,如手势、站姿、面部表情、眼神等,但是都动作不宜过多,否则学生容易看得眼花缭乱,也会不自觉地分散学生的注意力。教师的动作要具有张力,方向、力量等使用得当。此外,教师的表情不宜过分夸张,要掌握表情的度,发挥通过表情向学生传递信息的作用。恰当地使用这些副语言,既可以帮助学生集中注意力,也是起到传递教学内容的重要作用。

(6) 教师对自己的教学用语应该有清晰的认识,自觉反思自己的言语。教师要注意反省教学语言,判断表达是否得当、是否具有有效性、是否起到教书育人的作用等,并能清楚判

---

① 苏霍姆林斯基.给教师的建议[M].杜殿坤,编译.北京:教育科学出版社,1984.

断的理由和标准。教师经常进行教学言语反思，会逐渐提高自己的语言艺术，反思到自己说过的言语有什么不妥之处，这在很大程度上避免了对学生教育不当。

（二）教师提高语言表达能力的要点

（1）提高教师的理论素养是提高教师语言表达能力的第一步。教师口语是一门边缘学科，它跟很多学科及教师所从事的专业如语言学、美学、心理学、逻辑学、语文、数学、外语等都有着密切的关系。要想提高自己的职业口语能力，不但要掌握教师口语自身的理论和规律，还要对不同学科的基础知识和基本理论进行了解、掌握。只有深入地掌握了学科知识和理论知识，在使用教师口语技能的时候才能做到游刃有余。

（2）提高教师的语言素养。语言素养不仅包括语音、语调、语气等方面，还包括词汇量、表达能力、语法运用等。教师可以通过阅读、听力、口语练习等方法来提高自己的语言素养。对教师来说，加强语言文字的积累、提高口头语言表达能力都是至关重要的。词汇是语言表达的主要材料，词汇的丰富与否，直接影响到语言表达的效果和质量。多读书、多看书，从书中汲取养料，从书中取其精华，这于语言文字的积累是有百利而无一害的。当然，教师也不能什么书都看，要善于选择，如有关提高教师口语能力的书籍。著名作家的经典名作，优秀小说家、优秀散文家的作品都值得一看。每个人喜欢的文体类型不同，可以挑选自己喜欢文体的优秀作品来阅读，在阅读的过程中积累语言文字。

（3）提高讲授方法的有效性。教师要根据不同的教学内容采取不同的表达方式，同时，教师还可以结合图像、音频、视频等工具来辅助教学。根据学生身心发展阶段与年龄特征，用他们能够听明白的语句讲课，这就在学生接受与消化学科知识的过程中减少了许多麻烦。

（4）学习多种表达技巧和方法。教师可以学习和掌握多种表达技巧与方法。例如，教师可以学习演讲技能，如怎样控制语音语调和节奏等；学习社交技能，如何建立良好的教学关系，如何处理不同意见和矛盾等。只有在不断学习和实践中积累丰富的表达技巧和方法，才能在教学中更好地应用。

（5）重视反思和反馈。教师在教学中应该要重视反思和反馈的作用。通过反思，可以总结教学成果、发现不足，通过反馈，可以及时了解学生的意见和建议。这些都可以帮助教师不断提高自身的语言表达能力。

（6）增强语言表达的幽默感。这是教师提高语言表达能力非常有效的一种途径。对学生来讲，教师幽默的讲课风格会比死板沉闷的讲课更容易吸引学生的注意力，也会提高学生学习的积极性。如下为著名特级教师于永正老师执教的《小稻秧脱险记》中的精彩片段。

师："谁能把杂草有气无力的感觉读出来？"

生："完了，我们都喘不过气来了。"（声音大）

师："你没有完。"（学生笑）"要么你的抗毒能力强，要么我的化学除草剂是假冒伪劣产品，我再喷洒一点。"（说完，老师又朝该生身上"嗤嗤"地"喷"了几下。学生大笑。）

生："完了……，我们……都喘不过气来了。"（学生喘着气读。）

由此可见，幽默是一种很好的教育手段。在课堂上适时适度使用幽默能使课堂气氛变得轻松愉快。莎士比亚说过："幽默风趣是智慧的闪现。"怎样才能增强语言表达的幽默感呢？这就需要教师保持情感健康、心境稳定、浓淡适度。幽默不是哗众取宠，更不是轻薄的耍贫嘴,幽默也是一种心态。不要为了幽默而幽默,更不要滥用幽默。真正的幽默是幽默过后能让人受到启发,丰富人的感情。

总之,教师语言表达能力的提高不是一朝一夕能够达到的,它是一个循序渐进、日积月累的过程,需要我们在教学实践中不断地积累才得以提高。

二、教育教学能力

教育教学能力是提高教学质量的保证,主要包括教学设计能力、教学实施能力和学业考核评价能力。教学设计能力是指教师以基本的专业知识和教学技术为基础,根据课程标准或教学大纲的要求,设计适当的年度教学计划、单元教学计划和课时教学计划的能力;教学实施能力是指教师根据教学实际情况而设计的有效实施教学计划的能力和控制教学情况的能力,如综合选择和运用教学方法的能力;学业考核评价能力是指教师能根据国家的教育教学目标,运用恰当的、有效的工具,系统地收集学生学习过程的信息和证据,并对学生的知识和能力水平等进行价值判断的能力。

(一)对教师教学设计能力的要求

1. 正确把握教材,具有驾驭教材的能力

教师要全面熟练地掌握教材内容,挖掘教材有价值的内容,并且明晰内容与内容之间的逻辑关系,并能够将自己所教科目与其他学科内容融会贯通。

2. 明确重难点,聚焦如何落实重点,突破难点

这是教师教学设计的核心部分。教师要掌握教学内容的重难点,将课堂的大部分时间用于学习教学内容的重点和解决难点上,采取恰当高效的教学方法和教学手段,达到教学目标。

3. 设计以学生为主体的教学实施环节和方法

教师要将课堂还给学生,发挥教师的引领和指导作用,充分调动学生学习的积极性和主动性。

4. 板书设计巧妙,重点突出

教师的板书布局要合理,字迹清晰、书写规范,要注意展示本节课的核心内容,同时也要注意体现板书的示范性、形象性、直观性和概括性的特点。

(二)对教师教学实施能力的要求

1. 能根据教学设计有效地实施教学

教师要依据教学设计实施教学活动,保证教学的有效性和合理性。

2. 教学目标要明确,过程要具体

教师首先要明确教学目标,紧紧围绕教学目标的实现,具体有效地开展教学过程。

3. 能根据具体教学情境调整教学活动,促进知识的掌握

教学不是一成不变的,面对多样的教学情景,教师要有灵活应变的能力,适时调整教学设计,提高教学效果。

(三) 对教师学业考核评价能力的要求

1. 能通过提问、活动、学习态度、学习兴趣及作业等对学生进行评价

教师要全面地了解学生,从多个角度对学生进行考核,提高评价的有效性。

2. 能合理命题,对教学效果进行评价

命题要能够充分反映学生的学业质量,能成为评价学生的可靠标准。

3. 善于进行教学反思,及时改进教学方法

充分发挥评价的改进功能,帮助教师改进教学策略,提高教学效果。

(四) 提高教师教育教学能力的方法

1. 提高教师的专业素养

提升教师教学能力的关键在于全面提高教师的专业素养。教师要深入学习教育教学理论,教育学和心理学的理论知识,掌握教育教学的基本原理和方法以及学生的身心发展规律和年龄特征,不断完善和更新自己的知识结构。同时,教师还应加强对教学内容的研究和深化对学科的理解,不断提高自己的学科素养。此外,教师还应积极参加教育培训、学术交流等活动,拓宽自己的视野,提高自己的综合素质。

2. 更新教育教学理念,构建三全育人格局

理念是实践的先导者、设计者与导航者。教师要转变教育观念,将教育新理念落实到教学的全过程,了解学生的需求,准确定位自身教育者角色,不断反思改进自身教育教学行为;学生要正确定位自身学生者角色,从知识的接受者逐步向知识的主动建构者转变,促进自身积极主动学习,从而达到预期的学习成果;教学管理者的角色要由管理向服务转变,通过全体教师、管理人员和服务人员的共同努力,形成全面、全程、全员育人的大环境。

3. 建立专业化的教学诊断队伍

教学诊断是一项要求很高、难度很大、技术性很强的工作,教师个人专业发展需要持续不断地得到专家队伍的诊断与改进服务,学生也需要得到专家队伍提供专业的学习咨询服务。因此,需要建立专业化的专家队伍,他们应具有教育情怀和奉献精神、具有责任意识和团队协作能力等。

4. 优化教育教学策略,提高教师教学技能

教师要积极参与国家和地方政府组织的各种形式的教育培训课程,将理论知识应用于教学实践中,并重视与其他教师相互交流讨论,积极反馈,发现问题、解决问题,不断优化教学活动。

5. 建立课程教学诊断的考核激励制度

为有效地促进教学质量的提升,应当建立课程教学诊断目标管理考核制度,把教学诊断

工作量纳入学校教学工作量和团队及个人的年度目标绩效考核,并将考核结果与团队、个人的绩效奖励挂钩,对在教学诊断工作中表现优异的教师给予奖励,以提高教师的教学积极性。

6. 建立良好的师生关系

教师与学生之间的关系对提升教师的教学能力也起到重要的作用。教师要注重与学生的沟通和互动,尊重学生的个性和需求,为学生提供适当的帮助和指导。只有这样,在实际的课堂教学中,学生与教师才会密切合作,既有利于教师教学活动的顺利展开,也有利于提高学生的学习效果。同时,教师还应树立正确的师德观念,做到言传身教,在一言一行、师德作风上都要成为学生学习和生活的榜样。

三、组织管理能力

教师的组织管理能力是指教师在教学过程中,对教育资源、时间、课程内容、学生行为等方面的有效管理能力,它包括组织教学的能力与组织管理学生集体的能力。教师的组织管理能力直接影响教学效果和教育质量。教育活动和教育对象的复杂性,要求教师具有较强的组织管理能力,以确保教学过程的充分展开和教学活动的顺利进行。教师在教学过程中应当承担组织者和领导者的角色,组织学生参与教学活动,并维持好班级秩序。研究表明,有较强组织管理能力的教师,往往更容易受到学生的尊敬与爱戴,所带领的整个班级的纪律性更强,学习成绩更优异。

一个优秀的教师会从全面关心学生的健康成长的角度出发,采取一切可能有效的措施,充分调动学生的积极性和主动性,并通过严格的制度管理加以监督保障,为确保教育目标的顺利达成提供组织保证。

(一)教师组织管理能力的要求

1. 较强的领导能力

组织管理能力要求教师对自己、学生和教育工作有较强的领导力。教师要有明确的教育目标和强烈的教育动机,能够引导学生不断朝着目标前进,激发学生学习的积极性和主动性。

2. 灵活的应变能力

组织管理能力要求教师对教学过程中的意外情景、学生之间出现的交往问题等有灵活的应变能力。教师要善于发现问题、分析问题并采取恰当的方式有效地解决问题。

3. 良好的沟通能力

组织管理能力要求教师有良好的沟通能力。面对性格不同的学生,教师要运用不同的沟通方法,以便组织学生开展教学活动和其他方面的活动。

(二)教师组织管理能力的制约因素

教师组织管理能力的形成受多种因素的影响,具体分为内在制约因素和外在影响因素。

1. 教师组织管理能力的内在制约因素

教师组织管理能力的内在制约因素主要是指教师个人的成长经历、教师的专业素质和教师的人格魅力。教师的内在因素是教师管理能力的基础,也是教师能否做好组织管理活动的关键所在。

首先是教师个人的成长经历。研究表明,教师个人成长经历对教师组织与管理过程中所采取的决策起着重要作用。D. 瑾·克兰迪宁(D. Jean Clandinin)和迈克尔·康奈利(Michael Connelly)认为:"教师是把自己的成见(在个人经历中已经形成的看法)和对课堂情景的诊断互相结合来构思每一个实用策略的。"弗兰兹·卡夫卡(Franz Kafka)认从教师原先在自己家中受到的管束方式,就可以预测他们将选择什么样的课堂管理策略。可见,教师的个人成长经历和教师的管理能力有着实质性的联系。其次是教师的专业素质。教师的专业素质是教师确立在组织、管理中领导者地位的基础,包括教师的专业知识、社会历史文化知识、教学技能、教学能力以及初步的教育科研能力。教师的专业素质的高低直接影响教师权威的确立,也对教师的组织与管理能力的提高具有重要的影响。最后是教师的人格魅力。教师组织、管理风格的形成在很大程度上也依赖教师的人格魅力。教师的人格魅力包括教师的个性特征,教师自身的品质修养,教师为人处事方面的能力,以及教师对教育事业的情感、态度和兴趣等,这些都对学生产生潜移默化的影响。因此,教师必须要加强自身修养,提升自己的人格魅力,注重课堂管理理念的改变,有意识地培养自己的管理意识和管理能力。

2. 教师组织管理能力的外在影响因素

教师组织管理能力不是一个单纯的教师个体行为,而是与学生的个性特征和需要、学校变化和社会意识形态等方面有机联系的。

(1) 学生的个性特征和需要。每个学生都是与众不同的,无论个性特征还是个人需要方面。因此,教师在组织与管理中应尽可能地照顾到学生的个性差异和生理、心理特征。据研究表明,学生年龄、性别、性格等的不同在导致纪律问题方面存在明显差异。学生的个性特征的差异也导致了学生个人需要的不同,不过大量研究表明,获得教师的关注鼓励和赞许是学生的一种基本需要。

(2) 学校的管理哲学和办学理念。学校文化影响着学校基本的办学理念和发展方向,且对教师的成长发展有很大作用。一个学校的管理哲学和办学理念对教师的组织与管理能力具有内隐性影响,使教师在无意识中形成一种与学校管理哲学和办学理念契合的教学模式,并运用到课堂管理中来。因此,要提高教师的组织管理能力,必须首先要转变学校的管理哲学和办学理念。

(3) 社会意识形态。教师组织、管理能力也受到社会意识形态的影响和制约。社会意识形态主要包括政治和社会方面,教师作为社会中的人,必然要受到社会上流行的观念和意识的影响,同时也受到政治观念和意识的影响。社会意识形态对教师个体的影响必然又制约着教师组织、管理的发展趋向,因此,对教师的管理能力形成一定的潜在制约。

(三) 提高教师的组织管理能力的方法

教师要转变管理观念,通过参与各种教师培训,学习组织管理的技能和方法。教师也要把握学生的心理和生理发展特征,充分考虑学生的需求。新课程改革倡导教师赋予学生学习的自主权,学生自主学习必然带来许多组织和管理上的问题,这势必对教师的组织管理能力提出了更高的要求。我们可以通过以下几个方面来提高教师的组织管理能力。

1. 教师要进行经常性的自我反思,建构自己的组织管理风格

没有反思就没有提高。教师要在教学实践中善于反思自己的教育过程,尤其对遇到的教育难题进行反复的思考和总结,强化课前、课中、课后反思,撰写教学后记、教学案例、教学随笔等,不断提高组织管理能力。

2. 改进学校的组织管理理念

学校是教师个体成长发展的土壤,教师素质的提高在一定的程度上依赖于学校这一独特空间。首先,学校要倡导积极的管理理念,给予教师充分的支持和鼓励,并适当地将权力下放给教师,给教师组织管理留有充分的发挥空间。其次,学校也要组织教师座谈交流会,让教师一起交流探讨各自的组织管理经验,为教师组织管理能力的发展提供良好的平台。

3. 掌握处理教育教学问题的技巧和艺术

教师在处理突发问题时要保持冷静,不要情绪化。每个班级内可能会有一两名调皮捣蛋的孩子,在上课的过程中,如果这样的孩子扰乱了教师的正常教学,会使整个班级都受到干扰。因此,上课处理突发问题时,教师千万不要发脾气,可以采取冷处理的方式,迅速地解决问题,使整个班级氛围快速回到学习的轨道上来。总之,教师在处理教育问题时,要结合具体的问题情况,采取其恰当的方法,以促进学生的发展为根本目的。

4. 营造和谐型的学习氛围

教师和学生在人格上是平等的,教师上课要建立微笑课堂,让学生在轻松的氛围当中学习到知识,而不是在教师的打压下学习。多采取赏识性教育,多激励赞美学生,少批评。在良好的学习环境下,学生学习与自我控制的自觉性会更强,有时无须教师的监督和教导,通过观察周围同学的表现便可以自觉纠正自己的错误行为。

四、自我调控与自我反思能力

教师的自我调控是指教师对自己的教学行为进行调节和监控的过程,包括自我观察、自我判断、自我评价、自我控制和自我反思等方面。教师通过自我调控,能够更好地应对教学中的挑战和压力,提高教学效果和学生的学习效果。教师的自我反思是指教师为了实现达到教学目的,对已经发生或正在发生的教育教学活动以及这些活动所涉及的理论、假设进行反复、深入和自我调节性的思考,并且在思考过程中能够发现问题,并积极寻求多种方法来解决问题的过程。其中,教师的自我反思分为三个阶段,分别是教育教学活动前的反思、教育教学活动中的反思、教育教学活动后的反思。

(一)教师的自我调控与自我反思能力的重要性

教师的自我调控与自我反思能力,一方面,能够帮助教师找到自己的教育价值观,从而提升他们的教育实践;另一方面,能够帮助教师发现教育过程中的问题,不断审视自己的行

为,发现自己的优势和不足,进一步改进教学活动提高教育效果。教师的自我调控和自我反思能力是教师开展有效教学实践的一项非常重要的技能,也是教师可持续发展的重要因素。教师自我调控与自我反思在教师专业发展中具有重要意义,其重要性体现在以下几个方面。

1. 提高教学效果

教师通过自我调控和自我反思,能够更好地把握学生的学习情况和需求,及时调整自己的教学策略和方法,提高教学效果和学生的学习效果。

2. 促进教师专业成长

教师通过自我反思,能够发现自己的不足和问题,明确自己的发展方向和目标,不断完善自己的专业知识和技能,促进自己的专业成长。

3. 提高教学质量

教师通过自我调控和自我反思,能够不断改进自己的教学策略和方法,提高教学质量和水平,为学生提供更好的教育服务。

4. 增强创新能力

教师通过自我反思,能够激发自己的创新思维和创造力,尝试新的教学方法和策略,不断推陈出新,增强自己的创新能力。

5. 帮助建立良好的师生关系

教师通过自我调控和自我反思,能够更好地理解学生的需求和情感,与学生建立良好的关系,增强师生之间的互动和信任。

教师自我调控与自我反思是教师专业发展的重要组成部分,教师应该注重自我调控与自我反思的培养和实践,不断提高自己的教学水平和专业素养。

美国著名心理学家波斯纳曾提出教师成长的公式:成长=经验+反思。我国著名学者叶澜也曾指出:"一个教师写一辈子教案不一定成为名师,一个教师写三年反思有可能成为名师。"众多的理论和实践都证明,反思是促进教师成长的一个决定性因素。

(二)提高教师的自我调控与自我反思能力的方法

1. 学会控制自己的情绪

教师在教学过程中要保持积极稳定的状态和情绪,将快乐和责任传递给学生。因为教师是学生学习的榜样,一个情绪稳定、积极向上的教师会更有利于教学活动的顺利开展。此外,当遇到突发事件和意外情况时,教师要保持冷静,运用理性思维,分析问题出现的原因,采取有效的措施解决问题。

2. 培养教师的自我观察意识与能力

要想提高教师的自我调控与自我反思能力,教师首先应当具备这一方面的意识。教师应该学会在教学过程中进行自我观察和自我评价,了解自己的教学风格和教学方式是否恰当、能否满足学生的发展需要。同时,教师也应该密切关注学生的反馈信息,对自己的教学及时作出调整。

3. 建立教学反思记录

教师可以通过写日记、记录教学过程和教学成果、制订教学计划、制作教学总结等方式来反思自己的教学行为,发现自己的优点和不足,明确自己的发展方向和目标。在反思过程中,教师可以从多个角度思考问题,如学生的反馈、同事的评价等,以便更全面地了解自己的教学情况。建立教学反思记录,有利于教师发现自己的教学问题并及时处理,在后期的教学中不断完善教学方法和教学手段。

4. 建立教师反思机制

学校应该建立健全的教师反思机制,为教师提供反思的平台和机会。学校可以开设教学反思会议,邀请教师们就教学问题进行讨论和交流,从而帮助教师更好地发掘自己的教学潜力和改进自己的教学方法。学校也可以通过同科目教师轮流观摩课堂教学,充分发挥教师的监督作用,提高教师的自我反思能力。

5. 积极参加专业培训和交流活动

教师可以通过参加专业培训和交流活动,通过学习和研究专业的教育理论,了解最新的教育理念和方法,为自我调控和自我反思提供理论支持。同时,积极参与教师培训让教师能够有机会与其他教师分享经验和想法,学习他人的成功经验,从而提高自我调控和自我反思能力。

6. 寻求他人的反馈和建议

教师可以通过寻求他人的反馈和建议,了解自己的优点和不足,并寻找改进的方法。反馈和建议可以来自同事、学生、家长等,以便教师从多个角度了解自己的教学情况,提高自己的教学质量。

五、创新能力

教师的创新能力是指教师在教育教学过程中,根据不同的教育环境、依托具体的教育情景、教育对象及教育规律,进行创造性活动的一种能力。教师的创新能力可以包括接纳新的教学理念、创造新的教学内容、吸取最新教育教学成果,创建新的教学模式等。教师的创新能力是教师综合素质的折射,是对教师较高层次的要求。

(一)教师的创新能力表现

1. 教学理念的创新

教师应勇于突破传统教育理念的束缚,根据大的教育背景,不断更新头脑中的教育观念,将新的教育理念和教育观点融入现有思想中,紧跟教育时代的步伐,让教育走在发展的前列,不断培养学生的创新精神与实践能力。

2. 教学内容的创新

教师需要根据时代的发展和学生的需求,不断更新教学内容,将最新的知识和信息融入教学中,选择更适合学生发展的教学内容,决定教师应该教什么,学生应该学什么,使教学内容更加丰富和有趣。

3. 教学方法的创新

教师需要不断探索新的教学方法,以适应不同学生的需求和挑战。他们需要运用现代教学技术,如数字媒体、在线学习等,也要灵活运用教学方法和教学手段,如小组合作学习、角色扮演、案例分析,提高学生学习的积极性与主动性,培养学生合作学习与自主学习的能力,同时也能够提高教学效果和教学质量。

4. 教学评价的创新

教师需要采用多种评价方式,如诊断性评价、形成性评价、总结性评价等,来全面了解学生的学习情况,全面客观真实地评价学生的学习情况与发展水平,并及时调整教学策略充分发挥评价的诊断、鼓励、促进教学的功能,以提高教学质量。

5. 教学管理的创新

教师需要有效地管理课堂、学生和教学资源,确保教学的顺利进行。他们需要采用科学的管理方法和技术,如目标管理、项目管理等,来提高教学管理的效率。注重培养学生进行自我管理能力,为创造良好的学习环境与班级氛围打好基础。

6. 教学合作的创新

教师需要与其他教师、学生和家长进行有效的合作,共同促进学生的学习和发展。他们需要采用合作的方式,如团队合作、项目合作等,也要以促进学生发展为目标定期交流工作,教师要不断反思和改进自己的教学工作,来提高合作的效果和自己的教育教学水平。

教师的创新能力是提高教学质量、促进学生发展的重要因素,体现在教育教学活动的各个方面。它对于推进教育改革、提升教学质量、促进教师专业发展、培养创新型人才以及增强学校竞争力等方面都具有重要的意义。

(二)教师的创新能力的重要性

1. 推进教育改革

教师是教育改革的重要力量,只有具备创新能力的教师才能突破传统教育观念和模式的束缚,探索出适应时代发展的新的教育理念和教育模式,推动教育改革的深入发展。

2. 提升教学质量

教师的创新能力有助于其设计出更加科学、合理、有效的教学方案和教学方法,提高教学效果,同时激发学生的学习兴趣和积极性,培养学生的创新精神和实践能力,提升教学质量。

3. 促进教师专业发展

教师的创新能力有助于其不断反思和改进自己的教学工作,发现和解决教学中存在的问题,提高教学水平和专业素养,促进自身的专业发展。

4. 培养创新型人才

教师的创新能力有助于其关注学生的个性差异和全面发展,培养学生的自主学习和合作学习能力,激发学生的创造力和想象力,培养出更多的创新型人才,为国家和民族的未来发展作出贡献。

5. 提高学校竞争力

教师的创新能力有助于其所在的学校在教育竞争中获得更多的优势和资源，提高学校的整体实力和竞争力。

（三）提高教师创新能力的途径

1. 更新教育观念

教师需要不断学习和更新教育观念，改变传统的教育观念，树立新的教学观、教师观和师生观。教师要改变仅凭学生的学习成绩来判定一个学生好坏的标准，成绩仅仅是学生学习好坏的一个方面。另外，教师要在意识上树立教师与学生在地位上是平等的，应当相互尊重、友好相处。教师与学生之间可以是师徒关系，更可以是朋友关系。要想转变教育观念，教师必须要了解最新的教育理论和实践成果，树立创新意识和以学生为本的理念，关注学生的全面发展。

2. 参加专业培训

教师需要积极参加各种专业培训，包括课程设计、教学方法、教育技术等方面的培训，教师培训不要流于形式主义，应切实符合教师的要求。教师培训应形成有利于培养创新思维、创新能力的培训模式，或专题教学，或网络研修，或菜单式授课，或老教师传帮带、听观摩课，或现场示范、读书研讨等不同形式，要促进培训形式的多样化，从而起到提高教师专业素养和教育技能的重要作用。

3. 探索教学方法

教师需要不断探索新的教学方法和手段，尝试各种不同的教学方式，如启发式教学、案例教学、项目式教学等，学会运用智慧黑板等电子设备。教师在教学过程中应该根据教学内容，将恰当的教学方法整合起来，综合地运用到教学实践中，以便提高教学效果和学生的学习体验。

4. 反思教学实践

教师需要对自己的教学实践进行反思和总结，包括对教学目标、教学内容、教学方法、教学过程、教学评价、教育对象、教学设计以及教师自身进行反思，发现教学中存在的问题和不足之处，寻求改进的方法和策略，不断优化教学过程。

5. 开展教学研究

教师需要积极参与教学研究活动，勇于发表自己的观点，主动学习借鉴他人的进步观点，探索教育教学的新理论和新实践，通过教学研究促进自身的专业发展和教学水平的提升。

6. 交流与合作

教师需要与其他教师、学生和家长进行交流与合作，分享教学经验和教学资源，共同促进学生的学习和发展。通过合作可以互相学习、互相启发，共同提高创新能力。

7. 激发创新思维

教师需要注重激发学生的创新思维和创造力，培养学生的自主学习和合作学习能力，引导学生发现问题、分析问题和解决问题。通过激发学生的创新思维可以促进教师的创新能力发展。

8. 提高教师素质

教师要有具有爱岗敬业、不断钻研的职业精神和职业道德。教师只有爱岗敬业,才能够全身心地投入到教育工作中来,才能把创新型人才的培养贯穿于自己的实际工作中。只有不断钻研,提高自身的专业素养和技能,才能以自身的创新意识、创新思维以及创新能力去感染、带动学生创新能力的形成和发展,营造以学生为中心的生动活泼的学习局面。

9. 深化学校管理体制改革

深化学校管理体制改革,实行科学管理,构建合理的教学评估体系,这是鼓励教师创新、实施素质教育的动力机制。学校应完善各部门的职责和权力,形成科学的决策和管理机制;应根据发展需求合理配置师资、经费、设备等资源,确保教育教学工作的顺利展开;应推进绩效管理,建立科学的绩效评价体系;应强化师资队伍建设,加强教师培训和激励机制,提高教师的教学水平等。

课后练习

1. 请将本章中的重要内容列举出来。
2. 什么是本体性知识?
3. 教师的本体性知识应涵盖哪些内容?
4. 什么是条件性知识?
5. 什么是实践性知识?
6. 实践性知识具有哪些特点?
7. 什么是教师的创新能力?

第十二章

我国教师专业发展的趋势

第一节 教师教育多元化的发展趋势

世界教师教育模式的发展,正朝着从定向走向非定向、从封闭走向开放、从单一走向多元化的方向前进。教师教育模式转型的主要目的是提高师资质量。从世界教师教育的发展情况来看,先前建立的师范教育体制从总体上说要求是比较低的,最早的师范学校,只要学生初中毕业,经过短则几周、长则两年的培训就可以成为小学教师。第二次世界大战后,科学技术有了迅速的发展,西方很多国家的中小学教育得到了普及,对教师的要求自然提高,由关注教师数量转而关注教师质量,高等师范学院也不能满足新的要求,师范院校开始向综合大学或文理学院转变。同时,师范教育由封闭型转向开放型,教师的培养从原来由师范院校定向培养转向由综合大学或文理学院非定向性培养。当前,多元社会要求教师的来源多元化,并不是只有学习教育的学生才能执教,学习任何专业的人经过法定的程序都可以成为教师。这样,教师教育模式从单一化走向了多元化。

教师培训是推动课程改革的有力保证。新课程改革将出现多元化的课程体系,特别是主题性课程、综合性课程、研究型课程的出现等,使得教师培训和培养模式的转变成为课程改革的必然要求。面对新课程改革的教师培训,必须打破传统的划一型、封闭型、理论型和终结性培养模式,开放培养体系,实现教师培养模式的多元化。把师范教育的定向培育与非定向培育、院校培训、校本培训、远程网络培训及研训结合培训与"自修—反思"训练模式有机结合起来。"院校培训"是中学教师继续教育的培训主体和培训业务管理主体;"校本培训"是最为有效的,其内容是各个学校根据各自情况,自主设计培训内容,自行开发符合本校实际的教材进行培训;"远程网培训"是凭借信息技术特别是全球计算机网络和多媒体技术进行的培训;"研训结合"是把教育科研与培训一体化,以科研活动来促进教师素质提高的培训方式;"自修—反思"模式是教师自修教程,在专家及培训者的指导下,根据自己实际制定的目标,对自己已往的教育教学行为进行深刻反思,用教育和科研的方式主动地获取知识、应用知识、解决实际问题,提高受训者的自我觉察水平,从而促进能力发展的一种培训模式。实践证明,把院校培训、校本培训、远程网络培训及研训结合培训与"自修—反思"培训等多种模式结合起来是提高中小学教师素质的最佳途径。促进教师教育多元化发展,可以从以下几个方面进行。

一、信息技术的应用

信息化技术为教师专业发展和改革提供了有利的条件,为教师职前职后培养插上了腾飞的翅膀,为教师建立终身学习档案、构建终身学习体系提供了可能。新加坡在 1997—2002 年实施了历史上第一个教育信息化总体设计规划,大约 24000 名教师接受了 30~50 个学时的强制在职培训;2003—2008 年实施了第二个总规划,在这一阶段,促进了教师普遍深入地使用信息技术让学生参与到学习中来,并通过信息技术的支持使学生创造新的知识并成为终身学习者。法国教育部在 1998 年制定了三年信息化发展方案,重点放在教育信息化大发展对相应信息教育师资的培训上。我国国务院办公厅在 2006 年印发的《2006—2020 国家信息化发展战略》中也指出,"加快教育科研信息化步伐,必须实现优质教育资源共享,促进教育均衡化"。

信息化技术为教师专业发展和改革提供了巨大的机遇。它不仅改变了教师的学习方式,还提高了教师的教育教学水平。教师可以通过互联网获取大量的教育资源,并利用这些资源进行教学设计、课程开发和在线教育等。同时,信息化技术也促进了教师之间的交流与合作,使教师能够更好地分享经验和资源,共同提高教育教学水平。

在教师职前培养阶段,信息化技术的作用更是不可忽视。它打破了地域限制,使不同地区的教师能够共享优质的教育资源。例如,慕课、翻转课堂和微格教学等现代化信息手段的应用,为未来教师的培养提供了更加广阔的舞台。这些手段不仅使课程更加生动有趣,还提高了学生的学习效果和课堂参与度。

在职后培养阶段,远程教育成为一种重要的教师培训形式。它可以通过各种教育形式实现全员大规模的教师培训,进一步缩短了学历教育与非学历教育、综合性大学与师范院校之间的距离。这为教师的专业发展提供了更加便捷和高效的方式,使教师能够随时随地进行学习和提高。

在教师专业化进程中加大信息化培训也是促进教师专业发展的重要手段。通过信息化培训,教师可以掌握更多的信息技术和工具,并将其应用于教育教学实践中。这不仅可以提高教师的教学效果,还可以促进教师的创新能力和终身学习意识。信息化技术为教师专业发展和改革提供了有利的条件和机遇。我们应该充分利用这些条件和机遇,加强教师的信息化培训和实践,促进教师的专业发展和教育教学水平的提高。

二、教师教育资源的整合和改革

教师专业知识的获取与教师职前的学习有着密切的联系。大学的课程质量对教师教育质量具有决定性的影响。在全球范围内,教师资格认证体系正在经历着不断的改革和完善,这使得教师教育的研究逐渐成为学者们关注的焦点。许多教师教育研究机构相继成立,致力于深入研究教师应具备的基本知识和技能,以确保职前培养与职后培训之间的有效衔接。

自 20 世纪 80 年代以来,教师教育课程发生了巨大的变化。不同国家的教师教育课程在广度和深度上呈现出多样性,甚至在同一个国家内,不同地区的课程也存在差异。这种多样性反映了各国教育体系和教师职业发展需求的多样性。

许多国家开始转变对教师专业知识的强调,转而加强教师在教育学、心理学等领域的知识准备。这种转变强调了教师在入职前进行实践锻炼的重要性。实践锻炼被纳入教师培养方案,并成为获取教师资格证的必要条件。实践锻炼不仅有助于增强教师的教育教学能力,还有助于教师更好地适应实际工作环境,提升解决实际问题的能力。此外,教师教育的研究也日益重视与实际教学情境的结合。学者们开始关注教师在实际教学中的需求和挑战,并尝试通过研究来提供有效的解决方案。这种以问题为导向的研究方法有助于推动教师教育理论和实践的紧密结合,为教师的专业发展提供更有力的支持。

总之,教师专业知识的获取是一个持续的过程,它不仅依赖教师在大学阶段的学习,还涉及职前和职后的实践锻炼及持续的专业发展。在全球范围内,教师教育的研究和实践正在不断发展和深化,以更好地满足教师职业发展的需求,推动教师的专业化进程。

三、提供精致化的有效培训

(一)教师培训必须遵循教师成长的规律,要因材施教

目前,职业教育教师的培训大多集中在学历的提高上,也就是重视学历不合格教师的培训,而忽视学历合格教师的培训,目标比较单一。有效的教师培训应是使所有教师都能在原有的知识、能力以及综合素质基础上有进一步的提高。教师在每一发展阶段上的已有水平同客观要求之间的矛盾是教师不断发展的动力,他们所面临的问题使教师的需求、关注点不断产生新变化。例如,处于适应期的新教师最关注的是熟悉钻研教材和新环境、新岗位的适应问题;处于发展期的教师最关心的是思考自己的教学与其他教师的不同,尝试总结经验,形成风格;处于创造期的教师更加关注如何根据学生特点进行灵活有效的教学。所以要分层次对不同发展阶段的新老教师进行培训,要根据教师发展的连续性与阶段性特征,来规划教师教育,以便能够给予教师适时适当的援助,创造适当的"生态环境"支持教师走出困境。

对于培训形式,传统模式存在重理论、轻实践的问题。当前职业教育教师培训应该注重实践,采用"案例教学""情境教学""做中学"等培训形式,让教师在实践中学习、反思、总结和提高。此外,还应该充分利用信息技术手段,开展远程教育和在线学习,方便教师随时随地接受培训。在培训内容上,应该根据职业教育的特点,注重教师实践技能的培养和提高,加强校企合作,让教师深入企业了解行业发展和实际需求,提高教师的实践能力和应用能力。同时,还应该注重教师师德的培养和提高,将师德教育贯穿于教师培训的始终,培养教师的职业素养和责任意识。总之,有效的教师培训应该注重实践、形式多样、内容丰富,以提升教师的整体素质和应用能力为核心目标,不断创新培训的方式方法,建立完善的教师培训体系。

(二)要实施人性化的教师培训

教师在参加培训过程中,是各种培训活动的参与者,但实际上从培训内容到培训形式,培训者都忽视了教师的主体性。培训中要把教师作为培训的主体来对待,形式上尽量生动活泼,改变其处于被动地位的状态,使其主动地参与进来,否则培训直接的损耗可能表现为教师"奉命"学习或"被迫"学习所引起的积极性低下、形式化和追求功利性等,不仅占用了教师大量的时间,而且影响了教师继续教育的效果。

要实施人性化的教师培训,首先需要改变传统的培训观念,尊重教师的主体性。在培训过程中,教师应被视为合作伙伴,而非仅仅是参与者。培训者需要关注教师的实际需求,了解他们在教学中所面临的挑战,以及他们所期望的培训内容和形式。为了使培训更生动有趣,培训者可以采用多样化的形式,如小组讨论、案例分析、角色扮演等,让教师在互动中学习和思考。这样的培训方式不仅能够激发教师的积极性,还能促进他们之间的交流与合作。此外,培训者还需要关注教师的学习过程,提供及时反馈和指导。对于教师在学习中遇到的问题和困难,培训者应给予耐心解答和帮助,使教师能够更好地理解和掌握所学内容。

人性化的教师培训还需要关注教师的个人发展需求。每个教师都有自己的特点和优势,也有需要提升的方面。培训者应该鼓励教师发挥自己的特长,同时针对他们的不足提供有针对性的指导和建议。通过多样化的培训形式和及时的反馈与指导,激发教师的积极性,提高他们的学习效果和专业素养。这样的培训方式不仅能够促进教师的个人成长,还能为学校的教育教学工作带来积极的影响。

(三)要考虑职业教育教师的来源渠道

目前,我国从事职业教育的教师来源广泛,既有高等院校分配的毕业生,也有从相关单位调入的教师,甚至还有直接从企业单位请来的专家。这些教师的来源不同,他们的优势各异,也各有其薄弱的方面。

首先,对于从师范院校毕业,拥有教育理论学习和教育活动研究能力的教师,他们在教学理论上有着扎实的基础,却缺乏实际工作经验,因此在实践操作和技术应用方面可能会存在一定的困难。为了提高他们的实践能力,应该与管理水平高、技术水平先进的企业建立合作关系,派这些教师进入企业挂职学习和锻炼。这样不仅能够让他们深入了解企业的实际运作,提高他们的实践能力,还能为企业的日常运营和管理提供专业的建议和指导。

其次,对于从企业事业单位调入或高职院校毕业的教师,他们通常具有较强的实践经验和专业技能,却缺乏教育基本理论的培训和学习。因此,应该为这些教师提供教育基本理论的培训和学习机会,帮助他们更好地理解教育理念和方法,提高他们的教学水平和能力。

此外,为了进一步优化职业教育教师的队伍结构,我们还可以通过多种渠道引进优秀的教师资源。例如,通过招聘、选拔和培养等方式,吸引更多的具有专业技能和教育热情的优秀人才加入到职业教育教师的队伍中。同时,可以加强与企业、行业协会和其他相关机构的合作,共同培养符合市场需求的高素质职业教育教师。为提升我国职业教育的质量,需要关注教师队伍的建设和优化。通过拓宽教师的来源渠道、提高教师的专业素质和实践能力、引进优秀的教师资源等措施,可以打造出一支高素质、专业化的职业教育教师队伍,为我国职业教育的持续发展提供有力的人才保障。

四、通过学习型组织促进职业教育教师的专业化发展

学习型组织概括地说,是通过培养弥漫于整个组织的学习气氛,充分发挥员工的创造性思维能力而建立起来的一种有机的、高度柔性的、扁平化的、符合人性的、能持续发展的组

织。学习型组织的基本单位是众多会学习的团体,就学校来说,有学校、教研组、年级组三种基本的学习型组织,教研组和年级组是处于同一等级的组织,学校属于上一级的学习型组织。学习型组织具有持续学习的能力,具有高于平均个人绩效的综合绩效,是促使组织内人员提升学习能力的最大利益组织。学习型组织能促使教师有效地进行沟通和交流,即以分享为目的的教学交流。各教研组和年级组可定期举行研讨会,不仅是同一学科或专业的学习,不同学科或专业也存在学习的可能。教师在一种合作的文化氛围中,可就个体的生活史进行叙述,成为团体分享、交流和学习的过程,开放性的对话和讨论会使每位教师的思想得到启迪,教学行为得到改善,同事的思想和良好的建议成为自己专业发展的重要资源,帮助教师达成个人的、社会的和专业的三方面发展。

在学习型组织中,教师们通过不断地学习和交流,不断提升自己的专业素养和教学水平。他们不仅关注学科知识的学习,更注重教育理念、教学方法和学生学习方法的更新。在分享和交流的过程中,教师们不仅分享自己的教学经验和成果,也倾听他人的经验和见解,从而不断拓宽自己的视野和思路。

学习型组织的建设需要全体成员的共同努力和参与。学校领导要为教师提供学习和交流的机会,鼓励教师积极参与,同时也要注重培养教师的自主学习和创新能力。教师们要主动参与学习和交流活动,积极分享自己的经验和见解,同时也要虚心学习和借鉴他人的优点和长处。学习型组织的建设是一个长期的过程,需要不断地进行自我评估和改进。学校领导和教师们要定期对组织的学习情况进行评估,发现存在的问题和不足,制定改进措施,推动组织不断向前发展。同时,学校也要注重与其他学校的交流和学习,借鉴他人的成功经验,推动自身的发展。

学习型组织是一个具有高度创新性和灵活性的组织,能够适应时代的变化和教育改革的要求。通过不断地学习和交流,教师们能够更好地理解教育的本质和规律,更好地适应教育改革的要求,为学生的成长和发展做出更大的贡献。

五、通过批判性教学反思形成教师个人实践理论

教师的个人理论是教师经由个人实践而形成的知识与理论,是教师对于教育、教学,以及教师专业的一整套的观点、价值、理解、假设等,呈现出内隐和实践性强等特征。要真正促进教师的专业发展,就要树立"实践科学"的转向,重视教育实践在教师自主发展中的特殊地位与作用,特别是要关注教师在教育实践中个人理论的形成。职业教育本身是一种实践性很强的教育,教师个人的实践理论应在教师的专业发展中具有更为重要的作用。但现实是职业教育的教师培训往往将培训内容局限在公共知识方面,缺乏对教师个人实践理论的重视,而且让教师用这种公共的知识指导其个人化的教育实践活动,这种现象导致培训内容难以使教师形成丰富的个人理论,并在实际的教学中造成理论与实践的脱节。

为了解决这个问题,我们需要重新审视教师培训的内容和方式。首先,我们应该更加关注教师的个人实践理论,将其纳入培训内容中。通过引导教师反思自己的教学实践,发现并提炼出个人理论,从而丰富教师的知识体系。其次,我们需要改变传统的培训方式。应该采用案例教学、实践观摩、小组讨论等更加灵活多样的方式,让教师在实践中学习和反思。这

种方式能够帮助教师更好地将理论知识与实践相结合，提高教师的教学水平和个人理论水平。最后，我们应该建立有效的教师专业发展评价体系。这个体系应该关注教师的个人实践理论的形成和发展，将其作为评价教师专业发展的重要指标。通过合理的评价机制，激励教师不断追求专业发展，从而提高教学质量和效果。

要真正促进教师的专业发展，我们需要树立"实践科学"的转向，重视教育实践在教师自主发展中的特殊地位与作用。同时，需要改变传统观念和培训方式，关注教师的个人实践理论的形成和发展。只有这样，才能使教师在实际教学中更好地将理论与实践相结合，提高教学效果和教育质量。

教师的个人实践理论要通过教师的教学反思来形成。已有的研究表明，教师个人实践理论既是接收外界信息的过滤器，又是决定教师行为的核心因素，而且随着教育教学实践经验的积累和丰富，教师对公共知识的依赖性在不断减少，而对通过自己的教学反思所形成的个人实践理论的依赖越来越强。专业理论要经过教师个人实践理论的过滤才能被接受，教师的计划、决策和行为也都直接受其影响。教育理论的传授、师徒制的开展如果不能促进教师自身个人实践理论的更新，就不会对教育实践产生实际的效果。真正对教育实践起作用的是教师的个人实践理论。教师要不断地反思自己的知识系统、信念系统、行为系统，以转变不正确的信念和知识，修正不合理行为，从而使教师更多的处于理性自我控制之下，摆脱外在无形有形的束缚，使教师的专业成长始终保持一种动态、开放、持续发展的状态。

总之，教师的个人实践理论是教师专业发展的重要基础。它不仅影响着教师的教学行为，也决定着教师的教育观念和思维方式。只有通过不断的教学反思，教师才能形成自己的个人实践理论，并在实践中不断完善和更新。只有这样，教师才能真正成为教育的实践者和创新者，为学生的成长和发展做出更大的贡献。

第二节　教师素质综合化的发展趋势

世纪之交，知识经济悄然而至。面对一个高科技、快节奏和强竞争的新时代，新知识剧增，专业领域不断扩大，教育只有进行与之匹配甚至是超前性的改革创新，才能满足知识新时代的需要。而教育要与时代合拍并具有前瞻性，关键是要培养一批高素质的教师。新的时代赋予教师新的任务，同时也对教师的素质提出了新的要求——素质的综合化。终身学习已成为开启 21 世纪大门的钥匙，教师作为人力资源的开发者，应努力提高自身的综合素质，以适应未来社会的需要。

在知识经济的浪潮中，教师们不再仅仅是知识的传递者，更是引领学生探索未知世界的引路人。他们需要具备创新思维，能够引导学生独立思考，培养他们的创新能力和实践能力。同时，教师还需要具备良好的信息素养，掌握现代信息技术，将信息技术与教育教学深度融合,提高教学效果。此外,教师还需要具备跨学科的知识和技能,以应对专业领域不断扩大的挑战。他们需要关注学科前沿动态,不断更新自己的知识体系,同时还要关注社会热点问题,引导学生关注现实生活,培养他们的社会责任感和公民意识。

在新的时代背景下,教师还需要注重学生的个性化发展,关注学生的心理健康和成长需求。他们需要与学生建立良好的师生关系,关注学生的情感体验,促进学生的全面发展。新的时代对教师提出了更高的要求和挑战,教师们需要不断学习、不断进步,提高自身的综合素质,以适应知识经济时代的需要,为培养新时代的优秀人才贡献自己的力量。

一、教育观念的更新

教育观念问题常常被视为是教育领导者或教育理论研究者所关注的领域,似乎与具体某一门专业课程的任课教师并无直接关联。实则不然,在迈向现代化的进程中,每一个教师和教育工作者都面临着建立正确、健康的教育观念的问题。

教育的三个面向,即面向高技术产业化、面向高科技为先导的经济竞争世界、面向知识经济的未来,揭示了教育在跨世纪发展中的内涵。这不仅要求教师具备扎实的专业知识,更要求他们拥有与时代同步的教育观念。创新作为知识经济和素质教育的内在本质,是二者共同的核心。在未来的教育中,教师需要摒弃以知识传授为本位的传统教育观念,树立创新教育意识。这是因为知识经济对教育产生了深远的影响,波及教育思想、教育内容、教育方法乃至教学模式等各个方面。

具体而言,创新教育意识要求教师在教学过程中注重培养学生的创新思维和创新能力。这意味着教学方法需要从传统的单向传授转变为启发式、探究式的教学,引导学生主动思考、发现问题并寻求解决方案。此外,教学内容也需要与时俱进,紧密结合科技发展和社会需求,为学生提供具有前瞻性和实用性的知识。

为了实现这一转变,教师需要不断更新自身的知识结构,提高自身的综合素质。他们不仅需要掌握本专业的最新动态,还需要对科技、经济、文化等多个领域保持敏锐的洞察力。只有这样,教师才能真正发挥其在教育中的关键作用,培养出既具备扎实知识基础又富有创新精神的新一代人才。教育观念问题并非只是教育领导者或理论研究者所关注的问题,而是每一位教师和教育工作者在现代化进程中必须面对和思考的问题。只有树立正确的教育观念,跟上时代的步伐,教育才能真正发挥其在培养人才、推动社会进步中的重要作用。

二、专业知识的追踪和延伸

在当今这个知识爆炸的时代,知识陈旧率快速上升,对教师而言,持续学习已经成为不可或缺的一部分。研究表明,在师范院校学习的学生,只能在学校获得他一生担任教师所需知识的20%,其余的80%左右的知识则需要在工作岗位上通过不断进行继续教育来获取。

面对这样的时代背景,教师需要具备一种适应时代发展的自我更新的意识。他们需要始终保持对自己所学专业的追踪,了解和掌握本学科的发展变化、最新科研成果以及知识发展和更新情况。这种追踪意识不仅能够帮助教师不断更新自己的知识体系,还能够帮助他们及时发现并解决自身存在的问题,提升自身的教学水平和专业素养。为了实现这一目标,教师需要积极地进行继续教育,参加各种专业培训和学习活动。这些活动可以帮助教师获取最新的教育理念和教学方法,提高他们的教学水平和专业素养。同时,教师还需要注重自我学习,养成一种良好的学习习惯,不断地追求新知、充实自己。只有这样,教师才能跟上时代的步伐,更好地为学生传授知识和技能。

三、相关学科知识的拓展

现代科学技术的发展,客观上对教师提出了更高的素质要求。许多调查表明,求知欲望强烈的青少年学生对那些只懂得一些专业知识而对一般的自然科学和社会科学知识一无所知的教师往往感到非常失望。另外,随着现代科学技术日新月异的发展,当今科技发展的前沿如计算机技术、生物技术、新材料技术、激光技术等都应当进入今天教师的知识范围,成为步入21世纪的教师知识结构中的组成部分。因此,教师要不断学习,努力拓宽自己的知识面,不断更新、充实自己的知识结构,以适应知识经济的要求,为培养人才的创造性思维和创新能力,打下坚实的知识基础。

首先,教师应该具备广博的基础知识,不仅要对本专业有深入的理解,还需要了解相关的自然科学和社会科学知识。例如,一名数学老师除了要精通数学理论之外,还需要对物理、化学、生物等学科有所涉猎,以便更好地理解数学在这些学科中的应用。同时,教师还需要了解一些经济学、心理学、历史学等方面的知识,以帮助学生更好地理解社会和世界。其次,教师还应该具备一些现代科技知识,如计算机技术、生物技术、新材料技术等。这些技术在现代社会中应用广泛,掌握这些技术可以帮助教师更好地理解现代科技的发展趋势和影响。同时,教师也可以将这些技术应用到教学中,提高教学效果和学生的学习兴趣。最后,教师还应该具备创新能力和创新思维。在知识经济时代,创新是推动社会发展的重要动力。因此,教师需要不断探索新的教学方法和教学模式,以培养学生的创新思维和创新能力。同时,教师还需要关注新兴领域和技术的发展,不断探索新的学科领域和研究课题,以推动学科的发展和进步。

总之,随着现代科学技术的发展,对教师的素质要求也在不断提高。教师需要不断更新自己的知识结构,拓宽自己的知识面,以适应知识经济的要求和学生的需求。只有这样,教师才能更好地履行自己的职责,培养出更多具有创新思维和创新能力的人才。

四、计算机和外语应用能力的提高

在现代社会生活中,计算机与外语成为人们生活中不可缺少的两项工具。今天的学校培养出来的学生,如果没有很好地掌握这两项工具,将很难在社会上立足和生存。同样,一个不懂得计算机和外语的教师在今后的教育工作岗位上也难以胜任自己的本职工作。此外,随着现代教育技术的广泛运用,教学手段的不断更新,多媒体技术在教育教学过程中正日益显示出其他教学媒体所无法替代的优越性,并成为当今教学手段改革的主旋律。最后,教师必须在用字上狠下功夫,不断追随现代教育技术发展的步伐,以达到熟练掌握和灵活运用的程度。

在科学信息技术喷井式发展的时代,计算机与外语的重要性愈发凸显。它们不仅是通往更广阔世界的钥匙,更是提升个人竞争力的重要工具。无论是学生还是教师,对于这两项技能的需求都是不可或缺的。对教师而言,计算机和外语是必不可少的工具。在教育工作中,计算机可以帮助教师高效地处理事务、制作生动的课件,从而提升教学质量;掌握外语则可以让教师接触到更广阔的知识领域,学习国际先进的教育理念,从而更好地指导学生。

随着现代教育技术的飞速发展,教学手段也在不断地更新。多媒体技术已经成为当今教学的主流方式,它能够通过声音、图像、视频等多种方式,生动形象地展示教学内容,激发学生的学习兴趣。因此,教师必须紧跟现代教育技术的发展步伐,不断提升自己的技能水平。在用字方面,教师也需要下足功夫。文字是教育的基础,无论是教案的编写、课件的制作,还是课堂的教学,都需要教师具备扎实的文字功底。同时,随着在线教育的兴起,教师还需要掌握数字媒体的基本操作技能,如PPT的制作、视频的剪辑等。计算机与外语、现代教育技术以及扎实的文字功底,这些都是现代教师必须具备的素质。只有不断提升自己,才能更好地适应时代的发展,更好地服务于教育事业。

五、教育理论和教育实践的结合

师范教育中教育理论和教育实践相脱离,使师范生在课堂上不能很好地维持课堂秩序,对课堂含义和学生状况缺乏足够的了解。造成这种情况的主要原因是学生所学教育类课程门类较少,教育理论陈旧且落后,大多只是一些抽象的原则、指令和各种规范,而非系统的教育理论知识。从我国师范院校目前的实际情况看,学生参与教育实践的机会很少,仅限于可有可无的教育见习和毕业前的实习。教育实习时间短,仅一个月左右,且普遍不受重视,部分学校甚至对实习生采取"放逐"政策,实习生自己联系实习单位,自己组织实习活动,最终只需把一纸实习鉴定交回学校即可。教育实习流于形式,再加上多集中于毕业前的半年时间里,学生体会到"书到用时方恨少"的含义,想再回头学习也"为时晚矣"。教育实习应有的作用得不到发挥,不能有效地提高未来教师的教学实践能力。因此,目前的教育见习和实习的形式必须彻底改革。

江西师范大学试行的"新农村建设支教实习工程"就是一个很好的尝试。让三四年级的学生到农村中学支教一个学期,不仅能加强他们的实践锻炼,同时也能缓解农村中学师资不足的问题。这种实习模式能让学生更深入地了解农村的教育状况,从而培养出更多能够适应不同教学环境、具有创新精神和实践能力的教师。除此之外,加强师范院校和中小学校的合作伙伴关系也是解决师范生实习问题和提高在职教师专业发展的重要途径。通过建立长期稳定的合作关系,师范院校可以更好地了解中小学教育的实际需求,从而调整和优化课程设置和教育实践内容。同时,中小学也可以通过与师范院校的合作,提高教师的专业素养,促进教师的专业发展。

总之,解决师范生课堂管理问题,需要从多个方面入手。除了加强教育理论和教育实践的结合,还需要提供更多的实践机会,以及加强师范院校和中小学校的合作关系。只有这样,才能真正提高师范生的教学实践能力,培养出更多优秀的教师,为我国的教育事业作出更大的贡献。

六、培养职前和在职教师的反思意识和行动研究能力,加强教师的自主性

反思是指教师以自己的教学过程为思考对象,对自己的教学行为、教学结果审视和分析,从而改进自己的教学实践并使教学实践更具合理性的过程。它是一种自我批判性的态度和方法,反思的过程是教师的自我纠错、自我教育的过程,对于促进教师的成长具有重要意义。行动研究是一种可以形成原理和理论的应用研究,它是以行动为导向的,也是专业发展的一种形式。反思和行动研究二者结合,实践和发展就不再是分离的了。要重视教师的反思性判断力的培养,突出"反思性实践者"的角色,发现和解决教育中的相关问题,改变教师形象,突出专业化特色。应当强调的是,要把教师的专业发展扎根于自己的实践当中,无论是职前培养时期,还是在职培训时期,都应当在教育实践中进行,与学校日常生活联系在一起,与身边的教学、学生的变化联系在一起。教师成为"研究者",可以提高教师的自身素质和教育质量,沟通理论和实践。因此,有意识地培养师范生和在职教师的反思意识和行动研究能力有利于促进教师形成一种持续的自我发展能力。

第三节 教师教育终身化与专业化的自主的发展趋势

一、教师教育终身化的发展趋势

终身教育的产生主要是由于社会迅速变迁、科学技术的蓬勃发展,使得教师个人必须不断地充实和完善自我,构建和更新知识,才能适应现代社会的各种需求。教师职业本身的复杂多变性要求教师不断地学习以提高其专业水准,一次性的教育已经难以满足这种要求,教师教育必然走向终身教育。教师教育的终身化要求建立各级教师的终身教育体系,加强教师的职后教育,并通过教师资格证书制度把教师的终身学习和专业发展联系起来。许多国

家都非常重视中小学教师的继续教育,有的拨专款设立教师培训中心和中小学教师进修基金,有的采取有效的激励机制促使中小学教师不断接受再教育。如美国威斯康星州规定教师资格证书必须每五年更换一次,更换证书时不仅要考核平时的教学工作成绩,还要看五年内的进修情况,提高证书等级也必须通过各种途径进修以取得学分来完成。教师的专业发展是终身性的,教师教育也必须是终身化的。

20世纪50年代以前,各国的教师教育均指的是教师的职前培养。然而,教师的专业成长是一个漫长的过程,一个教师从作为师范生的准教师到新任教师,再到熟练教师,直至成长为一个专家型教师,职前教育只是其成长历程的一个开始。教师更需要在工作之中通过不断地学习、磨炼、积累经验,才能不断走向成熟。因此,这就需要在教师走向工作岗位之后仍能不断地为其提供各种各样的学习机会以促进其成长。于是,20世纪60年代的欧美开始出现"教师教育"这一概念,它不仅包括教师的职前培养,还包括教师继续教育(有时也称为职后教育或在职培训)。教师教育取代师范教育成为人们对师资培养工作的总称,其背后的认识转换表明人们认识到了师范教育的局限和不足,"师范教育"只是"教师教育"的一部分内容,不能涵盖教师教育的全部,不能包含在职进修、校本教师教育等内容。"教师教育"则是一个系统的"大观念",即把教师的培养、进修和提高看作职前教育和在职教育的一体化或系统化工程,把教师的培养、任用、进修三个阶段连续化,成为一个统一体,这更有利于教师的成长。

现代教育在不断的追求进步和发展,改革和发展必然成为它的发展趋势,教师专业发展作为现代教育的组成部分,也必将在改革中发展,在发展中改革。1965年,联合国教科文组织正式采纳了终身教育,终身教育理念在国际上产生了广泛的影响。1972年,联合国教科文组织发展委员会又出版了《学会生存》,从此终身教育成为改革学校教育和教师教育的基本指导理论。20世纪80年代以后,世界教师专业化发展研究已经从关注"教师应当具有什么样的素质"之类的规范性问题转向"教师是如何发展"之类的生成性问题,教师专业发展已然成为学校发展和教育改革发展的关键因素。

随着终身教育理念的深入人心,现代教育对教师专业发展的要求也越来越高。教师不仅要具备扎实的学科知识,还要具备教育教学的技能和素养,能够有效地培养学生的创新精神和实践能力。因此,教师专业发展在学校发展和教育改革中的地位越来越重要。为了适应现代教育的发展趋势,各国政府和教育机构纷纷采取措施促进教师专业发展。例如,建立教师专业发展机构,提供专业发展课程和培训项目,鼓励教师参与学术研究和实践探索,建立教师专业发展评价体系等。这些措施旨在提高教师的专业素养和教育教学能力,促进教师的个人成长和职业发展。只有这样,国家才能培养出更多的高素质人才,为社会的进步和发展做出更大的贡献。

二、教师教育专业化的自主发展趋势

要想提高研究能力,教师必须主动学习,不断提高自己、发展自己。教师要将学习中产生的思想、观点、方法运用于实践,创造性地解决实际问题。通过开展教育实践、课例分析、撰写教育叙事随笔、开展教育教学研究等活动,理性审视自身的工作,诊断问题,剖析现象,提出解决策略,提高教育教学质量。教师要通过各种路径来提高自主发展的意识和能力,教师的自我发展途径主要有以下几种。

（一）学习

当今，终身学习已成为一种社会普遍接受的理念，每一个社会成员都必须不断地接受新知识，才能适应社会的发展。教师作为学习活动的促进者和指导者，更应加强自身学习。正如于漪老师所说："现代教学中，教师的教跟学生的学在一个平面上移动，学生是不服你的。你一定要棋高一着，也就是说，在深度上要挖掘，在广度上要开拓，你对学科发展的前沿、学科的走势、学科的来龙去脉要有所了解。"学习是教师职业生涯中不可或缺的，是实现教师自主发展的阶梯。

教师学习要根据社会对教师的知识素养要求进行有重点的全面学习。对知识学习而言，教师要在文化科学基础知识、专业学科知识、教育科学知识和心理科学知识等条件性知识方面加强学习。

在学习中，教师往往会忽略一般文化科学基础知识的学习，认为这是与自己的专业无关的知识。联合国教科文组织在《教育—财富蕴藏其中》一文中写道，"专业化学习，哪怕是未来的研究人的专业化学习，也不应该排斥对普通文化知识的学习"。一个真正受到全面培养的人需要有广泛的普通文化知识，并有机会深入地学习研究少量的学科。教师要广泛涉猎科学文化知识，提高自己的文化修养，奠定教书育人的文化功底。教师多读文学著作，可增添为人为师的人文素养，进而能在潜移默化中完善教师的人格；读哲学典籍，可增添教师的睿智和思想的深邃。

专业学科知识的多少是衡量教师优劣的主要指标。可以说，专业知识是教师影响学生的重要因素，是教师影响力的源泉，也是教师创造力的基础。因此，教师也必须加强专业知识的学习。教师的专业知识结构可以分解为三类：一是专业基础知识，二是专业主体知识，三是专业前沿知识。专业基础知识是为学好专业，能够从事某种学科教学打基础的知识。它是专业主体知识的根基，这个层次的知识越扎实、宽厚，就越能促使专业主体知识的发挥。专业主体知识是指本学科体系的基本理论、基本规律、基本概念、基本技能、基本资料和基本工具。有了这部分知识，教师就有资格承担某种课程的教学。专业前沿知识是指专业发展的前景，包括对所教学科专业发展趋势的分析与预测。教师可以以此为依据，根据自己的条件，围绕教学的需要，有计划、有步骤地进行专业知识的积累和提升，建造具有个性化的专业知识结构。在构建专业知识体系时，要强调深厚的核心专业知识和广博的专业知识领域相结合。

教育科学和心理科学知识是教师成功地进行教育教学的条件性知识，它包括三个主要方面的内容：学生身心发展的知识、教与学的知识和学生成绩评价的知识。教学过程是教师将其具有的学科知识转化为学生可以理解的知识的过程。在此过程中使用教育学和心理学规律来思考学科知识，对学科知识的重组和表征是现代教育科学的基本要求。儿童、青少年的心理发展规律是教育实践和教育改革的出发点。因此，这三个方面的条件性知识尽管技术性成分较多，但也需要在教学中不断反思与自我化改造。

（二）教师科研

促进教师专业发展的众多有效且可行的途径中，不脱离教师工作实践的教师科研由于有着独特的优势而越来越被人们重视，成为不断提高学校核心竞争力的重要途径。教师科研是教育决策科学化的需要，是提高教师素质的需要，更是教师专业水平持续发展的需要。一所学校只有坚持不断提高教师的科研品位，才可能有长足的发展；一个教师只有走科研之路，才可能将教育教学工作提高到新的境界。要成为一个成熟的教育专业人员，教师除了一生不断学习外，还必须是一个教育教学的研究者。通常，我们看到的科研题目之大，理论之深，让人望而生畏。事实上，教师科研最大的特点是教学科研与教学实践的一体化，实践性、实效性、实用性很强，它侧重于教学经验的概括、提炼、升华。对教师来说，学生、教学活动就是研究对象，教室就是实验室，教师自身就是研究者，研究的问题产生于实际的工作情境中，研究的策略从实际情境出发，根据情境需要随时检验，不断修正。

教师研究的特点决定了教师的科研应是一种行动研究。"行动研究"强调由实际工作人员在实际的情境中进行研究，并将研究结果在同一个情境中来应用。在目的上，行动研究意在帮助实践工作者省察他们自己的教育理论与他们自己日复一日的教育实践之间的联系；它意在将研究行为整合进教育背景，以使研究能在实践的改善中起着直接而迅速的作用。它帮助实践工作者成为研究者，克服研究者和实践者之间的距离。教师可以针对教育改革中的热点、难点问题和教育教学中面临的各种矛盾开展行动研究，一线教师和学校管理人员在教育专家和专业研究人员的指导下，面向学生、面向教育实践提出问题，制订研究方案，确定研究目标，实施研究计划。实践表明，通过"经验移植"和"反思探究"的行动研究是促进教师专业知识和自身素质成长的有效途径。

教师的科研应是一种行动研究，这是由教师研究的特点所决定的。教师作为实践工作者，需要在日常的教育实践中发现问题、研究问题并解决问题。行动研究正是这样一种以实践为导向的研究方式，它强调教师的参与和合作，将研究与实际工作紧密结合，使研究结果能够直接应用于实践。

在行动研究中，教师需要针对教育改革中的热点、难点问题和教育教学中面临的各种矛盾开展研究。这些问题往往具有复杂性和多样性，需要教师具备敏锐的观察力和深入的思考能力。教师需要关注学生的需求、关注教育实践的实际情况，提出有针对性的研究问题，制定切实可行的研究方案，并实施有效的研究计划。在行动研究中，教师需要与教育专家和专业研究人员进行合作，接受他们的指导。教育专家和专业研究人员具有丰富的理论知识和实践经验，他们的指导可以帮助教师更好地理解研究问题、掌握研究方法和分析研究结果。同时，教师通过与教育专家和专业研究人员的合作，可以建立起交流和互动的平台，促进教育实践和研究的共同进步。通过行动研究，教师可以不断地反思自己的教育实践，探究教育的本质和规律。在反思探究的过程中，教师需要深入思考自己的教育理念、教学方法和评价方式等方面的问题，寻找改进和优化的途径。这种反思探究的过程不仅有助于提高教师的教学水平和专业素养，还有助于培养教师的创新能力和批判性思维。同时，行动研究还可以帮助教师解决教育实践中面临的各种问题和矛盾，提高教育的质量和效益。因此，教师应该积极参与行动研究，以更好地服务学生和教育事业的发展。

（三）日常教学实践

目前教师课堂教学过程主要由如下几个环节构成。备课、说课、授课、听课、评课以及教师个人撰写教后感、教后记。在教师的职业生涯中，教育教学实践是教师生命的出现方式和存在方式,是教师生活世界的主要组成部分,主要表现为三方面:第一,教师置身于教学实践的事态之中;第二,教师的困惑主要来自于实践,由实践所推动;第三,教学实践是教师对教学问题解答的实践逻辑。教师的日常教学活动主要有教学准备活动、课堂教学、课后辅导、处理教学事件和批改作业等,在这些活动中,他们将所学的条件性知识、本体性知识和实践性知识结合起来,把教学内容转化成易于学生接受的形式,充分挖掘其中的育人因素,促进学生身心的发展。这是将显性的知识内化到自己的知识结构,即将这些知识和自己原有的知识糅合起来,形成指导教师行为的实用性知识或个人实践知识,这是"转识成智"的过程。另外,在实践中常常会闪现出一些充满力量的睿智、观念和思想,它们是教师对具体问题沉思的结果,是自己的精神财富或实践性知识。教学实践是教师的实践知识的来源与归宿,教师可以采用教后感、教学日记、教学叙事、教育博客和教学事件分析等形式,进行记录、思考与积累,通过直觉、顿悟、情意、省察等方式,获取这些经验和常识,并外化而达到知识共享。对于教师而言,需要积极的态度,丰富的情感,勤快的作为,方可获得这一丰盛的大餐。

教师的职业生涯充满挑战与探索。在这条路上,教育教学实践不仅是教师生命的出现方式和存在方式,更是他们生活世界的主要组成部分。教师们通过置身于教学实践的事态之中,在这个过程中,教师们不仅成为学生的引路人,更成为教育的践行者和智慧的传承者。他们用自己的实际行动诠释着教育的真谛,为学生的成长奉献着自己的青春与热血。

(四)教师反思

"反思"已成为教育领域中的一个时髦语,对教师的专业成长和教育教学质量的提高具有重要的价值。著名的教育心理学家波斯纳认为,教师专业发展可以用一个公式来表达,即经验+反思=成长。教师的反思,其本质是教学理解与教学实践的对话,是教学现实与教学理想的沟通,是教师教学专业知识和能力发展的根本机制,是使教师的内隐性知识(实践知识)达到显性化知识的重要手段,也是教师对合理合情的实践知识予以肯定与深化,对不合理或错误的实践知识予以修正与摒弃,从而获得属于教师自己的合情合理的实践知识。教师应该在认识反思的本质及其对自己专业发展意义的基础上,掌握科学的反思技巧和策略,逐步成长为反思型教师。

1. 教师反思的含义

在西方哲学中,反思通常指精神的自我活动与内省方法。关于反思,许多哲学家、心理学家作过探讨。杜威认为,反思是指对任何信念或假定的知识形式,根据支持它的基础和它趋于达到的进一步结论而进行的积极的、周密的和持续的思考。反思包括这样一种有意识和自愿的努力,即在证据和理性的坚实基础上建立信念。认知心理学家认为反思是一种元认知,他们往往用元认知来表达反思。而元认知被广泛地定义为任何以认识过程与结果为对象的知识,或是任何调节认知过程的认知活动。

对于教育中教师反思的含义,学术界作过很多探讨,但观点并不统一,这里仅介绍几种具有代表性的观点。饶从满、邓涛认为教师反思就是指教师在教学过程中,将自我和整个教学活动本身作为意识的对象,不断地对自我及教学进行积极、主动的计划、检查、评价、反馈、控制和调节的过程,概括起来至少包括三层含义:①从根本上讲,反思意味着对行动的沉思;②反思意味着对不同的、不一致的看法的权衡、选择;③反思意味着对经验的重新建构,其结果是对行动的一种新的可能性的证明。胡森主编的新版《国际教育百科全书》中对反思性教学的定义为,反思性教学是教师借助逻辑推理的技能和仔细推敲的及支持反思的态度进行的批判性分析的过程。

从这些观点中,我们可以看到教师反思在教育中的重要性和必要性。教师反思不仅是对自己在教学过程中的表现进行回顾和评估,更是对教学活动的深入思考和总结。通过反思,教师可以发现自己的不足和问题,进一步优化教学方法和策略,提高教学质量和效果。同时,教师反思也有助于教师自身的专业成长和发展,提升教师的综合素质和能力。在实际教学中,教师反思的具体操作方法有很多种。例如,教师可以写教学日志,记录每天的教学情况和心得体会;可以观摩其他教师的课,从中学习和借鉴经验;可以与学生交流,了解学生对教学的反馈和建议;还可以通过参加专业培训、学术交流等方式,拓展自己的视野和知识面。教师反思是提高教学质量、促进教师专业发展的重要途径。教师应该充分认识到反思的重要性,积极开展反思活动,不断改进自己的教学方法和策略,为学生提供更好的教育服务。

2. 反思型教师的要求

20 世纪 80 年代,反思被广泛地引入西方的教师教育领域。在萧恩等人的推动下,反思型教师与教师教育思潮声势浩大地发展起来。反思型教师与教师教育思潮针对技术型教师观的弊端,提出了要把教师培养成为反思型教师的观点。反思型教师的要求如下。

(1) 作为一名反思型教师,具备慎思教学行为及其背景的能力是至关重要的。这种能力使教师能够回顾所发生的事件,对其作出评价和研究,并在此基础上不断改进自己的教学行为。

针对这一能力,首先,反思型教师应具备一种深刻的洞察力,他们能够审视自己的教学行为,发现其中的优点和不足。这种自我观察和自我评价的过程是反思型教师成长的基石。通过这种自我观察和评价,教师可以发现教学中的问题,探索更好的教学方法和策略。其次,反思型教师应具备深入研究的素养。他们不仅关注教学行为本身,还关注教学行为所处的教育环境和社会背景。通过对这些背景因素的深入研究,教师可以更好地理解学生的需求,发现教学中的问题,并寻找解决这些问题的方法。最后,反思型教师应具备改变教学行为的勇气和决心。他们不仅停留在对问题的认识上,还会采取积极的行动来改进自己的教学。这种行动基于对教学行为的深入理解和反思,旨在提高教学效果和满足学生的需求。反思型教师通过慎思教学行为及其背景,不断提高自身的教学水平,为学生的成长和发展做出积极的贡献。

(2) 反思型教师能通过利用各种不同渠道的信息,使理论与实践相联结。首先,反思型教师具备开放的心态,他们不会盲目接受传统的教学观念和方法,而是会通过阅读专业文献、参加学术会议、观摩优秀教师的教学实践等方式,不断获取新的知识和信息。同时,他们也会对自己的教学进行深入思考,发现其中的不足和问题,并尝试改进和创新。再者,反思型教师注重教学实践与理论相结合,他们不会把教学理论和实践割裂开来,而是会通过实际的教学案例和经验,将理论与实践相融合。他们会主动寻找教学理论在实际教学中的运用,并尝试用理论指导教学实践,从而提高教学效果。

(3) 反思型教师还需要具备批判性思维的能力。他们不仅接受学生的反馈和建议,还会对自己的教学方法和策略进行批判性思考,以确定哪些方法最有效。这种批判性思维可以帮助教师更好地理解自己的教学行为,并找到更好的教学方法和策略。同时,反思型教师还需要具备持续学习的态度。他们认识到教学是一个不断发展和变化的过程,需要不断地学习和适应新的教学方法和策略。这种持续学习的态度可以帮助教师保持教学的活力和新鲜感,从而更好地吸引学生的兴趣和参与。因此,反思型教师是一个不断自我反省、批判性思考和持续学习的过程。通过不断反思和改进自己的教学方法和策略,教师可以更好地帮助学生实现更好的学习成果,并提高自己的教学水平。

(4) 反思型教师能够从多重角度分析问题,把诸如个人的、集体的、社会的、伦理的、政治的等因素综合考虑进去,并且善于运用新的证据来重新评估、验证自己的决策。在面对教育教学中遇到的问题时,他们能够综合考虑各种因素,包括个人的、集体的、社会的、伦理的、政治的等,从而做出更加全面和准确的决策。

总之,反思型教师善于运用新的证据来重新评估、验证自己的决策。他们不会轻易地满足于已有的知识和经验,而是始终保持开放的心态,不断学习和探索新的教育教学方法和理念。他们善于从实践中总结经验,发现问题,并通过反思和改进来不断提高自己的教育教学水平。反思型教师的特点在于他们不仅关注学生的学业成绩,还关注学生的全面发展。他们能够从多个角度评估学生的表现,发现学生的优点和不足,并提供有针对性的指导和建议。在教育教学过程中,他们注重培养学生的批判性思维和创新能力,鼓励学生自主探究和学习,从而帮助学生更好地适应未来的社会和职业发展。

为了成为一名反思型教师,需要具备以下几个方面的素质和能力。第一,扎实的专业知识和技能,包括学科知识、教育教学理论和实践经验等;第二,自我反省和自我评估的能力,能够及时发现自己的不足并进行改进;第三,开放的心态和好奇心,善于学习和吸收新的知识和经验;第四,良好的沟通和协作能力,能够与学生、家长和其他教育工作者进行有效的沟通和合作;第五,强烈的责任感和使命感,能够始终关注学生的全面发展,为学生的未来成长和成功而努力。

(5) 反思型教师有能力鼓励他们的学生不仅获取基本的和高深的知识,而且能启发他们的学生就"是什么""为什么"提出问题,并对此予以判断和评价。此外,他们还鼓励学生去了解、关注如平等、社会公正等学校和课堂生活之外的一些问题。

3. 教师反思的方法

(1) 行动研究法。行动研究是教师专业发展的重要途径。行动研究是一种以实践为导向的研究方法,它不仅有助于教师解决实际教学中遇到的问题,还是教师进行自我反思、提升专业素养的重要手段。在教育领域,行动研究正逐渐成为教师专业发展的重要途径。

行动研究之所以受到广泛欢迎,主要是因为它能够帮助教师解决实际问题。教师在教学中会遇到多方面的挑战和问题,需要教师进行全面思考和系统分析。行动研究提供了一种有效的途径,使教师能够基于实际问题的解决需要,与专家学者或组织中的成员进行合作,共同开展有系统的研究。这种合作方式不仅帮助教师获得更广泛的知识和经验,还能够促进教师之间的交流与合作,形成良好的教育生态。

在行动研究的过程中,教师需要进行深刻的自我反思。这种反思不仅是对个人教学实践的总结和评价,更是对教育理念、教学方法和策略的深入思考。通过反思,教师可以发现自己在教学中存在的问题和不足,从而有针对性地改进和完善自己的教学。这种自我反思的过程是教师专业发展的重要组成部分,有助于提升教师的教育素养和教学能力。为了更好地进行行动研究,教师需要具备相关的研究技能和方法。这些技能和方法包括文献综述、数据收集与分析、结果解释与报告撰写等。

在未来的教育发展中,我们应更加重视行动研究的作用,鼓励教师积极参与行动研究,以促进教师的专业发展和教育质量的提高。

(2) 个案研究法。教学个案是对教学实践的描述,个案有助于发展和培养教师们对不同观点和结论进行权衡的能力,也有助于他们从多重角度看待某一问题。在进行教学个案研究时,教师们需要遵循一定的步骤,以确保研究的科学性和有效性,个案研究一般可分为五个步骤:一是使教师们熟练有关概念;二是从所提供的个案中进行概念和结论研究;三是使教师们寻求与概念和结论相关的问题,并把它们与直接教学经验相联系;四是使教师们就先前阶段的问题和提出的解决办法进行深思和讨论,然后运用从步骤一中获取的有关内容进行论证;五是鼓励教师们为个案寻求可能选择的结构。

首先,对相关的概念进行深入理解,这是进行个案研究的基础。只有在对概念有清晰的认识之后,教师们才能准确把握个案中的关键要素和特征,进而对个案进行有效的分析。其次,教师们需要从所提供的个案中提取相关的概念和结论,进行深入的分析和研究。在这个过程中,教师们需要运用自己的专业知识和教学经验,对个案中的问题进行分析和解释,并提出自己的见解和观点。

其次,教师们需要结合自己的教学实践经验,对个案中的问题和结论进行反思和联系。通过对自己过去的教学经验的回顾和分析,教师可以更好地理解个案中的问题,并从中获取有益的教学启示。另外,教师们需要就先前阶段的问题和所提出的解决办法进行深入的讨论和思考。在这个阶段,教师们可以与其他同行进行交流和讨论,分享自己的观点和经验,共同探讨解决问题的有效途径。通过这种交流和讨论,教师可以不断拓宽自己的思路和视野,提升自己的教学思考能力。

最后,教师们需要对个案研究进行总结和归纳,为今后的教学实践提供有益的参考和借鉴。通过总结个案研究的过程和成果,教师可以更好地理解教学的本质和规律,提升自己的教学水平和专业素养。

教学个案研究是一个系统性的过程,需要教师们遵循一定的步骤和方法。通过深入的描述和分析教学实践,教师们可以不断提升自己的教学思考和判断能力,为今后的教学实践提供有益的启示和借鉴。

(3) 反思日记法。反思日记法是指教师以写教学日记的方式来促进其反思性能力的发展的方法。实践证明,反思日记是促进教师反思的一条重要途径。日记的内容通常包括教师自己在教学过程中的所思、所感、所知、所做,并对为什么要做某事的原因进行反思,从中得出结论。写反思日记的好处:一是有助于改革教育方法,提高课堂教学质量;二是有助于不断提高教师素质;三是有助于教师科研意识科研能力的提高。

反思日记法是提升教师专业素养的重要途径。作为教师,我们每天都在面对无数的挑战和机遇,我们的所思、所感、所知、所做,都是我们成长的基石。而反思日记法,正是帮助我们记录这些思考,深入挖掘自身潜力的有力工具。首先,反思日记法有助于我们改革教育方法,提高课堂教学质量。在记录教学日记的过程中,我们会更加深入地思考自己的教学方法、课堂组织、学生反馈等方面的问题。通过对这些问题的反思,我们可以找到改进的方向,从而更好地满足学生的学习需求,提高教学质量。其次,反思日记法有助于我们不断提高自身素质。通过记录自己的教学过程和思考,我们可以发现自己在教学过程中的不足之处,进而寻找解决的办法。在这个过程中,我们的专业素养将得到极大的提升。最后,反思日记法还有助于我们教师科研意识科研能力的提高。通过系统地记录和反思自己的教学实践,我们可以从中发现值得深入研究的问题,并进一步探索解决方案。这样的过程不仅有助于提高我们的科研能力,还能为我们的职业发展提供源源不断的动力。写反思日记的好处远不止于此,它更是一种对教育事业的热爱和执着追求的体现。每一次的反思都是对自我成长的探索,每一次的记录都是对教育理想的追求。让我们一起拿起笔,开始记录我们的教学日记,共同探索教育的美好未来。

(4)微格教学法。微格教学是20世纪60至70年代兴起于西方的一种教师教育方法。它最初是用于训练师范生和在职教师的课堂教学基本技能,当今又应用于教师教育教学经验总结和课堂研究等方面。作为反思教学的一种方法,微格教学是把教师的教学活动进行录像,然后重放录像,教师和有关人员边看边评议,分析问题,设想解决问题的办法。

微格教学是一种非常有效的教师教育方法,它通过录像和重放的方式,让教师能够更好地理解学生的学习需求,反思自己的教学行为,发现自己的不足之处,从而进一步提高自己的教学水平。因此,微格教学已经成为教师教育领域中非常重要的一个方面,对于提高教师的教学水平和培养优秀教师具有非常重要的作用。

(5)合作对话。教师合作已经成为欧美发达国家教育界的一种热潮。教师合作包括校内教师与同事间的合作,教师与学校、家庭、社区等校外机构的合作两个侧面,前者更为重要。教师合作是对学校教育改善与教师个体专业发展的一体化追求。巴鲁赫·L.阿钦斯坦(Baruch L. Achinstein)说:"肇始于20世纪80年代中期的一个重大改革浪潮已经重新激起人们将培育共同体或合作作为一种手段,去抵制教师孤立,改进教师实践和学生学习,建立一个共同的学校教育愿景,以及鼓励围绕学校改革而集体行动的兴趣。"

教师合作是一种积极的教育变革力量,它不仅能够提升教师的教学水平,提高学生的学习效果,还能增强学校的整体教育质量。这种变革力量源自教师间的深度合作,通过共享教学资源、教学经验和教学方法,教师可以更好地应对教育挑战,提高教学效果。在教师合作中,教师们可以共同制订教学计划、设计课程、评估学生的学习进展,以及解决教学中遇到的问题。这种合作方式有助于教师们更好地理解学生的需求,发现教学中存在的问题,并及时采取措施进行改进。同时,教师合作也有助于促进教师间的互动和交流,增强教师的团队意识和协作精神,从而形成一个积极向上的教育氛围。通过与同事的交流和分享,教师可以了解最新的教育理念和教学方法,学习其他教师的优秀教学经验,提升自己的教学水平和专业素养。此外,教师合作还有助于提高教师的自我认同感和职业满意度,使教师更加热爱自己的职业。因此,我们应该积极推广教师合作模式,鼓励教师们积极参与合作,共同推动教育的进步和发展。

课后练习

1. 教师的培训方式中校本培训有哪些优劣势？
2. 教师进行反思主要有哪些形式？
3. 我国教师教育课程存在哪些问题？
4. 布鲁纳认为引起内部动机的内驱力是什么？有什么作用？
5. 如何为教师提供精致化的有效培训？
6. 如何促进教师素质综合化发展？
7. 教师应如何提高自身专业化发展？

参 考 文 献

[1] 韩延伦,张惠娟,张万波. 学校管理:问题、理论及模式[M]. 青岛:中国海洋大学出版社,2008.
[2] 苏霍姆林斯基. 给教师的建议(修订版)[M]. 杜殿坤,编译. 北京:教育科学出版社,2010.
[3] 叶澜,白益民,等. 教师角色与教师发展新探[M]. 北京:教育科学出版社,2001:23-24.
[4] 杜威. 思维与教学[M]. 上海:商务印书馆,1936:248.
[5] 苏霍姆林斯基. 帕夫雷什中学[M]. 赵玮,译. 北京:教育科学出版社,1983:44.
[6] 程方平. 新师说[M]. 长沙:湖南教育出版社,1999:275.
[7] 罗树华,李洪珍. 教师能力学[M]. 济南:山东教育出版社,1997.
[8] 张大均. 教学心理学[M]. 重庆:西南师范大学出版社,1997.
[9] 范国睿. 学校管理的理论与务实[M]. 上海:华东师范大学出版社,2002.
[10] 苏霍姆林斯基. 给教师的建议[M]. 杜殿坤,编译. 北京:教育科学出版社,1984.
[11] 教育部师范教育司. 教师专业化的理论与实践(修订版)[M]. 北京:人民教育出版社,2003.
[12] 王建军. 课程变革与教师专业发展[M]. 成都:四川教育出版社,2004.
[13] 李其龙,陈永明. 教师教育课程的国际比较[M]. 北京:教育科学出版社,2002.
[14] 赵中建. 学校文化[M]. 上海:华东师范大学出版社,2004.
[15] 郑金洲. 教育文化学[M]. 北京:人民教育出版社,2000.
[16] 王少非. 新课程背景下的教师专业发展[M]. 上海:华东师范大学出版社,2005.
[17] 理查德·杜富尔,罗伯特·埃克. 有效的学习型学校——提高学生成就的最佳实践[M]. 聂向荣,等译. 北京:中国轻工业出版社,2005.
[18] 西尔维亚·罗伯茨,尤妮斯·普里特. 学习型学校的专业发展——合作活动和策略[M]. 赵丽,等译. 北京:中国轻工业出版社,2004.
[19] Andy Hargreaves,Michael Fullan. Understanding Teacher Development[M]. London:Teacher Development Sertes,1992.
[20] Hoy W K, Miskel G G. Educational adiminstration:theory, researchand Practice[J]. New York:McGraw-Hill,Inc. ,1996.
[21] 杨丽. 教师职业道德[M]. 长春:东北师范大学出版社,1999.
[22] 傅维利. 教师职业道德教育指南[M]. 2版. 北京:高等教育出版社,2009.
[23] 中华人民共和国国家教委人事司. 教师职业道德[M]. 北京:新华出版社,1995.
[24] 唐凯琳,刘铁芳. 教师成长与师德修养[M]. 北京:教育科学出版社,2007.
[25] 赞科夫. 和教师的谈话[M]. 杜殿坤,译. 北京:教育科学出版社,1980.
[26] 包连宗,郑建平. 教师职业道德修养[M]. 上海:华东师范大学出版社,1985.
[27] 贾本乾,王可植. 中小学教师职业道德规范讲座[M]. 成都:成都科技大学出版社,1992.
[28] 李彦福. 落实教育规划纲要背景下的师德修养[M]. 南宁:广西教育出版社,2012.
[29] 梁金霞,黄祖辉. 道德教育全球视域[M]. 广州:华南理工大学出版社,2007.
[30] 杨春茂. 师德启思[M]. 北京:人民日报出版社,2012.

[31] 中小学教师通识培训教材编写组. 中小学教师职业道德规范(2008年修订)解读[M]. 北京:高等教育出版社,2012.

[32] 教育部师范教育司. 新世纪教师职业道德修养[M]. 北京:教育科学出版社,2002.

[33] 朱明山. 教师职业道德修养——规范与原理[M]. 北京:华凌出版社,2006.

[34] 中小学教师通识培训教材编写组. 中小学教师研修读本[M]. 北京:高等教育出版社,2012.

[35] 教育部教师工作司. 为了未来——教师职业道德读本(中小学教师分册)[M]. 北京:高等教育出版社,2013.

[36] 阮成武. 主体性教师学[M]. 合肥:安徽大学出版社,2005.

[37] 伍新春,张军. 教师职业倦怠预防[M]. 北京:中国轻工业出版社,2008.

[38] 斯宾塞. 教育论[M]. 胡毅,译. 北京:人民教育出版社,1962.

[39] 杜威. 学校与社会·明日之学校[M]. 赵祥麟,译. 北京:教育科学出版社,2005.

[40] 华东师范大学教育系,杭州大学教育系. 现代西方资产阶级教育思想流派论著选[M]. 北京:人民教育出版社,1980.

[41] 费奥斯坦,费尔普斯. 教师新概念——教师教育理论与实践[M]. 王建平,译. 北京:中国轻工业出版社,2002.

[42] 胡明根. 影响教师的100个经典教育案例[M]. 北京:中国传媒大学出版社,2004.

[43] 张炳生,邓之光. 教师职业道德新论[M]. 南京:河海大学出版社,2000.

[44] 武衡,谈天民. 徐特立文存(第四卷)[M]. 广州:广东教育出版社,1995.

[45] 赫尔巴特. 普通教育学[M]. 李其龙,译. 北京:人民教育出版社,1989.

[46] 张焕庭. 西方资产阶级教育论著选[M]. 北京:人民教育出版社,1979.